인류는

아이들을

어떻게

대했는가

인류는 아이들을 어떻게 대했는가
세계사 속의 어린이

지은이 피터 N. 스턴스
옮긴이 김한종
디자인 김미영
펴낸이 송병섭
펴낸곳 삼천리
등 록 제312-2008-121호(2008년 1월 3일)
주 소 10570 경기도 고양시 덕양구 신원로2길 28-12, 401호
전 화 02) 711-1197
팩 스 02) 6008-0436
이메일 bssong45@hanmail.net

1판 1쇄 2017년 8월 4일

값 19,000원
ISBN 978-89-94898-46-9 03900
한국어판 © 김한종 2017

세 계 사 속 의 어 린 이

인류는
아이들을
어떻게
대했는가

피터 N. 스턴스 지음 ㅣ 김한종 옮김

삼천리

머리말

개정판 머리말을 쓰게 된 것을 기쁘게 생각한다. 그러나 초판에 담았던 내용 상당 부분은 그대로이다. 이 책이 이런 새로운 노력을 충분히 잘 담아내는 데 성공해서 물론 기쁘다. 최근 들어 어린이와 아동 지위의 역사에 관한 연구는 급속히 늘어나고 있다. 그럼에도 이 주제를 세계사의 맥락과 직접 연결시키는 것은 여전히 일반적이지 않다. 내가 보기에 세계사와 어린이의 관계는 양쪽 역사를 이해하는 데 똑같이 도움을 준다. 그리고 이런 관계를 반영하는 교육과 연구 노력이 늘어나고 있는 추세도 반갑기 그지없다. 이 개정판이 이처럼 연구의 범위와 관점을 확대하는 데 도움이 되기를 바란다.

몇 년 전 나는 루틀리지 출판사에서 출간되고 있는 '주제로 보는 세계사'(Themes in World History) 시리즈에 '어린이'를 포함시킬 수 있을지 모색했다. 그런데 애초에 이런 시도는 너무 큰 문제로 보였다. 어린이라는 주제가 너무 광범위하고, 역사 지식에 활용하기에는 밝혀지지 않은 많은 사실이 남아 있었다. 다행히 상황은 지난 몇 년 사이에 어느 정도 나아졌다. 특히 전 세계적 주제인 중국과 아동노동에 관한 새로운 연구 성과들이 나왔다. 그럼에도 여전히 새로 밝혀내야 할 내용이 상당히 많다. 그러나 인류의 경험과 역사의 한 부분으로서 어린이의 중요성은 이런 목적을 포기할 수 없도록 만들었다.

나는 여러 학자들에게 커다란 빚을 졌는데, 이들 대부분을 사적으로는 잘 알지 못한다. 그들의 선구적 연구가 궁극적으로 이 책이 나올 수 있도록 길을 터 주었다. 내가 아는 한 브루스 매즐리시, 레이먼드 그루, 벤 카턴, 폴라 패스, 브라이언 플랫 같은 연구자가 촉진시킨 어린이와 세계화에 관한 연구는 직접적으로 무척 도움이 되었다. 또한 조지메이슨대학에서 열린 관련 학술회의에 참석한 여러 역사학자와 인류학자들에게도 감사의 뜻을 표한다. 폴라 패스, 하이디 모리슨, 콜린 헤이우드 세 사람은 개정판을 읽고 유익한 제안을 해주었다. 조앤 프래거시, 클리오 스턴스, 어니 포타는 연구 전반에 걸쳐 도움을 주었다. 그들은 성실하게 노력했고 풍부한 상상력을 발휘했다. 여느 때와 마찬가지로 로라 벨은 개정판 원고를 가다듬는 것 이상의 일을 했다. 루틀리지 출판사의 비키 피터스에게도 고마움을 전한다. 그는 이 책과 시리즈를 위해 정말로 많은 일을 했다.

나는 적어도 고등학교 다닐 때부터 일찍 자식을 가져야겠다는 생각을 강하게 가졌다. 그렇다고 곧바로 그렇게 실천하지는 않았다. 나는 그 경험에서 결코 실망을 하지는 않았다. 그래서 나의 네 자녀들이 나의 삶과 여러 가지 방식으로 이 책에 도움을 준 것에 고맙기 그지없다. 그리고 손주 셋(이 중 한 명은 초판이 나온 후에 태어났다)은 나에게 아동기의 모든 단계가 얼마나 흥미로울 수 있는지를 다시 생각나게 해준다.

차 례

세계사 속의 어린이

유아를 포대기로 감싸는 행위, 즉 아이의 몸과 팔다리를 끈이나 천으로 단단히 감싸는 풍습은 4천여 년 전 중앙아시아에서 시작된 것으로 보인다. 이러한 행위는 유목 생활을 하면서 이동하는 사람들에게 효율적이고 아이들을 쉽게 데리고 다니는 데 필요했을 가능성이 매우 높다. 중앙아시아 유목민들이 유라시아의 다른 사회와 무역을 하기 위해 접촉하는 일이 많아지면서 이런 행위는 더 확산되었다. 그런가 하면 아메리카에서도 이런 행위가 독자적으로 이루어졌다. 포대기를 사용하는 것이 자세를 바르게 만드는 등 아이들에게 유익할 뿐 아니라 일하면서 아이를 근처에 두고 지킬 수 있는 커다란 장점이 있다고 믿는 부모들이 많았다.

반면에 또 어떤 사회에서는 아이를 너무 덥게 만들 수 있다는 우려 때문에 포대기를 사용할 수 없었다. 특히 열대지방에서는 그랬다. 아프리카 대륙의 여러 지역에서는 어머니들이 일하는 동안 몸에 느슨한 띠를 매어 아이들을 데리고 다녔으며, 지금도 그렇게 하고 있다. 이 방법이 어린아이에게 특히 편하다고 믿는 이들도 많다. 서유럽에서는 17세기 이후 포대기에 대한 공격이 시작되었는데, 포대기가 지나치게 아이들을 제약하고 창의성이나 인성 발달을 가로막는다는 얘기였다(포대기를 쓰는 여러 사회와 비교하면서 우리는 서유럽 사람들의 해석이 지나치게 가혹한 것임을 알게 될 것이다). 포대기를 사용하는 일은 점차 사라졌으며, 서양 사람들은 다른 사회나 자기 사회의 하층계급 사람들이 포대기를 사용하는 것을 두고 아이들에 대해 근대적 배려가 결여되었다고 공격하기 시작했다.

오늘날 포대기는 중국, 터키, 중동의 여러 곳, 러시아 같은 지역에서 여전히 널리 사용되고 있다. 90퍼센트가 넘는 부모들이 적어도 몇 달 동안은 포대기를 사용하는 사례가 많다. 그럼에도 포대기 사용은 아직도 공격을 받는다. 몇몇 의사들은 포대기가 아이들의 행동을 부자연스럽게 하기 때문에 호흡기 질환으로 죽을 수도 있다고 생각한다. 또한 포대기를 쓰는 것은 의존적이면서도 극히 민감한 성격을 만들어 낼 수 있다고 비판하는 사람들도 있다. 때로는 이런 논리를 바탕으로 모든 사람의 결점이 여기에서 비롯되는 것처럼 일반화하기도 한다. 그러나 현대사회에서도 포대기 사용을 옹호하는 사람들이 있다. 네덜란드 같은 나라에서는 포대기 사용이 받아들여졌다. 일부 부모들은 아이들에게 안락함을 주어 우는 일이 줄어들었으며, 그 결과 아이들의 울음소리에 짜증을 내는 어른들도 줄어든다는 이유로 포대기를 다시 도입했다.

포대기는 어린이 연구에서 세계사의 중요성을 인식시킬 수 있는 여러 소재 가운데 하나이다. 그것은 전 지구에 걸친 역사 비교의 중요하면서도 복합적인 성격을 보여 준다. 과거 여러 사회는 포대기를 저마다 아주 다르게 취급했다. 포대기를 능동적으로 받아들인 사회가 있었다면, 또 어떤 사회는 거부했다. 그리고 이러한 차이는 어린아이들의 경험을 매우 다르게 하였다. 포대기는 명백히 현재를 과거와 연결시킨다. 이제는 오랜 기간 이어 온 하나의 능동적 행위이다. 그것은 또 여러 지역들 사이의 연계성이 중요하다는 사실을 보여 준다. 유목민들은 포대기가 아시아와 유럽의 여러 지역으로 확대될 수 있게 했다. 그러나 근대적인 관계가 확대되면서 특정 사회의 행위에 대한 다른 사회의 비판이 커져 갔다. 어린이에게 무엇이 필요한지에 관해 더 많은 지식이 필요하다는 것이었다. 일을 해야 하는 어른들에게 어린아이를 돌보는 매우 기초적인 방법이던 포대기는 분명히 어린이를 전 세계적인 변화와 다양성, 상호관련성 속에서 파악하게끔 한다. 어린아이를 기르고 한 사람의 아동으로 키우는 것은 본질적으로 개인적 경험이다. 하지만 이 경험은 우리가 종종 깨닫는 것보다 더 넓은 지리적·역사적 맥락 속에서 이루어진다.

인류 역사 내내 모든 사회와 대부분의 가정은 어린이와 그들의 지위를 광범위하게 다루었다. 때와 장소를 막론하고 통용되는 수많은 기준과 특징들이 있다. 동서고금을 막론하고 어린이는 어느 정도 청소년기를 대비하여 훈련을 받아야 한다. 어린이들은 분노나 공포 같은 어떤 감정을 사회적으로 허용될 수 있는 방식으로 조절하는 방법을 배워야 한다.

무릇 인간이라는 종(human species)은 유아기에 오랫동안 스스로 할 수 있는 일이 많지 않다. 그래서 어린아이에게는 음식을 먹이고 신체적으로 돌보는 보살핌이 필요하다. 일어날 수 있는 사고뿐 아니라 아동기의 질병과 그 예방은 옛날부터 오늘날까지 부모들의 뇌리를 사로잡고 있는 문제이다. 성별에 따른 역할을 하도록 모종의 사회화를 하는 것은 가장 평등하다는 현대의 환경에서도 어린이를 다룰 때 피할 수 없다. 이러한 공통된 기본 특징은 어제 오늘의 일이 아니다.

생물학자들은, 인간은 아동기에 특별한 양육이 필요하다는 점을 환기시킨다. 어린 침팬지나 다른 유인원들은 젖을 뗄 세 살 무렵이 되면 곧바로 성인과 같은 치아를 갖춘다. 음식을 모으거나 어떤 목적을 이루어 나간다는 점에서 보면 이들은 어른이다. 이와는 대조적으로 우리 아이들은 젖을 떼고 한참 지난 일곱 살이나 그 이후까지도 성인의 치아를 갖지 못한다. 아이들은 그 뒤로도 상당 기간 동안 먹을 것을 얻으려면 어른의 보살핌이 필요하다. 이 점이 동서고금을 막론하고 공통적인 인간 아동기의 중요한 특징이다.

포대기의 사례가 보여 주듯이, 어린이에 대한 생각은 시대와 사회에 따라 놀랍도록 다를 수 있다. 어떤 사회에서는 어린아이가 일하는 것을 정상이라고 생각한다. 그 일이 상당히 고된 경우에도 그렇다. 또 어떤 사회는 순진하고 나약한 어린이라는 속성에 반하는 이런 관행에 충격을 받는다. 어떤 사회에서는 어린이가 행복해야 한다고 생각한다. 어떤 사회에서는 어린이가 불행해야 한다는 것은 아니지만 이런 생각이 무척 낯설 수도 있다. 또 어떤 사회에서는 어린아이들 가운데 많은 비율이 죽을 거라고 전제한다. 그래서 어린이에 대한 정책 가운데 많은 부분을 이런 전제를 바탕으로 세운다.

어린이의 죽음을 둘러싼 논의도 마찬가지다. 어떤 사회에서는 어린이의 죽음을 막기 위해 무척 애를 쓴다. 어떤 사회는 어린이가 귀엽다는 점에 주목한다. 어떤 사회에서는 어린이가 동물과 얼마나 같은지를 강조한다. 어떤 사회는 어린이에게 으레 신체적 훈련을 시키지만 또 어떤 사회에서는 이런 방식에 충격을 받는다. 아메리카 인디언들은 17세기에 유럽에서 건너온 이주민들이 자식의 볼기를 때리는 모습을 보고 큰 충격을 받았다. 어떤 사회에서는 아동기가 사춘기 즈음에 끝난다고 가정한다. 그런가 하면 알렉산더 대왕처럼 10대 중반에 중요한 일을 시작하는 위대한 왕과 정복자들의 사례도 많다. 하지만 또 어떤 사회에서는 성인기를 훨씬 늦은 시기로 규정한다. 그래서 청소년기처럼 별도의 범주를 특별히 설정하여, 사춘기 이후에도 아직은 일종의 어린이라고 주장한다. 아동기의 기본 특징이 무엇인지 판단하는 주된 변수나 변화는 그야말로 다양하다.

사춘기는 어린이가 갖고 있는 공통점과 차이점 사이의 갈등 관계에 전 세계가 어떤 방식으로 초점을 맞추는지 보여 준다. 10대를 살아가는 모든 아이들은 사실상 사춘기를 겪으면서 자식을 낳을 수 있는 능력을 얻게 된다. 같은 이유로 모든 사회나 가정에서는 아이들의 사춘기를 인식해야 하며, 사춘기 이후의 행동에 대해 어떤 안내나 통제를 해야 한다. 이러한 안내는 사춘기 이전부터 할 수 있지만, 사춘기 이후의 아동을 사춘기 이전의 아동과 구분 짓게 한다. 거의 대부분의 사회에는 대개 사춘기를 겪는 연령대를 구별하는 몇 가지 방식이 있다. 미국에서는 중학생이라는 독립된 지위가 사춘기를 그전의 아동기나 완숙된 청소년기와 구별해 주는 하나의 방식이다. 중학교 교육은 여러 가지들 요인들 중 아동이 사춘기를 겪어 나감에 따라 어떤 특징적인 경험과 관심거리를 갖게 된다는 것을 의식해서 설계되어 있다. 그러므로 사춘기의 공통된 경험과 관련하여 많은 것들이 공유되고 있다.

그렇다면 차이점들 대해서도 한번 생각해 보자. 우선 사춘기의 평균 연령은 사회마다 크게 다르다. 더운 지역에서는 사춘기의 연령이 낮다. 식량이 풍부한 지역에서도 그렇다. 마찬가지로 시대에 따라서도 달라질 수 있다. 오늘날 미국이나 서유럽에서 사춘기는 과거 200년 전보다 네 살 이상 빨리 온다. 어떤 사회에서는 아이들이 사춘기를 거치고 나면 성인으로 대한다. 많은 사회에서는 사춘기 나이에 결혼하는 것이 매우 일반적인데, 여성의 경우는 특히 그렇다. 오늘날의 서양 사회가 그렇듯이 대부분의 사회에서는 여전히 아동기를 광범위한 기간으로 설정한다. 어떤 사회에서는 사춘기 무렵에 정성 들여 의식을 치른다. 서양 사회와 마찬가지로 여러 사회에서는 견진성사(堅振聖事, confirmation)[1]를 받았다는 종교적 표시를 제외하면 의식의 측면을 경시하는 경향이 있다. 아직까지 아이로 취급되는 이들에게 나타날 사춘기의 결과를 우려하기 때문인 것이다. 이런 변수나 시간의 흐름에 따라 일어날 수 있는 차이는 너무도 크다.

역사 연구와 어린이

유아기에서 사춘기까지 아우르는 어린이의 핵심적인 특징에는 성적인 성숙과 같은 인간 경험의 기초적·생물학적 측면과 여러 사회들이 이런 측면들을 매우 다양하게 다룬다는 사실들 간의 복잡한 상호작용이 들어가 있다. 이것이 역사가 관심을 쏟는 부분, 즉 여러 사회들은 왜 독자적인 접근 방식을 개발했는지 이해하는 것이다. 그런가 하면 시간의

---

1) 가톨릭에서 신자들에게 하는 성사 중의 하나. 세례를 받은 기독교인이 성숙된 신앙을 가짐으로써 크리스트의 은총을 받고 그의 병사로 살아갈 것임을 확인하는 성사이다. 이는 기독교 공동체의 일원이 되었다는 상징적 의미를 띤다. 공동체의 일원으로서 권리와 책임을 가지게 되었다는 의미의 의식이다. 견진성사는 7성사 가운데 하나로 세례성사 다음에 한다. 그래서 사리를 분별할 수 있는 청소년기(12세 이상)에 이른 세례 받은 신자임을 확인시켜 준다.
* 이하 각주는 모두 옮긴이가 붙인 주석이다.

흐름에 따라 사회가 어떻게 변화해 왔는지를 기록하는 것도 어린이를 도대체 어떻게 생각했는지 이해하는 데 꼭 필요한 요소이다.

어린이의 역사는 어린이, 어린이를 다루는 어른, 광범한 사회제도와 관련된 과거의 경험으로 들어가는 중요한 창을 열어 준다. 또 초창기의 공식화된 방식에서 현재의 패턴으로 어떻게 옮겨 왔는지 보여 줌으로써, 오늘날의 어린이에 대한 효과적인 통찰력을 제공한다. 이것은 특히 지난 두 세기 동안처럼 아동 지위의 변화 속도가 상당히 빨라졌을 때 결정적이다. 마지막으로 전 세계적인 시야에서 이 주제를 바라본다면, 과거와 현재를 비교 분석할 수 있으며 현재와 과거의 관계를 파악하는 데 꼭 필요한 폭넓은 관점을 얻을 수 있다. 오늘날 사회는 어떤 일반적 형태의 변화와 씨름한다. 예를 들면 새로운 학교교육의 요구에 적응하려고 하면서도 변형된 전통과 기회의 한가운데 놓여 있다.

어린이의 역사를 진지하게 다루는 데는 몇 가지 중요한 제약이 따른다. 어린이는 직접적인 기록을 별로 남기고 있지 않다. 사람들은 자신의 아동기를 회상하며 어린이에 관해 글을 쓴다. 마찬가지로 보통은 어른들이 마련해 준 것이기는 하지만, 요람이나 장난감 같은 인공적으로 만들어진 유물들이 있다. 이런 까닭에 어린이의 지위를 역사적으로 다루는 것이 어린이 자체를 다루는 것보다 훨씬 더 쉽다. 어린이의 지위는 어느 정도 어른들이나 어른들이 만든 제도에 따라 정해지기 때문이다. 그러나 과거 어린이의 삶을 실제로 찾기는 어렵다. 예전보다 훨씬 나아지기는 했지만, 오늘날에도 어린이들이 어떻게 일을 하고 학교에 다니는지는 알기 어렵다. 형제자매의 죽음을 일상적으로 겪는 어린이와 조부모가 돌아가시는 것 말고는 죽음을 거의 겪어 보지 않는 어린이의 차이는 무엇일까? 이 질문은 역사적으로 명확하고 중요하지만 대답은 결코 간단치가 않다. 그리고 실제로 어린이를 다루는 일이 그렇게 개인적일 수 있다면, 어린이에 대한 어른들의 생각조차도 언제나 쉽게 얻을 수 있는 것은 아니다.

대개 우리는 사회가 어린이에 대해서 공식적으로 무슨 생각을 하는지를 알고 있다. 그중에서도 법은 특히나 이러한 사고방식을 반영하고 있다. 그러나 실제 부모들이 무엇을 믿고 있으며 그런 믿음을 바탕으로 어떻게 행동하는지 알기는 훨씬 어렵다. 한 가지 사례를 들면, 1960년대 독일 어머니들을 대상으로 한 모든 여론조사에서, 5세 이하의 아이를 가진 여성은 직장을 다녀서는 안 된다고 믿는 사람이 80퍼센트를 넘었다. 그럼에도 실제로는 대부분 직장을 다녔다. 그렇다면 자식을 둔 어머니로서의 책임에 대해서 그들이 실제로는 어떤 생각을 했을까?

아동 지위와 어린이의 역사는 현대의 많은 역사가들에게 관심을 끌어 왔다. 그리고 이 분야는 지금 다시 한 번 관심이 커지고 있다. 어린이를 연구하는 역사가들은 직접적인 증거를 찾을 수 없는 아동 경험의 측면이 있다는 점을 인정한다. 그러나 과거 어린이의 상황과 아동 지위의 성격 변화에 관해 중요한 지식을 얻을 수 있다고 주장한다. 어린이의 역할과 기능, 훈련, 성별 차이, 건강, 물질문화, 가족 구조와의 관계, 정서생활의 몇몇 측면까지도 탐구 대상이 되고 있다. 좌절감을 줄 만큼 간극은 남아 있지만, 역사가들은 지난날 어린이의 여러 측면과 어린이가 속한 사회에서 가지는 의미에 관해 연구를 점차 발전시키고 있다.

어린이의 역사는 실제 연구를 할 때 생길 수 있는 두 가지 핵심적인 갈등 요소를 조합하거나 인정할 수밖에 없다. 어린이의 역사를 연구하는 역사가들은 성인보다는 어린이에 대한 좋은 증거를 과거에서 발견하기가 더 어렵다는 사실을 인정한다. 어떤 주제는 우리가 알고 싶어 하는 만큼 충분히 알 수가 없다. 그러나 동시에 적어도 가장 중요한 토픽들에는 접근할 수 있으며 전체적으로 보아서 역사 연구를 위해 활용할 수 있는 엄청난 양의 자료가 있다. 과거를 더 충분히 알고 현재에 역사적 관점을 제공하기 위해 역사 속의 어린이에 관해 아는 것이 주는 의미는 자료가 부족하다는 문제에도 불구하고 이 주제에 관해 연구하는 것을 중요하게 만든다. 또 역사가들은 기억을 활용하거나 장난감과 게임에 대한 증거를 보존하거나, 그 밖의 다른 직접적 표현 방식으로 어린이에 관한 증거 발굴을 점차 확대시키고 있다.

두 번째 갈등은 적어도 증거의 불균형만큼이나 중요하다. 어린이와 아동 지위의 몇몇 결정적 측면은 장소가 바뀌거나 시간이 달라지더라도 의미 있는 차이나 변화가 일어나지 않았다. 생물학적 측면뿐 아니라 모든 사회는 적어도 어느 정도 아동기를 성인기와는 다른 어떤 것으로 규정짓는 방법을 가지고 있었다. 앞으로 살펴보겠지만, 역사가들이 이런 주장을 상당히 많이 한다. 그러나 일부 규정들은 역사적으로 변하지 않을 만한 합리적 동의를 얻고 있다. 그러나 동시에 실제적이고 때로는 정말로 근본적인 차이와 변화가 있다. 진지한 역사 연구는 이러한 차이와 변화에 주목한다. 참으로 어린이의 역사는 어린이의 경험 중에서 '자연스러운' 것과 특정한 역사적 힘에 의해 만들어지는 것 사이의 대립을 강요한다. 그리고 이런 대립은 연구에 활력을 불어넣으며 정보를 제공한다.

역사적인 몇 가지 갈등 사례와 이를 어떻게 창조적으로 풀어 나갈 수 있는가 하는 것은 이와 같은 일반적인 초점을 보여 줄 것이다. 정보를 토대로, 우리는 과거 어떤 사회에서는 어린이들이 오늘날 서양 사회보다 훨씬 더 자주 신체적 훈련을 받았다는 사실을 알고 있다. 교실이나 교회 안을 돌아다니며 제멋대로 굴거나 잠을 자는 아이를 손으로 호되게 때리는 교사나 목사 이야기를 떠올려 보기만 해도, 이런 사실은 명확해진다. 그러나 아이들이 이런 신체적 훈련을 어떻게 생각하는지는 여간 어려운 일이 아니다. 성인이 이런 훈련을 시킴으로써 의도하는 것이 무엇인지는 더 알기 어렵다. 오늘날 미국 어린이라면 이런 행태를 불쾌하게 여길 수도 있다. 아이들이나 그 부모가 성급히 아동학대라고 주장할 수도 있다. 하지만 벌을 주는 것이 예삿일이고 아이들이 고통을 받아서는 안 된다고 생각하지 않았던 다른 사회에서는 반응이 달라질 수 있다. 우리의 기준으로 볼 때 가혹하다고 느껴지는 경우에도, 벌을 주면서도 어른들이 아이를 매우 사랑하고 있었을 수도 있다. 우리는 이러한 다른 의미에 대해 곰곰이 생각해 볼 수 있다. 예를 들어 자서전 같은 자료에서 몇 가지 증거를 얻을 수 있다. 그러나 충분히 정확한 해석을 하지는 못할 것이다. 어쩌면 이런 현실을 받아들이는 편이 차라리 더 나을지도 모른다.

어린이가 숙고해서 벌이는 비밀스런 일들까지 포함한다면, 한층 더 알기 어렵다. 어린이들의 유머는 상당히 최근까지도 일관성 있게 기록되지 않고 있다. 게임은 좀 더 쉽다. 어떤 게임은 놀랄 만큼 오랜 기간 계속되고 있기 때문이다. 민속학자들은 여기에 중요한 기여를 한다. 훨씬 더 문제가 많은 토픽들도 있다. 예를 들어 어린이의 자위행위를 바라보는 어른의 태도에 관해 이야기하는 것은 어려운 일이 아니다. 역사학자들은 시대에 따라 이런 태도에 어떤 변화가 있었는지 보여 주는 많은 사실을 발견했다. 그러나 어린이가 얼마나 자주 자위행위를 하는지 알수 있는 방법은 과거보다 성에 대해 훨씬 더 솔직해진 오늘날에도 정말로 없다. 하물며 자위가 사악한 행위나 병이라고 어른들이 말하던 200

년 전이라면 더더욱 알기 힘들다. 다행히도 어린이의 성행위에 대한 성인의 태도와 조처뿐 아니라 혼전성교 같은 미성년자의 성관계 역사의 다른 측면들은 훨씬 더 명확한 증거를 남기고 있다. 그럼에도 어느 정도 명백한 한계가 있는 게 사실이다.

아동 지위의 변하지 않는 측면과 구별이나 변화가 있는 영역 사이의 갈등 관계를 다루는 것이 순수한 정보 활용의 문제를 다루는 것보다 언제나 훨씬 쉽다고 볼 수는 없다. 예를 들어 출생 순서의 문제를 한번 보도록 하자. 주로 서양의 자료를 바탕으로 연구하는 오늘날의 연구자들은 출생 순서가 인성에 끼치는 영향에 관해 매우 많은 것을 알고 있다고 믿는다. 대개 맏이가 부모의 관심을 가장 많이 받는다. 이런 주장에 따르면, 그 결과 남의 비위를 특히 잘 맞추는 사람이 되든지 비정상적으로 공격적이고 성공 지향적이 되는 경향이 있다. 둘째와 막내는 자신의 전형적인 틀(formula)을 갖는다. 그런데 과연 이런 일반화가 지금처럼 과거에도 그대로 적용될 수 있을까? 물론 현재에 대해서도 논란이 있다. 이러한 현상은 자식이 1~3명인 경우가 더 일반적인 오늘날처럼, 7~8명의 자식을 두는 게 일반적인 가족이나 사회에서도 두드러지게 나타날까? 이런 의문은 중요하지만 딱 부러지게 답하기는 어렵다. 어린이의 지위를 연구하는 역사가들은 변하지 않는 아동 지위 경험의 자연적 특징과 마찬가지로 여러 문화 속의 가정과 실제 자료들이 보여 주는 수많은 변수들과 씨름한다.

관련된 논점은 명확하다. 근대 서양의 아동 지위, 즉 어떤 발전된 산업사회에서 아동 지위의 몇 가지 측면은 일반적이면서 중요한 것이어서, 과거의 핵심적인 특징과 감정이입을 하는 것을 어렵게 만든다. 유아의 3분의 1 이상이 두 살이 되기 전에 죽어서, 자식들이 죽을 수도 있다고 생각하는 일부 부모들이 그때까지 아이 이름조차 짓지 않는 상황으로 누가 되돌아가려고 할까? 우리는 죽은 아이의 이름을 다시 사용하는 옛 전통을 어떻게 이해할 수 있을까? 이런 전통은 새로 태어난 아이의 개성을 약화시키는 동시에 그런 이름의 아이가 이전에는 존재하지 않았다는 것을 암시하는 것처럼 보이지 않을까? 학생들에게 소리 지르고 다른 사람 앞에서 무식하다고 이야기해서 학생들의 자존감을 짓밟을 뿐 아니라 거의 고의적으로 손상시키는 교사들은 또 어떠한가? 그러므로 우리가 당연하다고 생각하는 어린이의 여러 측면들이 과거에는 그렇게 명확히 적용되지 않았으며 지금도 어떤 다른 사회에서는 적용되지 않는다는 것을 깨닫는다면, 아동의 지위에서 자연스러운 것이 무엇인가 하는 쟁점의 확대는 역사적 감정이입에 대한 어떤 정말로 어려운 도전이 될 수 있다.

그러나 역사적·문화적 감정이입은 과거를 정확하게 이해하고 현재에 대한 어리석은 자화자찬을 피하기 위해 필요하다. 과거의 어린이들은 오늘날에는 사라졌거나 다른 평가를 받을 수 있는 장점들을 가지고 있었다. 향상된 점이 있는 것은 사실이다. 그러나 몇 가지 명백한 문제들도 있다. 성취해 온 것들에 대해 의기양양한 마음을 가지지 않기는 어렵다. 오늘날 어린이와 아동 지위에 대해서 우리가 얼마나 많은 것을 우려하는지 기억할 때까지는 그렇다.

요컨대 그 어떤 폭넓은 어린이 역사를 다루더라도 몇 가지 문제는 피할 수 없다. 이 주제를 다루는 것은 어렵지만 불가능하지는 않다. 전적으로 확실한 것은 아니지만 결론을 내릴 수는 있을 것이다. 이 경우에도 상당한 지식은 있다. 이 주제는 어떤 표준적인 인간 특징을 실제적인 다양성 및 변화와 혼합한다. 그리고 일부 변화는 누가 봐도 바람직하지만 과거를 단지 한탄스럽다고 생각하는 것은 생산적이지도 않고 적절하지도 않다. 너무도 당연한 말이지만, 변화를 바람직하다고 생각하는 것은 우리가 현대의 기준으로 판단하기 때문이기도 하다. 그리고 어린이의 새로운 특징 가운데 일부는 실제로 바람직한 것이 아니라는 사실을 깨닫는 것은 정말로 중요하다. 그러려면 더욱 예리한 분석이 필요하다. 그리고 이런 작업에 도전하는 일은 깨달아 가는 과정이며 즐거운 일일수도 있다.

결국 이 주제는 누가 봐도 아주 매력적인 과제이다. 우리는 누구 할 것 없이 다 아동기를 겪었고, 그래서 누구라도 여기에 포함된 토픽을 적어도 어느 정도는 알고 있다. 그리고 역사적 관점을 통해서 어린이에 대한 이해를 높일 수 있는 기회는 많으면 많을수록 어떤 표준화된 역사 내용에 대한 이해를 높이는 것 이상으로 더 큰 의미를 띠게 된다. 우리는 인류의 경험이 담고 있는 어떤 기본적인 특징을 다루고 있는 것이다.

세계사의 맥락, 접촉과 상호작용

이 책에서는 어린이의 역사뿐 아니라 어린이의 세계사까지 다루려고 한다. 이렇게 하는 것이 어느 정도 묘미가 더 있다. 분명히 세계사의 맥락 속에서 어린이를 바라보게 되면 더 복잡해질 수밖에 없다. 무엇보다 주제가 너무 광범위하기 때문이다. 그래서 모든 간단한 탐구도 어떤 하이라이트에만 초점을 맞추게 된다. 현재 남아 있는 역사 자료의 차이도 문제를 복잡하게 만드는 또 하나의 이유이다. 예를 들어 라틴아메리카 역사의 일부로서 어린이의 역사가 자리를 잡아 가고 있지만, 일부 주요 사회의 문헌 자료는 다른 사회보다 풍부하다. 이런 차이는 시간이 지나면서 개선되겠지만, 현재의 어떤 분석에도 확실히 영향을 미친다.

우리가 아프리카나 인도의 발전보다 서양 사회나 중국 아동의 역사에 관해 더 많이 알고 있다는 점은 부인할 수 없는 사실이다. 그리고 이런 불균형이 불만스러운 것도 사실이다. 어린이 역사를 연구하는 선도적 역사학자들은 점차 전 세계에서 펼쳐지는 상황에 관심을 기울이고 있다. 이 분야는 오랫동안 서양에 초점을 맞추었지만, 여전히 알아야 할 것들이 많이 있다. 심지어 기초적인 수준에서도 그렇다.

그러나 어린이를 세계사적 맥락에서 다루려고 하는 것은 도전뿐 아니라 기회도 제공한다. 특히 이 책은 이런 관점을 강조한다. 일반적으로 세계사에 접근할 때는 몇 가지 방법을 어떤 식으로 조합하게 마련이다. 보통 주요 사회나 문화를 확인하고 비교한다. 지역에 따라 학문적 위상이 다르다는 점이 어린이를 이렇게 접근하는 것을 복잡하게 하지만, 이런 식의 접근은 어린이의 세계사로 들어가는 하나의 명확하고 중요한 진입구이다. 두 번째 방식은 여러 사회들 사이에 벌어진 접촉의 중요성을 강조한다. 예를 들어 중국의 상인과 학생들이 고전 시대[2] 말에 인도와 더 정기적으로 접촉을 했을 때나, 그 밖의 경우라도 접촉의 과정에서 중국에 불교가 들어오는 것을 도왔을 때 그렇다. 우리는 문화 상호 간의 비교에 관해 아는 것만큼 문화 접촉이 어린이에 어떤 영향을

---

2) 서양에서 고전시대(classical period)는 보통 그리스, 로마 시대를 가리킨다. 이 책의 저자인 피터 스턴스는 세계사를 초창기(기원전 250만년~기원전 1만년), 농업시대(기원전 1만년~기원전 3500년), 문명기(기원전 3500년~기원전 1000년), 고전시대(기원 전 1000년~서기 600년), 후고전기(500~1450년), 근대 초기(1450년~1800년), 장기 19세기(18세기 말~제1차 세계대전), 현대(제1차 세계대전 이후)로 구분했다. 피터 스턴스, 《세계사 공부의 기초》(삼천리, 2015) 참조.

미쳤는지 체계적으로 아는 것은 별로 없다. 그러나 일부 연구 결과들이 있다. 그리고 접촉이 가속화되는 근대 시대에 그 증거는 상당히 깊어진다. 질병이나 이주, 새로운 무역에 대응하는 과정에서 여러 사회가 공유한 패턴 또한 아동에 대한 새로운 통찰을 제공해 주었다. 흔히 '세계화'(globalization)라고 일컫는 상호작용의 네트워크가 긴밀해진 현대에 들어오면 특히 그렇다.

세계사에도 상당히 일반적인 시대구분이 있다. 구분된 각 시대는 여러 사회에서 확인할 수 있는 주제들을 공유하고 있다. 예를 들어 기원전 1000년에서 서기 500년에 걸친 고전 시대에는 철제 도구와 무기를 기반으로 하는 몇몇 커다란 문명이 형성되었다. 유교나 힌두교 같은 체제의 확산으로 형성되는 커다란 문명권과 상당히 규모가 큰 제국들은 이 과정에서 나온 중요한 결과이다. 고전 시대에서 이어지는 500년부터 1450년 무렵까지는, 이슬람의 발흥을 비롯한 주요 종교의 확산과 더욱 광범위한 패턴의 지역 간 교역이 두드러졌다. 어린이의 역사가 언제나 모든 주요 세계사 시대부분에 딱 들어맞는 것은 아니다. 그러나 대개는 긴밀한 관계를 가지고 있다. 이 책은 아동 지위의 변화와 연속성을 이런 주요 시대구분과 적극적으로 연결 지을 것이다.

비교 대상이 되는 세계사 양상들이 적어도 고전 시대 이후부터는 가장 명확히 빛을 발한다. 예를 들어 주요 종교가 아동의 개념적 해석이나 경험에 영향을 미친다면 실제로 어떤 차이를 가져올까? 근대적 차이는 어떻게 추적하고 설명할 수 있을까? 예를 들어 일본인과 미국인이 학교에서 강조하는 부분은 오늘날 서로 상당한 차이가 있음을 우리는 알고 있다. 일본인들은 아이가 학교에 다니기 시작할 때 친구들과 잘 어울려 지내는 것에 훨씬 큰 가치를 둔다. 반면에 미국인들은 교사의 권위를 확립하는 데 더 많은 관심을 둔다. 이런 차이는 언제, 왜 나타나는 것일까? 서로 비교하는 방식으로 문명을 연결하면, 세계사는 더 다루기 쉽고 재미있을 뿐 아니라 특정 사회 안에 존재하는 독특한 패턴을 밝혀준다. 이런 비교로 가려지는 것이 여러 사회들 간의 접촉이다.

비교와 관련이 없는 것은 아니지만, 접촉의 결과는 때로는 더 도전적이다. 결국 아동기는 어떤 면에서 상대적으로 개인 차원의 경험이다. 그리고 어느 사회나 가정이든 외부의 영향으로부터 어린이를 보호하려고 한다. 다른 영역이나 어른들의 영역에서 접촉이 일어나는 경우에도 그렇다. 예를 들어 우리는 고전 시대 말 중국인과 인도인의 접촉이 공식적인 성인의 문화와 거래에 미친 영향을 추적할 수 있지만, 적어도 아직은 어린이에게 미친 결과에 관해서는 알고 있는 게 별로 없다. 훨씬 더 최근의 사례는 찾기 어려울 수 있다. 아무튼 제국주의와 새로이 접촉한 결과로 인도나 아프리카 어린이들에게 어떤 일이 일어났을까? '미국화'(Americanization)는 전 세계 다른 지역의 아이들에게 어떤 일이 생기게 할까? 미국화와 관련해 한 가지 간단하면서 매우 흥미로운 사례가 있다. 문화는 완전히 다르더라도 전 세계 거의 모든 주요 언어는 이제 아이들 생일파티에서 부르는 노래 〈생일 축하합니다〉(Happy birthday to you)의 번역판을 가지고 있다. 이런 사실은 무엇을 의미할까? 그리고 미국에서조차 근대의 발명품이었던 생일은 이제 전 세계 모든 사회에서 미국인의 경우와 같은 의미를 띠는 것일까?

세계사는 또한 어린이의 생각이나 경험의 주요 변화에 관심을 기울인다. 일부 세계사 연구자들은 '빅 히스토리'(big history)라는 용어를 사용해서 자신들이 다루는 토픽을 정의한다. 그 영역이 너무 광범위해서 대부분 전 세계적 규모의 분석을 필요로 하는 정말로 의미 있고 일반적인 변화이기 때문이다. 어린이 세계사에서 나타난 가장 뚜렷한 전환은 농업 사회에서 산업사회로 바뀐 것을 꼽을 수 있다. 그리고 여전히 산업화 과정의 완수를 열망하는 사회에서조차도 나타나는 대중 교육을 비롯한 산업화 패턴의 모방도 여기에 포함된다. 물론 다시 말하지만 모든 것이 다 변하지는 않는다. 아동 지위의 어떤 측면은 그저 자연스럽고 시간이 흐르더라도 그렇게 지속된다. 그러나 아동의 지위를 규정하는 기본 목적은 재정립되었다. 여기에서 매우 흥미로운 많은 결과가 뒤따랐다. 선진 산업사회에서조차도 이런 변화의 함의를 여전히 검토하고 있다.

그러나 농업 사회와 산업사회에 나타난 아동 지위의 차이가 초점을 맞추어야 할 유일한 큰 변화는 아니다. 시간적으로 멀리 떨어져 있어서 알 수 있는 게 많지 않기는 하지만, 수렵채집 사회에서 농업 사회로 전환한 것 또한 아동의 지위를 이해하는 데 커다란 함의를 가지고 있다. 그리고 세계종교의 확산 같은 세계사의 몇몇 다른 표식들도 있는데, 이 또한 평가를 내려야 할 커다란 변화이다. 가장 최근에는 주요 사회들 사이에 상호작용을 가속화시킨 글로벌 현상이 어린이에게 영향을 주고 있다. 이는 근대적 경험이라는 커다란 패턴 속에 그 이상의 몇몇 변화를 끌어들였다. 어린이를 대상으로 한 소비 지상주의의 확산이 어린이에 대한 확고한 생각에 흥미로운 도전을 불러일으켰다는 사실은 아주 명백하다. 또한 당사자인 어린이들보다는 어른들한테서 나타나는 현상이기는 하지만, 소비 지상주의에 대한 저항도 불러온다. 그리고 세계사는 우리에게 어린이는 어디에 관심이 있는가 하는 커다란 상을 제시하라고 촉구하고 있다.

비교와 커다란 변화를 분석하는 작업은 서로 밀접한 관련이 있다. 어린이를 위한 학교교육의 보편화 경향 같은 주요 변화가 온갖 정치적·문화적 경계를 넘어 적용되는 동안에 이런 변화는 다른 전통적인 믿음이나 현실과 상호작용을 한다. 이런 현상은 일본과 미국의 사례처럼, 학교교육의 일반적 경향은 실제로는 비교의 방식으로 다루어야 한다는 것을 의미한다. 어린이의 소비 행위조차도 똑같은 것은 아니다. 미국과 이집트의 어린이들은 〈세서미 스트리트〉[3] 같은 TV 쇼에 노출되어 있다. 하지만 이집트 어린이는 대부분 〈세사미 스트리트〉를 10대가 되어 시청한다. 이런 사실은 이 프로그램이 이집트 어린이에게 주는 의미가, 초등학교에 들어가게 되면 보통 이 프로그램에 흥미를 잃는 미국 어린이들과는 다르다는 사실을 보여 준다.

어린이가 '근대'의 산물이라는 고정관념

어린이의 역사를 전 세계적으로 개괄하다 보면, 어린이가 실제로 남긴 증거의 한계나 자연스러운 특성과 문화적 결정 요인 사이의 갈등 같은 일반적인 문제에 부딪히게 된다. 시대구분을 비롯한 세계사의 범주를 적용하는 것도 그렇다. 그러나 여기에는 또한 두 가지 중첩된 분석적 문제를 인식하고 해결하려고 노력할 필요성이 포함된다. 이는 앞으로 확인해야 하는 문제이다. 두 가지 문제는 이런 역사 분야의 폭넓은 특징이나 세계사의 맥락과 관련이 있다. 그러나 더 구체적인 영역도 가지고

---

3) Sesame Street, 미국의 유아교육용 TV 프로그램. 1969년에 방영이 시작되었으며, 주로 아동의 인지적 능력, 특히 언어 기술 능력을 향상시키는 데 초점을 두고 있다.

있다. 이 문제에는 어린이를 볼 수 있는 렌즈, 그리고 근대와 서양에 의해 이 렌즈가 어느 정도로 형성되거나 왜곡되는가 하는 것이 포함된다.

첫 번째는 사실상 자연 및 생물학적 해석 대 문화적 변화의 문제이다. 이는 근대 어린이와 과거 어린이 사이의 관계에 초점을 맞춘다. 여기에서 어린이에 관해 진지한 연구에 착수한 초창기 역사가들 중 일부는 이해할 만하지만 중요한 오류를 범했다. 서유럽과 상당 기간은 식민지였던 미국에 관해 연구한 이들 가운데 다수는 자신들이 본 어린이들과 과거에 대해 밝히고 있던 것들 사이의 커다란 차이가 있다는 사실을 지나치게 인상적으로 받아들였다. 때로는 혹독한 훈련을 받아야 하고 일찍 죽는 경우도 많은 노동에 시달리는 아이들은 종종 가혹하게 대하는 낯선 사람의 감시를 받는 일터에 보내졌다. 오늘날의 관념과 이처럼 동떨어지게 만든 것은 무엇일까? 그래서 일부 역사가들은 근대의 부모들과는 대조적으로 전통 시대 부모들이 자기 아이를 얼마나 사랑하지 않았는지 서술했다. 영국의 한 역사가가 언급했듯이, 역사가들은 새들이 둥지에서 새끼들을 대하는 것 이상의 사랑을 전근대 가족 안에서 찾으려고 하지 않았다. 또 다른 어떤 역사가는, 적어도 서양 세계에서는 20세기가 되어서야 어린이들이 인류 역사상 처음으로 적절한 대우를 받기 시작했다고 주장했다.

논쟁은 특히 선구적인 프랑스 역사학자 필리프 아리에스의 관점을 둘러싸고 벌어졌다. 그리고 전통과 근대를 대비시키는 가장 일반적인 주장을 뛰어넘었다. 아리에스가 인구학적 데이터와 문화적 데이터를 바탕으로 중세와 근대 초 유럽에서 어린이의 역사를 다룬 책 《어린이의 세기》(Centuries of Childhood)를 펴낸 건 1962년이다. 기본적으로 어린이를 진지한 역사 연구의 대상으로 삼은 첫 번째 책이다.

과거에 관한 연구는 아리에스로 하여금 근대와 전근대 어린이 사이의 관계가 널리 오해되어 왔다고 믿게 했다. 가족 초상화를 비롯한 엘리트 위주의 증거를 사용해서, 그는 전통적인 유럽인들이 아동기를 인생의 별개 단계로 보는 아주 명확한 개념을 갖지 못했으며, 어린이를 가족 활동의 주변부로 격하시키는 경향이 있었다고 주장했다. 예를 들어 그림에서 어린이는 주요 가족들 주변에 자리 잡고 있거나 어른들과 같은 옷을 입은 모습으로 묘사되며, 이 두 가지 모습이 함께 나타나기도 한다. 아리에스의 주장이 부모가 자식들에게 아무런 애정을 가지지 않았다는 의미는 아니었다. 그저 자연스러운 현상이며 부모들이 자식에게 많은 시간이나 특별한 관심을 쏟지 않았을 뿐이라고 받아들였다. 아리에스가 보기에 이런 현상은 17~18세기 상류계급에서 먼저 바뀌기 시작했다. 양육과 보호가 특별히 필요하다는 인식이 높아지면서 어린이의 지위는 더 중심적인 위치에 놓이게 되었다. 학교교육에 대한 관심이 높아졌다. 어린이 개개인에게 더 많은 관심을 기울이기 시작하면서 출산율은 떨어지기 시작했다. 아동기와 그 안의 주요 단계, 성인기 사이의 더욱 공식적인 구분 또한 이러한 변화의 특징이었다.

아리에스는 어린이에 대한 전근대적 접근법이 근대적 접근법보다 더 많은 장점을 갖고 있다고 믿었다. 그의 주장은 여전히 주목할 만한 가치가 있다. 지난날 어린이들에게 신경을 덜 쓴 것이 언뜻 결점으로 보이지만, 실제로는 근대사회에서 세심하게 간섭받는 어린이가 누릴 수 있는 것보다 더 많은 자유를 주었다. 이것은 보수적 관점이지만, 특별한 왜곡이 포함된 것이었다. 그러나 아리에스의 주장을 받아들인 대부분의 역사가들은 그 주장을 단순화해서, 전근대의 사람들은 어린이와 그들의 지위를 무시하는 경향이 있고 그 과정에서 어린이를 학대하기도 했다고 이해했다. 그리고 근대 들어 어린이에 대한 의식이 높아짐으로써 아주 많은 구체적인 개선이 이루어졌다고 읽었다. 이런 주장은 곧바로 수정론자들의 반박을 불러일으켰다.

'암울한 전통주의 학파'(bleak-traditionalist school)라고 부를 수 있는 이들에 대한 공격은 그리 오래지 않아서 나타났다. 역사가들은 아리에스의 데이터가 너무 제한되어 있다고 일축하며 다른 종류의 증거를 찾기 시작했다. 예를 들어 중세 초기 영국을 연구하는 많은 학자들은 아동기를 뚜렷하고 중요한 인생의 단계로 인식하면서 어린이 보호의 필요성을 명확히 규정한 법전을 발견했다. 많은 중세사 학자들은 또한 자신이 사랑하는 시대 인물들의 인성을 깊이 확신하면서, 이 인물들이 어린이들을 함부로 대하거나 가혹하게 다루었다고 보는 생각을 본능적으로 반박했다.

암울한 전통주의자들의 해석과 이들이 현재와 과거를 힘써 대비시키는 태도를 반박하면서, 수정론자들은 두 가지 점을 가장 힘주어 강조했다. 첫째, 법제 연구가 제시했듯이 그들은 전통적 유럽인들이 아동기를 인생의 한 단계로 여기는 관념이 없었다는 생각을 반박했는데, 이는 어느 정도 특별한 필요에 따른 것이었다. 둘째, 대부분의 부모들이 자식에게 애정을 갖지 않았다는 생각을 그들은 강력히 부정했다. 이와는 대조적으로, 편지나 일기 같은 사적인 성격이 강한 증거를 검토해 보니 부모들의 사랑은 일반적이었으며 짐작할 만하고 자연스러웠다고 그들은 주장한다. 전근대 영국의 아버지들은 자식의 출생을 기뻐하면서 때로는 축하 편지를 쓰기도 했다.

이처럼 종종 뜨겁기도 한 논쟁은 필리프 아리에스와 어린이의 역사를 연구한 몇몇 다른 개척자들이 잘못 이해했다고 결론을 내렸다. 이들은 과거와 현재를 대비시켜 보아야 한다는 점을 무시했다. 부모들이 자식을 사랑하지 않는 경우도 있다. 그리고 부모 개개인들이 어떤 사회에서는 애정을 표현하지 않을 수도 있다. 하지만 아이들에 대한 사랑이 근대에 들어와 처음 생겨난 것은 아니다. 부모의 자식 사랑은 인류 역사 대부분의 시대와 장소에서 존재했다. 그래서 적어도 어느 정도는 자연스러운 것이다. 모유를 먹이는 어머니들에게는 실제로 정서적 연대감을 강하게 증진시키는 호르몬이 배출된다. 우리는 근대로 넘어오면서 나타난 변화를 과장하지 말아야 한다. 어린이와 관련된 일부 측면들은 거의 모든 지역에서 적용되기 때문이다. 전통적 관점에서는 아동기를 독립적 단계로 인식하지 않았다는 아리에스의 주장이 계속 유지되어 온 것은 아니다. 더 최근의 수정론자들은 그 주장을 거의 종식시켰다. 그리고 오늘날 어떤 역사가도 20세기에 마법과도 같이 처음으로 어린이를 받아들이게 되었다고 주장하지는 않는다. 그런 주장이 이치에 맞을 정도로 과거가 나쁜 것이 아니며, 현대가 좋은 것도 아니다.

아리에스를 둘러싼 전반적인 논쟁은 완전히 끝나서 이제 더 이상 언급할 만한 가치가 없다고 해도 좋을 정도이다. 그리고 오로지 서양의 상황에 집중된 논쟁이 위험성을 가지고 있다는 사실은, 이 간결한 책에서 서양뿐 아니라 전 세계를 다루는 것의 적절성을 훨씬 떨어뜨린다. 그럼에도 주요 논쟁이 어린이를 역사적으로 다루는 첫 번째 단계와 어떻게 함께 하는지 보여 주는 것과 함께, 두 가지 요인이 논쟁의 재검토를 타당하게 하며 심지어 필요하게 만든다. 반면 초기의 일부 과장된 주장은 버려야 한다. 우선 수정론자들 스스로 도를 넘어섰다. 다음으로 이제는 다른 사회, 예컨대 일본에 집중하고 있는 연구 가운데 일부는 지난날 아리에스의 주장 일부를 그대로 되풀이하고 있다. 말하자면,

논쟁은 이제 전 세계의 상황을 대상으로 하는 쪽으로 나아가고 있다고 할 수 있다.

첫째, 수정론자들의 주장은 지나치다. 첫 번째 집단의 어린이 역사 연구자들이 전근대의 어린이가 얼마나 다른지를 발견한 것 같은 심정에 신이 나서 지나치게 단순화한 것과 똑같이, 이를 비판하는 사람들도 전근대 부모들이 현대의 부모들과 마찬가지로 자식을 사랑하고 아이들에게 책임감을 가졌다는 것을 발견하는 데 열중해서 때로는 대조해야 할 부분을 최소화했다. 두 시대의 부모들이 모두 아이들을 사랑한다고 하더라도 그 방식에는 차이가 있다. 사랑을 표현하는 방식은 더더욱 그렇다. 근대의 육아는 전근대의 패턴과 다른 경우가 많다. 반드시 더 좋은 것도 아니며, 반드시 더 다정다감하지도 않다는 것은 확실하다. 그렇지만 다르기는 하다. 이 책의 뒷부분으로 가면 근대사회의 아동 지위 확대에 내포된 몇 가지 거대한 변화를 논의할 것이다. 이전의 부모들을 단순히 근대 부모들의 또 하나의 버전으로 생각한다면, 이런 변화를 간과하거나 너무 단순화할 위험이 있다. 이 논쟁을 기억하는 것은 여전히 필수적이다. 이처럼 훈육의 방식이나 아동이 하는 역할이 달라져 왔다는 사실을 보여 준다고 해서 아동 생활의 정서적 내용 변화에 대해 성급한 결론을 내리지는 말아야 한다. 그렇지만 일부 수정론자들의 반박에도 불구하고, 몇 가지 결정적 측면에서는 뚜렷하게 구분할 수 있는 근대의 아동 지위가 존재한다.

논쟁을 전 세계적 시야에서 바라보면 훨씬 더 놀랍다. 논쟁이 격화되던 바로 그 잠깐의 기간 동안, 서양의 역사 연구 범위는 그 주제를 조금도 더 넓게 확장시키지 못하게 만들었다. 서양의 전문가들은 설사 비교 대상이 되는 쟁점들을 생각했다 하더라도, 총체적인 쟁점은 오직 서양

문화의 문제라고 믿었다. 하지만 유럽 전근대 어린이의 여러 특징을 다른 농업 사회도 공유했다. 엄격한 훈육과 더 근대적 형태의 애정 중 일부를 받지 못한 것이 이런 사례에 포함된다. 더 중요한 점은, 다른 사회를 연구하는 일부 역사가들 스스로도 200여 년 전까지는 어린이에 대한 충분히 발달된 개념이 없었다는 점을 발견했다는 사실이다. 대체로 아리에스가 중세 유럽에 대해 주장했던 것과 마찬가지였다. 그래서 일본을 연구한 많은 역사가들은 19세기나 20세기 이전까지 아동의 지위에 대한 개념이 상당히 약했다는 사실에 주목했다. 몇몇 학교가 존재했으며 이 학교들은 1800년 이후 급격히 확대되기 시작했지만, 대부분의 전근대 사회에서 그러했듯이 국가는 어린이를 교육해야 한다는 일말의 책임도 인식하지 못했다. 아동 범죄는 성인과 똑같이 취급되었으며 그 어떤 특별히 세심한 고려는 없었다. 유럽에서는 18세기 후반에 이르러 특별히 어린이를 대상으로 하는 책들이 간행되기 시작했는데, 그때까지 일본의 출판 산업은 기본적으로 아동 시장에 아무런 관심을 두지 않았다. 인구의 대부분이 살고 있는 농촌 마을에는 어린이들을 위한 특별한 놀이 시설도 전혀 없었다고 해도 과언이 아니다. 이 점에서는 전통적인 유럽 마을보다 더 보잘것없었다. 이런 주장이나 몇몇 논쟁에서 제시된 바에 따르면, 근대성의 몇 가지 측면만을 놓고 볼 때 일본에서 아동 지위에 대한 충분한 인식이 나타난 것은 19세기 후반 이후였다. 전통적인 일본 사회에서는 어린이들이 몇 가지 점에서 차이가 있다는 것을 확실히 이해했다. 그래서 일곱 살 무렵까지 어린이는 종종 매우 너그러운 대우를 받다가, 그 나이를 넘기면 갑자기 엄격하게 학습을 받는 체제에 놓이게 되는 경우가 많았다. 유럽과 마찬가지로, 이 점에서 어린이에 대한 일본의 전통적인 접근 방식은 근대 일본과 많이 달랐다.

어느 누구도 근대 이전에 어린이에 대한 또렷한 생각이 없었다는 점을 과장되게 주장함으로써 아리에스나 그의 열광적인 추종자들과 똑같은 실수를 하고 싶어 하지 않았다. 그러나 일본뿐 아니라 인도, 아프리카, 러시아나 그 밖의 지역을 연구하는 역사가들까지도, 전통적인 환경뿐 아니라 어린이에 대한 많은 전통적 개념이 근대의 환경이나 개념과는 차이가 있다고 결론지었다. 물론 이런 주장 가운데 일부는 연구를 개척한 서양의 연구자들이 그러했던 것과 마찬가지로 과장된 것이라고 볼 수도 있다. 근대와 전근대를 지나치게 대비시키지 않는 것, 즉 어린이의 일부 측면들과 그에 대한 취급은 자연스러우면서 반복적인 것이므로 근대 시기에 때때로 나타나는 예리한 차이를 표현할 수 있는 단어를 찾아내는 것이 언제나 쉽지는 않다. 그러나 전근대 어린이의 긍정적 속성을 적절하게 인식하는 것과 근대의 상황이 일부 중요한 변화를 가져왔거나 가져오고 있다는 사실을 깨닫는 것 사이의 갈등 관계는 서양 사회뿐 아니라 전 세계적으로도 쟁점이다. 그야말로 아리에스를 둘러싼 논쟁은 이제 자취를 감추었다. 그러나 근대의 변화를 둘러싼 더욱 은근한 논쟁은 본질적으로 피할 수 없다. 여전히 어린이의 역사를 잠정적으로 전 세계로 확대하는 작업은 이 점을 불가피하게 만든다.

서구 중심주의의 한계

근대성과 전통의 분석에 관련된 두 번째 핵심 쟁점은 적절한 시각으로 서구의 패턴을 자리매김하는 것이다. 세계사 연구는 여러 가지 현상 가운데 서양 세계의 발전과 영향을 매우 꼼꼼히 밝히는 것이 중요하다는 생각에 토대를 두고 있다. 이는 서양 전통 이외의 몇몇 전통들은 전세계의 과거에서 타당하고 의미가 있으며, 서양 모델은 근대까지도 다른 지역과 상호작용하는 가운데 경쟁을 벌이고 수정되었다는 사실을 명확히 해준다.

어린이의 역사는 두 가지 이유에서 이런 글로벌 차원의 접근을 시도할 필요가 있다. 첫째는 이미 언급했듯이 어린이의 역사에 대한 연구는 대부분 다른 사회보다 유럽과 미국에서 더 충분히 발전해 왔다. 이는 서양의 세세한 문제들이 자연스레 주된 연구 주제가 되었다는 사실을 의미한다. 실제로 서양의 패턴이 늘 특별한 것도 아니고 지나치게 의미 있는 것도 아니라는 점이 확실하다는 사실을 명확히 하기에 충분할 만큼 근대 이전에 관해 이미 알고 있다. 일부 다른 어떤 지역들에 관한 지식이 원하는 만큼 풍부하지 않더라도, 유럽의 어린이들을 적절한 맥락에서 파악할 수 있다.

그러나 근대 들어 활용할 수 있는 역사 연구 결과의 격차는 더욱 커졌다. 시간적 순서로 볼 때 서양이 근대 어린이의 여러 핵심적 형태를 도입했으며, 전 세계 여러 다른 지역, 예컨대 일본 등에 변화를 불러온 것도 서양의 영향이라는 사실 때문이었다. 21세기에 들어서도 다른 지역의 목소리가 서양 제국주의 시기보다 더 큰 공감을 얻게 되자 서양의 표준은 좋은 의미에서든 나쁜 의미에서든 아동의 권리에 대한 국제 선언에서 어울리지 않게 된다. 그리고 서양에 대한 다른 사회의 뼈아픈 비판이 계속되고 있다.

이 모든 것은 실제적으로 어린이에 대해 세계사의 차원에서 접근하게 끔 한다. 이는 어린이 역사의 세계사적 접근이 서양이 어떤 행위를 했으며 전 세계의 다른 나라들이 이에 어떻게 대응했는지 별다른 생각 없이 쓰는 역사, 즉 세계사가 피해야 할 바로 그런 단순화가 아니라는 점을 명확히 한다. 세 가지 기본적인 바로잡아야 할 인식이 있다.

- 서양의 영향과, 처음에는 서양에 그런 다음에는 다른 사회에 어떤 종류의 변화를 가져오게 만든 더 큰 힘을 구분하고자 한다. 예를 들어 서양 세계는 근대적 의미의 출산율 감소가 처음 일어난 사회였다. 그런데 여러 다른 사회에서도 나중에 이런 현상이 나타났다. 그렇지만 실제로는 서양의 압력이나 사례 때문이 아니라 주어진 커다란 근대적 조건이 출산율 감소와 맞아떨어졌기 때문이다. 말하자면, 서양 세계와 다른 지역은 때때로 변화를 공유했으며 변화의 요인도 공유했다.
- 서양의 영향이 근대적 변화와 결합되었을 때도 많은 사회는 지역의 전통과 다른 요인에 토대를 두고 그들 나름으로 대응했다는 점을 인식해야 한다. 어떤 형태의 변화는 광범위하게 나타나며 서양의 모델은 의심할 여지없이 큰 영향력을 행사한다. 그러나 근대적 아동 지위의 여러 형태는 여전히 지역에 따라 차이를 보인다. 이 책 첫머리에 얘기한 포대기는 이 점을 보여 주는 명백한 사례이다. 이 오래된 행위의 전통이나 이를 비판하는 견해에 대한 통일된 전 세계적인 어떠한 반응도 없다. 이 점은 특징적인 갖가지 형태의 근대적 소비에도 적용된다.
- 마지막으로 서양의 경험, 특히 경제적 착취가 예를 들면 아동노동의 축소라는 영역에서 때로는 서양 세계를 변호하는 사람들이 말하는 것처럼 충분히 사회가 아동 지위를 조정하는 것을 어느 정도 가로막았는지 추적해야 한다. 다른 말로 하면, 서양의 영향이 마냥 긍정적 변화를 가져오는 동력이었던 것만은 아니다. 그것은 지역적 불균형이나 차이를 더 크게 만들 수도 있다.

근대사회의 어린이는 복합적이어서 서양의 패턴만으로 환원시켜서는 안 된다. 서양 세계가 성취한 것을 모델로 생각해서 다른 지역이 그 수준에 도달하지 못했다고 비판하는 근거로 삼는 일은 더더욱 피해야 한다. 서양의 기준은 영향력을 가지고 있으며, 어린이의 근대 세계사의 한 부분으로 설명해야 하는 발전 중 하나이다. 그러나 그 발전에는 훨씬 더 많은 것들이 포함된다.

나는 이 책의 이어지는 여러 장에서 세계 여러 지역의 근대와 전근대 상황 사이의 변화와 지속성을 평가하는 유사한 문제들을 다룰 것이다. 그리고 서양의 역할과 이 과정에서 생겨난 다양한 대응을 확인할 것이다. 가장 발전된 산업사회에서조차도 농업의 쇠퇴와 도시의 성장이라는 산업화의 형태가 가져온 몇몇 아동 지위의 변화에 여전히 적응 중이다.

근대사회에서 어린이의 역할이 노동에서 학교교육으로 바뀌고 출산율과 사망률이 감소한 것이 주는 시사점이 무엇인지는 방법은 서로 다르지만 미국으로부터 사하라 이남의 아프리카나 인도에 이르기까지 여전히 연구되고 있다.

그렇다면 농업 사회 자체의 정리부터 시작해 보자. 사냥과 채집이 농업으로 대체된 것은 아동 지위를 규정하고 실행에 옮기는 방식 자체의 근본적 변화를 이끌었다. 그러나 워낙 오래전에 일어난 일이어서 우리는 이 변화를 별로 알지 못한 채 근대사회의 변화를 더 많이 알고 있을 뿐이다. 인간 조직의 형성과 같은 문명의 출현, 그에 이은 주요 종교의 영향과 같은 계속된 발전에 대응하는 과정에서 여러 지역은 농업 모델에 독특한 변종을 만들어 냈다. 거래나 접촉 패턴이 바뀐 것도 농업 사회의 아동 지위와 나중에 더 근대적 형태로 합쳐질 수 있는 몇몇 힘들 사이에 교량 역할을 했다.

산업사회의 출현 자체가 최종적인 전환은 아니었다. 전 세계적 소비
지상주의를 비롯하여 이후에 추가적으로 나타난 현상은 근대적 아동
지위의 기준을 세우는 데 그 이상의 변화를 가져왔다. 아동의 지위에는
어떤 것들이 포함되어야 하는지를 두고 널리 공유되고 있던 생각을 새
로 하게 만들었으며, 이에 대한 여러 종류의 반발을 불러일으켰다.

세계사에서 어린이는 특히 흥미로운 사실을 밝혀 주는데 좋은 주제
이다. 인간의 본성에서 나온 공통 요소를 농업 및 이후의 산업화가 이
끈 널리 공유된 커다란 변화들, 즉 서로 엇갈리는 비교가 되는 차이와
결합시켜 주기 때문이다. 아동의 지위는 그것을 둘러싸고 있는 사회 환
경을 잘 보여 준다. 그리고 어린이가 사회화됨으로써 생겨나는 성인을
통해서 이와 동일한 사회를 만들어 내게 한다. 이런 의미에서 어린이는
역사적 과거로부터 글로벌 시대인 오늘날에 이르기까지 더 큰 인간 경
험을 알 수 있는 특별한 열쇠이다.

| 더 읽어 볼 책 |

어린이의 세계사를 다룬 연구는 별로 없지만, 그래도 중요한 연구를 꼽아 보
면 다음과 같다. A. R. Colon, *A History of Children: A Socio-Cultural Survey
Across Millennia* (Westport: CT: Greenwood Press, 2001); Paula Fass, ed.,
Encyclopedia of the Childhood, vol. 3 (New York: Macmillan, 2004). 학술지
*Journal of the Society for the History of Childhood*는 신뢰성 있는 현재의 정보들을
제공해 준다.

필리프 아리에스(Philippe Ariès)의 *A Social History of Family Life* (New York:

McGraw-Hill, 1962)도 참고할 만하다. 이 책을 비판한 최근의 저작으로 Willem Koops and Michael Zuckerman, *Beyond the Century of the Child: Cultural History and Developmental Psychology* (Philadelphia: University of Pennsylvania Press, 2003)가 있다.

01
농업 사회의
어린이

인류의 자연경제는 사냥이나 채집과 관련되어 있다. 인간이라는 종 (種)의 역사는 대부분 수렵채집 시기에 해당한다. 이는 아득히 먼 옛날 어린이에 대한 생각과 실제 행위도 이런 맥락에서 이루어졌음을 의미한다. 수렵채집 사회에 관한 우리의 지식은 제한적이다. 사냥하고 채집하던 집단은 보통 둘 셋 정도의 확대가족[1]에서 나온 60~80명으로 구성되며, 남자는 사냥하고 여자는 씨앗, 견과, 열매 따위를 모은다는 사실을 알고 있는 정도이다. 아동 지위도 이러한 상황에 들어맞지만, 세세한 사실은 알고 있는 게 별로 없다. 대부분의 증거는 유물이나 현대까지도 이어지고 있는 몇몇 수렵채집 사회에 대한 관찰로부터 나온다. 그러나 이 사회의 아동 지위를 평가하는 것은 중요하다. 사냥이나 채집 습관의

---

1) extended family, 부부와 자녀 이외의 구성원이 같은 집에서 함께 생활하는 가족 형태. 조부모를 포함하거나 형제, 또는 그 밖의 친척들을 포함하기도 한다.

자취는 아주 다른 경제를 기반으로 하는 사회에서도 오늘날까지 남아 있으며, 자연스럽거나 어린이에 내재하는 몇몇 측면들을 보여 주기 때문이다. 예를 들어 수렵채집 사회 사람들은 어린이에 대한 책임감을 가지고 있었는데, 이 사회의 어린이들은 어른에게 장기적으로 의존하는 데 기본적으로 적응이 되어 있었다. 이런 모습은 인간을 자기 조상들이나 다른 인접 영장류들과 구별해 주었다.

이 장에서는 인류가 처한 상황을 변화시킨 첫 번째 커다란 혁명, 즉 기원전 9000년부터 기원후 1000년까지 세계의 많은 사람들이 겪은 수렵채집이 농업으로 대체된 현상을 살펴보려 한다. 어린이를 대하는 데 엄청난 조정이 이 변화에 포함되었다. 그러나 아동의 지위가 얼마나 많이 조정되었는지 어른들이 어느 정도나 알고 있는지를 비롯한 변화 자체에 대한 상세한 정보는 없다. 농업이 출현한 이래 불과 수백 년 전까지만 해도 대부분의 세계사는 농업 사회에 해당한다. 그래서 이 새로운 경제가 아동의 지위에 이전에는 없던 지속적인 특성을 어떻게 부여했는지 확인할 필요가 있다. 농업 사회에서 어린이의 상황이 보여 주는 기본적인 특징은 기원전 8000년 무렵 농업이 시작된 때부터 특히 아프리카, 아시아, 유럽의 여러 지역에서 찾아볼 수 있다.

수렵채집 사회의 어린이를 보여 주는 직접적인 증거는 무척 드물다. 무엇보다 틀림없는 사실은, 자원이 부족한 경우가 많아 식량을 구하기 위해 번번이 옮겨 다녀야 했기에 어린이들에게 엄청난 제약이 있었다는 점이다. 이 밖에 사냥감을 찾기 위해 새로운 땅으로 떠나는 작은 집단으로서 가족당 한 명 이상의 어린아이를 데리고 다니는 것은 여간 어려운 일이 아니었다. 이런 상황은 허용할 수 있는 출생률에 결정적인 제약이 되었다.

실제로 어린이들에게 먹일 식량이 늘 부담이었던 탓에 전체 출산 기간 동안 아이를 넷 이상 낳는 가족이 거의 없었다. 두말할 나위 없이 어린이는 여자들을 도와 씨앗, 견과, 열매 따위를 모으는 작업을 할 수 있고, 또 그렇게 했다. 하지만 대개는 자기가 먹는 양만큼 식량을 모을 정도로 보탬이 될 수는 없었다. 더구나 10대가 될 때까지 사내아이들은 실제로 사냥에 전혀 활용할 수 없다.

대부분의 수렵 사회에서는 소년들이 사냥에 참여하기에 앞서 의미 있는 의식 절차가 발달했다. 몇몇 동굴벽화에는 아들이 틀림없는 다 자란 소년들을 어른 남성들이 사냥 훈련에 데리고 가는 모습이 그려져 있다. 사냥 솜씨를 보여 주는 것은 오늘날까지도 일부 수렵채집 사회에서 시행되는 성년식의 핵심 절차이다. 이런 의식은 과거에는 확실히 널리 퍼져 있었고 단순한 상징을 뛰어넘는 절차이다. 소년들이 스스로의 힘으로 살아가고 가족을 도울 수 있을 만큼 성장했다는 것은 사냥을 하면서 살아가는 집단의 일원으로 활동할 수 있는 필요조건 중 필수적인 것이다.

오늘날 사냥이나 채집을 하는 사회로부터 얻은 자료들도 마찬가지로 어린아이가 10대가 될 때까지는 대개 경제생활에서 별다른 구실을 하지 못한다는 점을 보여 준다. 어린이들이 여성과 함께 식량을 구하러 가는 여정에 동행한 집단은 실제로 어른들만으로 구성된 집단보다 생산성이 떨어졌다. 어린이는 그저 방해가 될 뿐이었다. 다른 여러 집단들은 아이가 14세 정도 될 때까지는 꾸준히 쓸모 있도록 만들고자 하지는 않았다. 아동 활용의 한계는 이 사회들을 독특한 형태가 되게 했다. 이는 또한 원시 예술에서 어린이에 대한 묘사가 상대적으로 드문 이유를 설명하는 데 도움을 줄 수도 있다. 사냥이나 채집에 참가하는 어린이들은 예컨대 다른 연령 집단과 섞여서 놀이를 할 수 있는 풍부한 기회를 얻었다. 그러나 아동의 실용적 기능이 가지고 있는 한계의 가장 명백한 영향은 출생하는 아이의 숫자에 있다.

출산율의 제한은 여러 수단을 통해 이루어지지만, 그중에서도 특히 갓난아기가 네 살이 넘도록 수유 기간을 연장하는 방법이 사용되었다. 젖을 먹이는 동안 어머니는 임신을 할 수 있는 능력이 신체의 화학적 작용으로 제한되기 때문이다. 이 방법을 누구나 쓸 수 있는 것은 아니지만 효과는 뛰어났다. 그 밖의 수단으로는 신중하게 선택하여 유아를 죽이는 방법이 있다. 아메리카, 오스트레일리아, 인도 같은 곳에서는 이런 사실을 뒷받침하는 고고학적 증거가 발견되었다. 예를 들어 일부 아메리카 인디언 집단의 몇몇 사회에서도 낙태를 유발하는 식물을 실험했다. 집집마다 확실히 성적 욕구와 너무 많은 아이를 낳지 말아야 하는 절제 사이에서 고통을 겪었다. 질병과 영양실조는 여성의 생식능력을 제약함으로써 임신할 기회를 감소시키는 데 큰 역할을 했으며, 태어난 아이의 생존율에도 영향을 주었다. 오랜 수유 기간은 영양 상태를 충분하게 하지 않았다. 그리고 젖을 뗄 무렵이면 사망하는 아이가 늘어나 전체적인 치사율을 높였다. 다른 질병들도 아이들을 공격했다. 말라리아 같은 질병은 생식능력까지 낮출 수 있었다. 많은 어머니들이 20대에 죽었다. 기대수명은 일반적으로 낮았고, 이는 1인당 출산율을 더욱 낮추었다.

밝혀진 바에 따르면, 유럽에서는 농업이 도입되기 직전까지 대부분의 수렵채집 집단은 5세 이전에 죽은 아이들을 땅에 묻는 데 별로 신경을 쓰지 않았다. 이를 부모들이 자기 아이들의 죽음을 우려하지 않았다는 의미로 받아들여서는 안 된다. 그렇지만 아이들이 너무 많이 생존하게 되면 가족과 공동체의 생존에 위협이 되었으며, 그래서 죽기를 바랐음은 명확하다. 아이들의 수를 줄이기 위해 사용된 갖가지 조치를 고려해 볼 때, 수렵채집 사회의 인구는 늘어났다고 하더라도 매우 더뎠다.

특히 농업 사회와는 대조적으로 출산을 제한하고 어린이를 상당한 짐으로 여겼다고 해서, 수렵채집 사회에서 어린이를 위해 아무런 일도 하지 않은 것은 아니다. 무엇보다 일을 하는 것은 필수적이었지만, 성인들도 무한정 일하는 것은 아니었다. 평균적으로 볼 때 사냥이나 채집을 하는 데는 하루에 단지 몇 시간 정도를 들였다. 다른 일을 할 수 있는 상당한 시간이 남았는데, 거기에는 아이들과 놀아 주는 일도 포함되었다. 현대의 많은 사냥 집단에서 아이들과 어른들은 종종 함께 놀이를 하는데, 이는 아이들만의 공간을 제약하는 측면도 있지만 폭넓은 상호작용을 할 수 있는 커다란 기회를 제공한다. 두 번째로, 많은 수렵채집 사회는 상당히 일찍 지도자 가정의 아이들에게 어느 정도의 잉여생산물을 제공하기 시작했다. 방식은 많이 다르지만, 사회적 구분을 위해 어린이를 활용하는 첫 번째 사례로 오늘날까지도 명백히 지속되는 실천 행위이다. 농업 이전 사회의 유적지에 남아 있던 일부 연령대가 높은 어린이 무덤에서 장식된 보석, 조각이 새겨진 뼈 무기, 색깔이 있는 장신구가 발견되었다. 유럽에서 발견된 어떤 어린이 유골은 허리에 부싯돌 칼을 차고 있었으며, 이 유골은 백조의 날개 위에 놓여 있었다. 이런 종류의 특별한 우대 조치는 특정 가족의 지위가 남달랐음을 잘 보여 주는 것으로, 어린아이의 주검에도 부와 존귀함을 과시한 것이었다. 마지막으로, 아동기는 두말할 나위 없이 놀이와 가끔 일을 돕는 시기이지만 통상 성인기는 빨리 찾아왔다. 일단 사냥 의식을 통과하면, 소년들은 한 사람의 남자로 대접을 받았다. 마찬가지로 많은 소녀들은 결혼을 해서

10대 초에 성인기에 들어갔다. 이어지는 농업과 산업사회에서 공통적으로 나타나는 아동기와 성인기 사이의 오랜 과도기의 개념은 이런 원래 형태의 인간 조직에는 보통 없었다.

수렵채집 사회에서 어린이들 사이에 성별에 따른 역할 구분은 간단치 않았다. 어린 소년과 소녀들은 같은 게임을 하면서 어울려 놀았다. 아동기 후기가 되면, 사냥 목적지를 아는 소년들은 별개의 업무를 가지고 무리를 이루어 길을 나서는 경향이 있었다. 그러나 사냥 집단은 소규모였으며 어떤 정해진 집단 안에 소년은 상대적으로 거의 없었기에, 분리된 집단을 구성할 수 있는 기회는 제한적이었다. 더구나 여성이 하는 일은 남성과는 달랐지만, 적어도 경제적으로는 남성의 일만큼 중요했다. 이런 까닭에 성장기 소년과 소녀들이 지위에서 커다란 차이가 생겨나지는 않게 되었다.

현재 존재하는 수렵채집 사회에 관한 연구는 또한 어떤 환경에서 다음 환경으로 넘어갈 때 어린이들 사이에 촉진되는 특정 종류의 개성의 커다란 변화를 밝혀 준다. 무리가 소규모이고 상당히 고립적이기 때문에 다양한 접근 방식은 불가피했다. 예를 들어 분노의 감정을 생각해 보자. 수렵채집 사회는 어린이들에게 적잖이 분노를 표현하게끔 조장한다. 부모들은 자기 나름의 방식으로 사례를 들어 분노를 표현하는 훈련을 시킨다. 이와는 달리 예컨대 캐나다의 우트쿠(Utku) 이누이트 집단은 2세 이상 아이들의 분노를 인정하지 않는다. 심지어 '분노'를 뜻하는 단어도 없다. 그리고 어린아이는 울거나 애완동물을 학대하는 구체적 표현을 전혀 하지 않을 거라고 가정한다. 자녀 양육의 여러 구체적 형태는 사냥과 채집 상황에 적합하도록 실용적인 모습을 띠는데, 자원의 상황에 영향을 받은 기본적 틀을 전제로 한다.

농업은 약 1만 년 전에 사냥과 채집을 대체하기 시작했는데, 완전히 새로운 경제 체제는 어린이에 대한 중요한 시사점을 제공했다. 농업은 서서히 전 세계로 확산되었으나 모든 지역을 바꾸어 놓지는 않았다. 수렵채집 집단은 오늘날까지도 지속되고 있으며, 대안적인 경제 형태인 동물 사육을 토대로 하는 유목도 발전했다. 농업은 전파와 독립적인 생산이라는 두 가지 방식으로 기반을 다져 나갔다. 중동과 흑해 지역, 중국 남부와 동남아시아의 쌀 재배 지역, 중앙아메리카, 이렇게 적어도 세 군데의 명확한 농업 '발명' 지역이 있었다. 농업은 점차 인간의 경험과 그에 따라 아동 지위를 규정하는 가장 보편적인 틀이 되었다.

농업이 가져온 가장 명백한 변화는 일을 할 때 어린이가 얼마나 효용성이 있는지에 대한 새로운 생각이었다. 수공예품 생산이나 가내 제조 활동을 포함하는 대부분의 농업 사회는 수렵채집 사회보다 훨씬 더 명백히 어린이의 핵심적인 속성을 유용하다고 규정했다. 물론 아직까지 어린아이를 기르는 데는 비용도 들었다. 5세 무렵이 되어 어떤 일을 시작하기 전까지는 특히 그랬다. 아이들은 10대가 될 때까지 자신에게 드는 비용만큼 충분히 벌지는 못했다. 그러나 10대 중반이 되면 들이나 집 둘레에서 이루어지는 노동을 통해 가족경제에 적극적으로 기여할 수 있었다.

농업 가정에서 어린이가 이런 필수적인 노동력을 제공하는 것이 얼마나 빨리 현실화되었는지 우리는 정확히 알 수 없다. 우리는 출산율이 상당히 빨리 상승했다는 것을 확실히 알고 있는데, 이는 농업이 식량 공급의 확대를 가능하게 했으며 어린이가 식량 수집을 단순히 보조하는 것을 넘어서는 도움을 줄 수 있으며, 또 그렇게 해야 한다는 것이 새로운 현실이 되었음을 말해 준다. 두말할 나위 없이 가족들은 기본적으로 젖을 먹이는 기간을 줄임으로써 출산율을 높였다. 때로는 생후 18개월 정도까지만 젖을 먹였는데, 이는 적어도 일관성 있는 성관계를 가정한다면 자동적으로 태어나는 아이의 수를 가족당 6~7명까지로 증가시켰다. 이 인원은 농업 시대를 통틀어서 평균적인 수가 되었다.

　이런 새로운 출산율이 결코 낳을 수 있는 최대 숫자는 아니라는 사실은 이에 더해서 필수적으로 알아야 할 정보로 주목할 만하다. 19세기 후반부터 20세기 초 캐나다의 후터파[2] 종교 집단의 사례를 통해서, 우리는 한 가족이 아이를 최대한 많이 가지기를 실제로 원할 때 여성이 처음 임신을 할 때부터 폐경기까지 평균적으로 12~14명의 아이를 낳을 수 있다는 것을 알고 있다. 그러나 이렇게까지 아이를 낳는 농업 가정은 거의 없었으며, 그걸 원하는 가정도 거의 없었다. 가정 자원[3]의 부담이 너무 커질 수 있기 때문이었다. 그래서 대부분의 가정은 가족 규모를 제한하기 위해 계속 젖을 먹이는 방법을 사용했다. 때로는 사춘기 초에는 성관계를 하지 말도록 권유했다. 결혼한 부부까지 이렇게 하는 경우도 있다. 그리고 아이들의 숫자를 일정 범위 내로 유지하기 위해 일반적으로 부모가 30~40대에는 성관계를 줄였다. 대부분의 농업 사회에서도 부자들은 일반 가정보다 아이를 더 많이 낳았다. 스스로 자식들을 부양할 수단을 가지고 있었기 때문이었다. 출산율과 자원 간의 균형을 유지해야 할 필요성은 계속되었지만, 농업 사회는 거대한 변화를 불

---

2) Hutterite. 공동체 생활을 하는 기독교 재세례파의 한 분파. 교파를 정립하는 데 큰 역할을 한 오스트리아 출신 후터(Jacob Hutter)의 이름을 따서 '후터파'라고 한다. 19세기 후반 미국으로 이주했으나, 제1차 세계대전 때 양심적 병역거부와 독일어의 사용 등으로 미국 정부와 대립했다 이 때문에 일부는 캐나다로 다시 이주하였다.
3) family resource. 가족의 기본적인 생활과 다양한 욕구를 충족시키는 데 사용되는 각종 수단이나 도구를 말한다. 가족들이 일상생활에서 유용하게 활용할 수 있는 모든 자원이다.

러왔다. 어린이는 경제적으로나 양적으로나 사회의 더 중요한 일부가 되었다.

　결과적으로 농사를 짓는 마을은 어린이들로 가득 차게 되었다. 상대적으로 높은 출산율과 낮은 평균 기대수명은 어린이와 청년을 전체 인구의 거의 절반이 되게 했다. 농업 사회를 수렵채집 사회, 근대 산업사회와 대조해 보면 인상적이다. 농업 사회가 어린이를 언제나 잘 대우한 것은 아닐 수도 있다. 그러나 농업 사회는 우리가 상상하기 어려울 만큼이나 아동 중심 사회였다. 마을 전체가 아이를 키웠다는 생각은 상당 부분 사실이다. 아이를 키우는 것은 부모만의 책임이 아니었다. 그리고 이는 결국 어느 정도는 그렇게 많은 아이들이 마을에 있었기 때문이었다. 아이들은 더 넓은 사회에서도 관심을 모았다. 메소포타미아의 법령들이 그렇듯이, 여러 법령들은 어린이에 대한 의무 규정을 두었다. 이집트와 메소포타미아에서 자녀가 없는 부부는 의심의 눈총을 받았다. 어떤 부부가 직접 아이를 낳지 못한다면 입양을 해야 하는데, 이는 노동력과 재산을 확대하는 또 다른 방법이었다. 아이가 없는 이집트 학자들도 비난을 받았다고 한다. "너는 명예로운 남자가 아니다. 아내에게 아이를 갖게 하지 못했기 때문이다. 아이가 없는 남자라면, 고아를 입양해서 키우게 하라."

　어린이들 스스로 자신의 지위를 더 잘 확인할 수 있게 되었다. 서로 영향을 주고받을 형제자매가 더 많아졌다. 60~80명으로 구성되는 사냥 집단보다 훨씬 많은, 수백 명이 생활하는 농촌 마을은 잠재적인 동료들로 가득했다.

　죽음은 여전히 어린이의 변함없는 동반자였다. 아마도 일부 어린이의 영양 상태는 수렵채집 사회보다 향상되었겠지만 기근이 잦았다. 홍역이나 천연두 같은 전염병은 수렵 사회의 경우보다는 농업 사회에서 더 큰 문제가 되었다. 이런 전염병이 어린이와 어른들에게 준 영향은 같을 수가 없었다. 질병과 사고, 죽음은 농업 사회 어린이들에게 더 크게 다가왔다. 청소년기에 이르기 이전까지 적어도 형제자매가 둘 정도 죽는 것을 보지 못하는 어린이는 거의 없을 정도였다. 평균적인 농업 사회에서는 모든 아이 가운데 30~50퍼센트가 두 돌이 되기 전에 죽었다. 어린이의 죽음을 슬퍼했음은 틀림없다. 그러나 모든 농업 사회는 어린이의 죽음을 피할 수 없다는 사실에 적응해야 했다. 그리고 비통함과 더불어 때로는 상당한 체념을 하기도 했다. 의학의 도움을 받을 수 있는 곳에서도, 많은 가정에서는 의술로 어린이를 치료하려고 애쓰지 않았다. 죽음은 불가피한 것이라고 여겼기 때문이었다. 그리고 모든 농업 사회에서는 예컨대 아이들이 우물에 빠지는 것과 같이, 요즘이라면 충분히 막을 수 있는 사고가 일어나는 경우도 많았다.

어쩌면 죽음과 관련된 것으로 대부분의 농업 사회는 또한 몇 가지 흥미로운 공포심과 어린이에 대한 미신이라고 할 수 있는 것을 가지고 있었다. 많은 아프리카 집단들은 쌍둥이가 악마의 영혼을 옮긴다고 믿었다. 그래서 때로는 쌍둥이를 죽게 내버려 두었다. 인더스 강을 따라 형성된 초기 하라파 문명[4]에서는 악마의 영혼에 빠지지 않도록 어린이의 귀에 구멍을 뚫었다. 유럽의 기독교인들은 대망막(大網膜, 태어날 때 아기의 머리를 여전히 뒤덮을 수 있는 태아의 막)[5]을 쓰고 태어난 아이를 두려

---

4) Harappa, 인더스 강 계곡에 발달한 초기 문명. 현재의 파키스탄 지역에 중심지를 두고 있다. 기원전 3000~1800년 무렵까지 존속한 것으로 추정된다.
5) 자궁에 형성되는 양수로 차있는 주머니(양막)을 가리킨다. 아기가 태어날 때 양수가 터져야 하는데, 그러지 못해서 종종 양수 주머니에 싸인 채 태어나는 경우가 있다.

워했는데, 이것이 사악한 마법의 신호일 수 있다고 믿었기 때문이다. 세부적인 현상은 다양하지만, 일반적이지 않은 아이의 모습에 대한 두려움은 널리 퍼져 있었다.

죽음은 명백히 어린이들에게 직접 영향을 미쳤다. 특히 어린 나이에 부모를 잃었을 때 그러했는데, 이는 드문 일이 아니었다. 중국 명나라의 한 작가는 일곱 살에 어머니의 죽음을 목격한 충격을 이렇게 기술했다. "나는 언제나 아직 살아 있는 사람들에 대해 우려한다. 충분히 그들을 알 수 있는 시간이 부족할지도 모른다. 모두 나의 마음에 깊은 상처를 주는 그런 슬픈 사건 때문이다."

일의 중요성은 특히 강조할 만하다. 많은 농업 사회에서는 유아기 초와 초기 아동기 사이에 급격한 단절이 있었다. 초기 유아들은 애지중지 아꼈으며, 하고 싶은 대로 하도록 내버려 두었다. 그러나 진지하게 일을 시작할 수 있는 아동기 초인 6~7세 무렵 갑자기 엄격한 통제를 하기도 했다. 예를 들어 전근대 일본의 전통문화에서는 아주 어린아이들을 실제적으로는 이 세계의 일부가 아니라 신과 비슷하다고 여겼다. 그래서 통상적 규칙을 적용하거나 심하게 야단을 치지 않았다. 그러나 일곱 살이 되면 고유 신앙인 신도(神道)의 의식에 따라 어린이를 이 세계의 일원으로 편입시켰으며, 상세한 규제를 받아들이고 행위에 책임을 져야 한다는 점을 인식시켰다. 농업과 장인(匠人) 가정에서는 일반적으로 어린 아동들이 집 주변에서 어머니를 도울 수 있었다. 조금 더 나이가 든 어린이는 가축을 돌보거나 들에서 수확을 비롯한 가벼운 일을 거들 수 있었다. 청소년기의 사내아이들은 주된 생산 활동의 보조 활동으로서 이제 사냥에 참가할 수도 있었다. 그러나 핵심 업무는 가족노동 구성원의 일부로서 정규적인 노동이었다. 마찬가지 개념이 청소와 음식 준비,

간단한 생산 업무 같은 일부 제조 활동에 도입되었을 것이다. 그러는 동안 공식·비공식 도제 활동을 통해 거래 업무도 배우기 시작했다.

노동은 새로운 아동 지위가 어느 정도이고 얼마나 중요한지 설명해 준다. 그러나 이는 또한 농업 사회의 아동 지위에 수렵채집 사회에 존재했던 것보다 더욱 뚜렷한 갈등 관계를 가져왔다. 아동노동에서 충분한 가치를 얻기 위해 가정에서는 10대 중반이나 후반까지 아이들을 보살펴야 했다. 그렇지 않으면 아이에 대한 투자는 보상을 받지 못할 수도 있었으며, 부모가 나이를 먹어 가면서 가족노동력이 부족해질 수 있었다. 많은 농업 사회에서는 부모들이 자신이 나이가 들었을 때 일을 해줄 수 있는 아이를 얻으려는 목적으로 40대에 의도적으로 아이를 가졌다. 이런 아이들을 '희망 아동'(wished child), 근대 초 독일에서는 '소원 아동'(Wunschkind)이라고 불렀다. 많은 어린이가 완전한 성인이 되어 가족경제에 지속적으로 협력하는 시기는 필연적으로 늦어졌다. 어린이들은 확대가족의 일원으로 계속 역할을 한다는 전제 아래 결혼을 할 수 있었다. 그러나 자신의 뜻에 따라 완전한 독립을 인정받지는 못했다. 당연히 농업 사회에서는 통과의례도 과거와 달라졌다. 수렵 사회에서처럼 경제적 능력을 보여 주는 것에서 정신적 성숙을 뜻하는 종교적 의식으로 바뀌는 경향을 띠었다. 유대인의 바르미츠바[6] 같은 견진성사가 그런 경우였다. 엄숙했으며, 정말로 중요한 의식이었다. 그러나 사냥 솜씨를 입증하는 식의 경제적 독립을 뜻하는 증표는 아니었다.

---

6) Bar Mitzvah, 유대교 율법에 따른 성년식으로, 남자는 13세, 여자는 12세가 되면 치른다. 바르는 '율법의 아들, 딸'이라는 의미로, 이 의식을 치른 후에는 자기 스스로 생각을 해서 의지에 따라 행동을 할 수 있으며, 사회 활동에 참여할 수 있다. 그리고 이에 따른 행동에 책임을 지게 된다.

대부분의 농업 사회는 '청년'(youth) 시기를 실제적인 아동기와 완전한 성인기 사이를 잇는 시기로 자리매김하였다. 이 시기는 아직도 가족을 위한 노동이 일반적이지만, 노동 기능과 능력은 매우 생산적이라고 할 수 있을 정도로 향상되는 특징을 보인다. 이는 반드시 쉬운 조합은 아니었다. 모든 농업 사회는 발전해 나가면서 어떻게 해서든 어린이에게 복종심을 주입시켜야 할 필요성이 매우 커졌다. 그 이유 중 하나는 복종심이 청년기까지 지속되고 가족경제 안에서 서로 의존하는 노동의 근거를 제공했으면 하는 희망 때문이었다. 물론 모든 농업 사회는 수렵채집 사회나 유목 사회와는 대조적으로 재산에 대한 명확한 개념을 확립했다. 재산은 상속을 통해 젊은 세대에게 전달되었다. 아이들은 가족노동을 충실히 함으로써 부모가 재산 분배를 잘 하지 않을 수 없도록 확실하게 만들고자 했다. 이것이 충실한 가족노동을 감당해 나간 또 하나의 이유였다.

그러나 대개 농업 사회는 젊은이들의 갈등을 인식하여 일상적인 생활 패턴에서 벗어나서 혈기왕성한 기운을 주기적으로 분출할 수 있도록 의도적으로 배려하기도 했다. 파종이나 수확, 때로는 종교적이거나 역사적 기억과 관련된 농업 축제는 젊은이, 특히 젊은 남자들에게 시합이나 운동경기에서 특별한 역할을 할 수 있는 기회를 제공했다. 때로는 이런저런 반달리즘[7] 행위나 나이 많은 사회 지도자들을 놀리는 것을

---

7) vandalism, 기존의 문화유산이나 사회 시설, 자연환경 등을 파괴하는 행위. 넓은 의미로 공공 시설이나 자연경관을 해치는 행위까지 포함한다. 게르만족의 이동이 이루어지던 5세기 폴란드 남쪽에 살던 반달족이 로마를 점령한 다음 고대 로마와 문화유산을 광범위하게 파괴하고 약탈한 행위에서 비롯된 개념이다. 반달족은 니케아 공의회에서 이단으로 선언한 아리우스파를 믿고 있어서 로마 가톨릭에 적대감을 품고 있었다. 그러나 반달족의 파괴와 약탈이 다른 종족보다 특별히 심했던 것이 아니라, 정통 기독교에서 이단시했던 아리우스파 신앙을 가진 반달족에 대한 서유럽인과 로마가톨릭의 반감에서 비롯된 과장과 편견이라는 비판이 많다.

허용했다. 종종 젊은이들이 무리를 지어 새롭게 결혼한 부부의 집에서 기다렸다. 결혼이 완성되었으며, 관념상으로 신부가 숫처녀였다는 증거를 확인하기 위함이었다. 기다리면서 야단법석을 떠는 젊은이들에게 피 묻은 시트를 보여 주는 것은 효과가 있었을 것으로 생각된다. 이처럼 야단법석을 떠는 행위는 종교적 배경은 매우 달랐지만 농사를 짓는 유럽이나 중앙아시아에서 똑같이 마을 생활의 한 부분이었다. 유럽에서 축제 때 열리는 레슬링 경기에서는 미혼 남성을 갓 결혼한 남성과 겨루게했다. 이는 아직 성인 가족의 지위를 인정받지 못하는 남성들에게 경기를 하는 상대방에게 승리함으로써 자신의 불만을 표출할 수 있게끔 한 것이었다. 가끔 허용되는 소란스러움이나 규율에서 벗어난 일탈 행위는 젊은이들로 하여금 연중 대부분의 기간 동안 자신의 열등한 경제적 지위를 받아들이게끔 유도하는 결정적 수단이었다.

노동뿐 아니라, 애매하기는 하지만 청년이라는 새로운 범주가 점점 더 강조됨에 따라 농업 사회는 어린이의 개념과 경험에서 몇 가지 다른 변화를 도입했는데, 인간 조직의 이런 형태는 어디에서나 뿌리를 내렸다. 경제적으로 잉여생산을 해냈기 때문에, 농업은 아동기 동안의 지위와 아동기를 지난 다음 지위의 차이를 드러낼 수 있는 가능성을 높였다. 이런 구분은 사냥과 채집 환경에서도 이미 표면화되었지만, 이제 더욱 정교해졌다. 예를 들어 중앙아메리카의 후기 마야 문명에서 엘리트 집안의 아이들은 아직 두개골이 부드러운 유아 시절에 두상을 길쭉하게 만들기 위해 헤어밴드를 했다. 이는 전 생애에 걸쳐 그들의 사회적 지위를 보여 주는 신체적 증거가 되었다. 이보다 늦은 시기에 중국에서는 여성의 전족(纏足)[8]이 시행되었다. 이런 관습은 상류층에서 시작되었는데, 지위를 나타내기 위해 어린이를 이용하는 또 다른 사례였다. 이 경우 소녀의 발은 꽁꽁 묶여 작은 뼈들은 부스러지고 여자들은 생애 모든 기간 동안 발을 질질 끌면서 걸어야 했다. 사람들은 이런 결과를 우아하고 매력적인 것으로 여겼다. 하지만 여성의 걷는 능력을 크게 약화시켰다. 이 때문에 전족의 풍속이 하층계급이나 농촌까지 확대되지 않았다.

이런 종류의 구체적인 실천 행위는 물론 한 사회부터 이어지는 사회까지 한결같은 것은 아니었지만, 이와는 상관없이 농업 사회에서는 종종 어린이들에게 영향을 준 다른 차이들이 있었다. 첫 번째는 그야말로 단순한 것으로, 상류계급의 어린이들은 영양 상태를 좋게 할 수 있는 기회를 누릴 수 있다는 사실이다. 이들은 대부분의 다른 어린이들보다 적절한 식량, 특히 가장 확실하게는 곡물에 들어 있는 단백질을 섭취하기가 쉬웠다. 상류계급의 평균적인 어린이들이나 이들이 자라서 되는 성인들과 대부분의 일반적인 어린나 성인들 사이에는 의미 있는 정도의 차이가 있었다. 이는 지위의 차이를 영속화하는 경향이 있었다. 두 번째 차이는 훈련과 전문화였다. 농업경제는 수렵채집 사회보다 평균적으로 식량의 잉여생산이 크게 늘어났기 때문에, 소수의 어린이들에게 숙련된 기능인이 되기 위한 특별한 훈련을 받게 하거나 전사(戰士), 사제, 정부 관료로서 성인의 역할을 할 수 있는 기회를 제공했다. 이 경우 훈련은 대개 일과 관련이 있었으며, 대개는 도제 협약을 통해 진행되었다. 어떤 경우 이런 훈련을 공식 학교교육에 포함하는 경우도 있었다. 교육받은 엘리트를 위한 아동 지위는 일이라는 것만으로 규정할 수는 없다. 일

---

8) 여성의 발을 작게 만들기 위해 헝겊으로 단단히 감싸는 행위. 10세기 무렵 송나라에서 시작되어, 명과 청나라의 상류층에서 유행했다. 1911년 신해혁명 이후 점차 자취를 감추었다.

을 하는 것은 이런 사회의 대부분 어린이들에게 친숙했다. 대부분의 농업 사회에서 두 가지 아주 다른 길이 생겨났다. 그렇지만 이 가운데 하나는 단지 몇몇 소수에게만 열려 있었다.

농업 사회는 또한 어린이와 조부모 사이에 접촉할 수 있는 새로운 기회를 만들어 주었다. 이런 기회는 사냥과 채집 경제에서는 없던 것이었다. 수렵채집 사회에서 조부모는 여러 가지 일들 가운데 사회에서 살아가는 어린이들에게 정체성을 길러 주는 이야기와 지혜의 원천 구실을 했는데, 이는 지식의 구두 전달에 의존할 수밖에 없었다. 그러나 성인의 평균 수명이 짧았기 때문에 얼마간 제한적이었다. 농업 사회에서도 많은 성인들이 여전히 젊었을 때 죽었다. 그러나 상당수는 60대까지 생존했다. 성인이 된 자식들은 일을 해야 했던 반면, 늙은 부모들은 아이들을 돌보는 거들 수 있었으며, 그 밖에 다른 형태의 접촉을 할 수도 있었다. 최근에 한 진화생물학자는 보살핌과 지식의 제공을 통해서 인간 발달에서 조부모가 한 역할의 중요성을 주장했다. 이러한 연계가 존재하지 않는 다른 생물과 비교하면 그렇다는 것이었다. 이런 흥미로운 주장의 장점이 무엇이건 간에, 연계성은 농업 사회에서 결정적으로 늘어났다. 새로운 사회적 차이와 더불어, 이는 또 다른 핵심적 변화였다.

마지막으로 농업은 어린이들 사이에 새로운 종류의 성별 차이를 부각시켰다. 모든 농업 사회는 젠더 관계와 부모자식 관계에서 가부장제의 방향으로 나아갔다. 가족 내부의 권력자로서 남성과 아버지에게 편중된 권력을 부여했다. 대부분의 농업 사회에서 남성은 가정경제에서 가장 생산적인 업무를 담당했다. 남성은 농사일 자체나 곡물 재배의 책임을 맡았다. 여성은 가정을 꾸려 나가는 데 필수적이지만 사냥이나 채집만큼 독립적으로 중요하지는 않은 일을 하는 보조 노동자가 되는 경향이 있었다. 물론 어머니로서 여성의 활동은 높아진 출산율과 함께 확대되었다. 이러한 변화는 일이나 생활의 근본적인 기능뿐 아니라 중요성이라는 기준으로 소년과 소녀를 구분하려는 확실한 노력으로 바뀌었다. 개인적으로 부모가 특별히 아끼는 예외적인 경우가 있기는 하지만, 여자아이들은 열등감을 느껴야 했다. 아버지 쪽에 힘이 쏠리는 것은 기본적으로 재산을 조정하는 상황에서 나타났다. 이는 아버지가 자녀들을 통제할 수 있는 중요한 수단이 되었으며, 어머니는 적어도 이에 상응할 만한 수단을 갖지 못했다. 그러나 어머니들은 아이들에 대한 정서적 투자와 인성의 힘으로 이를 보완할 수 있었다. 그래서 부모들 사이의 구분이 보통 법이나 경제적으로는 상당히 달랐지만, 그렇다고 이를 너무 과장할 것까지는 없다.

성별에 따른 차이라는 쟁점이 언제나 간단한 것은 아니었다. 예를 들어 중국 문명에서 사내아이는 두 말할 나위 없이 존중을 받았으며, 여아 살해도 분명히 있었다. 그러나 어린 여자아이들에게는 소년들, 특히 연령이 높은 소년들보다 친절하게 대했으며 너그러웠다. 바로 성인 남성의 책임감이 막중했기 때문이었다. 이와는 대조적으로 소녀들에 대한 기대감은 별로 없었다. 그래서 그들은 뜻밖의 자유를 얻을 수 있었다.

남녀의 구분은 언제나 있어 왔지만 달라질 수도 있었다. 이 점은 초창기 농업 문명에서 뚜렷했다. 고대 이집트에서는 태어났을 때부터 남자아이와 여자아이를 구별하지 않았다. 이 광경은 많은 소녀들을 죽게 내버려 두는 데 익숙했던 그리스 방문자들 눈에는 놀라웠다. 어떤 그리스인은 이렇게 기록했다. "그들은 자신들이 낳은 모든 아이들을 먹여 살렸다." 그러나 메소포타미아에서는 세 살 무렵에 젖을 뗄 때까지는 남자아이와 여자아이를 모두 어머니가 맡아서 기른 반면, 아버지는 그 이후에 남자아이의 훈련을 이어받았다. 그리고 엄격한 구분이 강조되었다. 어떤 수메르인이 이렇게 기록했다. "내 아들을 지도하지 않는다면, 나는 한 사람의 남자가 아닐 것이다." 이러한 관심은 한편으로 양날의 칼이기도 했다. 그런가 하면 남자아이들은 가족의 희망이었다. 가장 나이가 위인 아들은 아버지가 죽는다면 집안을 이어 받았을 것이다. 다른 한편으로 불복종에 대한 벌은 가혹할 수 있었다. 집안에 가두거나 구리로 만든 고랑을 채웠으며, 이마에 낙인을 찍기까지 했다. 여자아이들에게는 기회가 별로 없었다. 그러나 부모의 노여움을 사는 경우도 거의 없었다.

　수렵채집 사회와 마찬가지로 농업 사회도 시간과 공간을 넘어서 여러 가지 특징을 공유했다. 그러나 성별 관습에서 뚜렷하게 드러나듯이 크게 다른 경우도 있었다. 대부분의 농업 사회는 확대가족을 강조해서 생존해 있는 조부모, 성인이 된 자식, 보통은 남편의 확대가족 편으로 이주하는 아내인 그들의 배우자, 그리고 자식들 사이에 강한 유대를 맺고 있었다. 그러나 더 고립적인 핵가족도 발달할 수 있었다. 아마도 상류 계급을 제외한다면 많은 농업 사회는 부모가 자식을 돌보는 것을 강조했을 것이다. 폴리네시아에서는 종종 비공식적 입양의 방식으로 가족들 사이에 어린이를 교환하기도 했다. 많은 농업 사회에서는 종교에 대한 강력한 오리엔테이션이 되어 있었다. 그러나 어떤 경우에는 세속적 가치가 크게 나타났다. 가부장제로 바뀐 일부 농업 사회는 딸들에게 재산을 물려주지 않았다. 반면 다른 사회들에서는 가부장제가 군건하더라도 재산권을 세심하게 인정했다. 일부 농업 사회는 나이가 가장 위인 아들을 특별히 배려하여 장자상속제를 통해 재산과 직위를 물려주었다. 나머지 아들과 결혼하지 않은 딸들은 확실한 뒷받침을 해주지 않은 채 내버려 두었다. 그러나 다른 사회들은 적어도 소년들 사이에서는 더 광범위하게 유산을 상속했다. 이 문제를 더 탐구해 보는 편이 좋겠지만, 상대적으로 큰 집단에 속한 아동의 형제자매 관계에는 상당한 변수가 있다. 전통적으로 아프리카 사회에서는 어린이를 나이와 성별로 구분했다. 그러나 지위를 확립하기 위한 개방된 경쟁을 촉진시켰다. 반면에 중국 사회는 세심한 예법에 따라 아동들 사이에 위계 관계를 유지하는 데 큰 비중을 두었다.

이어지는 3개 장에서는 농업이 출현한 이후 세계사에서 일어난 몇몇 주요 발전에서 비롯된 핵심적인 변화를 살펴볼 것이다. 특정 문명의 충격과 종교적 변화의 결과는 농업 사회의 어린이들에게 중요한 영향을 줄 수 있는 첫 번째 요인으로, 여러 농업 사회들 사이에 특히 체계적 차이를 생기게 했다.

농업 자체가 인간이 그때까지 경험했던 아동 지위에 가장 큰 변화를 가져왔다는 사실을 기억하는 것은 여전히 중요하다. 개별 문명과 종교에서 비롯된 특정 패턴은 이런 틀 속에서 작동하며, 넓은 지역에 걸쳐 공통적인 어떤 패턴들 가운데에서 작용을 하는 차이와 변화를 만들어 냈다. 개별 가족과 전체 사회들은 농업 사회의 어린이를 수렵채집 집단의 어린이들과는 달리 보았다. 아동의 노동에 새롭게 의존한 것은 이러한 변화 중에서도 중심적인 현상이었다.

농업 사회에서 산업사회로 바뀜에 따라 또 다른 지배적 패턴이 발달한 사회에서도 여전히, 우리가 농업 사회 어린이의 유산을 다루는 것은 놀랄 만한 일이 아니다. 그리고 농업은 아직도 전 세계 인류 거의 절반의 삶을 직접적으로 좌우한다. 때로는 전통 방식이기도 하며, 심지어 인도나 아프리카 같은 곳에서는 급격히 바뀌어 가는 도시 상황과 병존하기도 한다. 산업사회에서도 어느 정도는 여전히 어린이는 여름철에는 자유로워야 한다는 가정을 토대로 학교 수업 날짜를 짠다. 어린이들이 여름철에 자유로워야 하는 까닭은 애초에는 들에서 일을 해야 했기 때문이었다. 이제는 더 애매하고 다양한 이유로 자유로워야 한다고 생각한다. 이 가운데 많은 부분이 이제는 객관적 의미가 줄어들었지만, 우리는 여전히 농업이 가져온 사내아이와 여자아이 사이의 몇몇 차이와 씨름한다. 많은 현대인들은 약간의 농사나 적어도 농촌 생활이 도시 아이들에게 유익하다는 신념을 가지고 있다. 이러한 신념은 정확하다. 그러나 이는 또한 농업의 보호 아래 오랜 기간 지속되어 오던 어린이 인식의 향수를 반영한다. 장점과 단점을 설명하는 것으로 농업 사회의 어린이 논의를 마무리하기에 앞서, 더 친숙한 세계사의 몇 가지 모습들을 가져온 아동 지위에 대한 해석들을 살펴볼 필요가 있다.

| 더 읽어 볼 책 |

수렵채집 사회에 관한 연구로는 다음 책들이 있다. Patrica Phillips, *The Prehistory of Europe* (Bloomington: Indiana University Press, 1980) ; J. S. Wiener, *Man's Natural History* (London: Weidenfeld & Nicolson, 1971) ; Robert Braidwood, *Prehistoric Man* (8th edn, Glenview, IL: Scott, Foresman, 1975) ; Robert Wenke, *Patterns in Prehistory: Humankind's First Three Million Years* (4th edn, Oxford: Oxford University Press, 1999).
농업 사회로의 이행에 관한 연구로는 다음 책들이 있다. Davis Christian, *Maps of Time: An Introduction to Big History* (Berkeley: University of California Press, 2004) ; Joanna Sofaer Derevsnki, ed., *Children and*

Material Culture (London: Routledge, 2000).

초창기 농업 문명에 관한 연구로는 다음 책들이 있다. André Burguière, Christiane Klapish-Zuber, Martine Segalen and Françoise Zonabend, eds, *A History of the Family, I : Distant Worlds, Ancient Worlds* (Cambridge, MA: Harvard University Press, 1996) ; A. R. Colón, with P. A. Colón, *A History of Children: A Socio-cultural Survey Across Millennia* (Westport, CT: Greenwood, 2001) ; Traci Ardren and Scott R. Hutsom, *The Social Experience of Children in Ancient Mesoamerica* (Boulder, CO: University Press of Colorado, 2006) ; Jane Eva Baxter, *The Archaeology of Childhood: Children, Gender and Material Culture* (Lanham, MD: AltaMira Press, 2005). 다음 책들도 참고하라. Colin Renfrew, *Prehistory: The Making of Human Mind* (London: Weidenfeld & Nicolson, 2007) ; Mario Aguihar, ed, *The Politics of Age and Gerontocracy in Africa: Ethnographies of the Past & Memories of the Present* (Trenton, NJ: African World Press, 1998) ; 그리고 Susan B. Hanley, *Everyday Things in Premodern Japan: The Hidden Legacy of Material Culture* (Berkeley, CA: University of California Press, 1999)도 참고할 만하다.

02
고전 시대의
어린이

이제 세계사의 매우 친숙한 주제들과 아동의 지위와 관련된 문제들 사이의 관계를 탐색해 볼까 한다. 첫째는 여러 문명들 사이의 비교를 비롯한 문명의 영향이다. 둘째는 주요 문명들 내부에서 일어난 그 이상의 변화 결과, 특히 더 깊게 종교에 몰두하는 현상이 확산되는 경향과 관련된 변화이다.

여전히 농업경제 속에 포함되는 것이기는 하지만, 세계사 연구자라면 누구 할 것 없이 기원전 3500년 무렵부터 시작된 문명의 발생을 인간 조직의 특별한 형태로 주목한다. 문명의 발생은 금속 사용을 비롯한 기술 변화에 따라 가속화되었다. 문명은 대부분이 농촌인 가운데서도 더 복잡한 사회인 도시의 중요성을 높였고, 기록을 도입했으며, '고급문화'를 더 정교하게 보여 주었다. 조직화된 국가도 더 공식적인 법률 시스템을 도입해 나갔다. 문명의 발생이 어린이에게 어떻게 영향을 미쳤는가 하는 문제는 이미 농업 자체를 통해서 상당히 달라졌다.

우리는 아동의 지위와 깊은 관련이 있는 초창기 강 유역 문명에 관해 약간의 기본적 서술 말고는 아는 것이 거의 없다. 그러나 기원전 1000년 무렵부터 기원후 5~6세기 고전 제국이 붕괴할 때까지 중국, 인도, 지중해, 중동에 거대한 고전 문명이 꽃피는 가운데 그 모습은 달라진다. 고전 문명이 전 세계의 모든 영역을 다 포괄하지는 않았다. 이를테면 러시아나 스칸디나비아, 사하라 이남 아프리카에는 이르지 못했다. 그럼에도 점점 더 넓은 지역을 하나로 묶은 것은 사실이다. 중국에서 가장 두드러졌으며 주변 동아시아 지역에 영향력을 끼쳤고, 인도아대륙과 지중해에서도 그러했다. 고전 문명은 저마다 특유의 신앙 체계와 예술 양식, 정치적 패턴, 교역과 사회 구조를 갖추고 있었는데, 여기에는 아동의 지위도 필연적으로 포함되었다. 더구나 고전 문명 자체가 끝나가는 순간에 세 문명 모두 더 최근까지도 잘 유지된 유산을 남겼는데, 오늘날까지도 상당한 영향이 남아 있다. 예를 들어 인도에서 어린이는 특히 활달한 상상력을 품을 수 있도록 자극을 받았는데, 이는 스토리텔링의 생생한 전통, 예컨대 전사(戰士)가 상인과는 다르다는 것처럼 현실은 사회적 지위에 따라 달라진다는 어떤 믿음, 그리고 종교적 성취 때문이었다. 물론 이런 주장은 가설일 뿐이다. 하지만 특유의 고전적 패턴이 뚜렷해지던 지금부터 2천 년 전에 생겨난 인도 전통과 관련이 있음을 시사해 준다.

농업의 일반적인 제약 속에서, 여러 고전 사회의 어린이가 어떻게 다른지를 비교하는 것은 매력적인 작업임에 틀림없다. 인도의 사례는 고전기에 시작되어 오늘날까지도 유지된 어떤 지속적인 특별한 아동의 지위를 그대로 보여 준다. 그러나 더 근본적인 비교 문제가 훨씬 크게 느껴진다. 거대한 각각의 고전 문명 내 어린이의 패턴에 접근하는 가장 좋은 방법은 공통점을 찾거나 대비해 보는 것이다.

고전 시대 이전에서도 주요 강 유역에서 처음 발전한 문명 자체는 아동의 지위에 몇 가지 변화를 불러왔다. 첫째는 초창기 농업 사회의 특징을 그저 성문화한 것이었다. 어린이는 태어난 사회집단에 법적으로 속했다. 함무라비법전 같은 초창기 메소포타미아 법률은, 노예 집안에서 태어난 어린이는 확실하게 해방이 되지 않는다면 노예 신분을 이어받는다고 뚜렷하게 명시하고 있다. 귀족 신분을 비롯한 다른 사회적 지위도 상속되었다. 이러한 것들은 농업 사회의 특징이다. 로마법은 이런 문제에 섬세한 관심을 두어, 예를 들어 노예 아버지와 자유인 어머니 사이에서 태어난 아이는 사실상 자유인이라고 명시했다.

두 번째 변화는 공식적 법 자체를 포함하는데, 이는 잘 조직된 국가 자체의 산물이었다. 이제 법은 어린이의 지위와 의무를 규정하는 데 도움을 주었다. 여러 초창기 문명은 법으로 복종의 중요성을 강조했다. 메소포타미아는 물론 유대법도 복종하지 않는 아들을 벌줄 수 있는 아버지의 권한을 명시하고 있다. 심지어 유대법에서는 처형까지 할 수 있었다. 성경의 '신명기'에는 이렇게 적혀 있다. "만약 어떤 남자가 고집 세고 반항적인 아들을 두고 있으며, 그 아들이 아버지나 어머니의 말에 복종하지 않는다면, …… 그러면 아버지와 어머니가 그를 묶어서 도시의 장로들에게 데려갈 것이다. …… 그리고 그 장로들에게 말할 것이다. '우리 아들은 고집 세고 반항적이어서 우리의 말에 복종하지 않습니다. 이 아이는 식충이이고 술고래입니다.' 그러면 도시의 모든 사람들은 그를 돌로 칠 것이다. 그래서 그는 죽고 만다."

강 유역 문명도 또한 놀이를 하거나 성장해 나가면서 어린이들이 겪는 갖가지 달콤한 순간을 기록했다. 그러나 이를 법으로 규정하는 것은 특별한 의미가 있다. 또한 페니키아 같은 초기 문명에서는 아동을 종교 의식의 제물로 삼은 사례도 더러 있다.

초창기 문명의 법전들은 상속의 문제에 큰 관심을 두고 있었다. 분쟁을 최소화하는 동시에 재산의 세대 간 이전을 확실히 하는 것은 필수적이었다. 그러나 상속 규정에서는 또한 여러 종류의 어린이들 간에 권리가 달랐다. 어떤 경우에는 나이가 위인 남자아이와 아래인 남자아이 사이에 달랐으며, 거의 대부분은 사내아이와 여자아이 사이에 차별을 두었다. 마지막으로, 상속을 주장하기 위해서 어린이들이 스스로 지켜야 할 핵심적인 규율 수단을 규정했다. 가족을 주변에서 지키는 것은 필수였으며, 그 나이를 넘어서는 아닐지라도 10대 후반까지의 가족들에게는 노동력을 제공해야만 했다. 도망이나 불복종을 억제하는 데 언제나 효율적인 것은 아니었지만, 가족에게 적절한 봉사를 하지 않은 자식에게 상속을 하지 않을 가능성은 농업 문명이 어린이를 대하는 상황의 주요 특징을 보여 준다.

마지막으로, 초창기 문명에서는 글쓰기를 했다. 소수 집단의 어린이들에게 이는 학교교육을 받는다는 것을 의미했다. 학생들의 공부와 자녀들에게 열심히 공부하라는 부모의 훈계를 기록한 메소포타미아의 점토판이 남아 있다. 이런 점토판에는 또한 게으른 학생들에게 주는 벌을 많이 기록하고 있는데, 주로 매질을 했다. 초창기 문명에서 어린이의 경험은 가혹한 것일 수도 있다. 공부를 잘해서 아버지를 '기쁘게 한' 어린이의 이야기에는 으레 수업에 늦고 "걱정을 끼치며 가슴을 치게 하는" 또 다른 소년이 등장한다. 그 소년은 매를 맞았을 뿐만 아니라, 교사는 학생을 회유하여 부모가 자신을 저녁에 초대하도록 설득하게 한다.[1] 학교교육과 글쓰기의 출현은 또한 대부분 어린이들에 대해서보다 통상

글을 읽고 쓸 줄 알았던 유일한 집단인 상류계급의 경험에 대해, 여자아이들보다 남자아이들에 관해 훨씬 더 많이 알았던 시대가 끝났다는 것을 의미한다.

어린이를 제물로 바치던 페니키아나 여아를 살해한 이집트를 비롯해 주요 강 유역 문명은 대부분 실제로는 일반적이지 않은 행위를 제외하면 의미 있는 비교를 하기에 충분할 만큼 상세한 기록을 남기지 않았다. 그러나 초창기 문명이 종착점에 다다를 무렵인 기원전 1100년 이후부터 동부 지중해 해안에서 발달한 한 가지 예외가 있다. 종교 기록이 풍부하며 지금도 종교 자체가 계속 유지되고 있기 때문에, 유대교를 통해서 공식적인 법 이상으로 특정한 한 초창기 문화 속에서 어린이가 어떤 존재였는지 어느 정도 엿볼 수 있다. 유대인의 관습에서는 아동의 지위가 엄격한 의식 속에 담겨 있다. 남자아이들을 어린 나이에 할례를 하는데, 이는 유대인 어린이를 다른 어린이들과 구분하기 위한 것이기도 하다. 소년들은 13세가 되면 바르미츠바[2]와 함께 견진성사를 하는데, 종교적으로 성년이 되었음을 의미한다. 초창기 유대인 관습에서는 원하지 않았는데 태어난 아이를 죽게 내버려 두는 방식으로 유아를 살해하는 걸 허용했다. 그러나 종교는 어린들의 죽음을 다른 초창기 사회에서 통상적으로 슬퍼했던 것 이상으로 더 크게 슬퍼했으며, 자식을 잃은 부모들에게 감정이입을 할 필요성도 인식했다. 종교를 가르쳐야 하

---

1) 메소포타미아의 점토판에는 촌지에 관한 가장 오래된 기록이 남아 있다. 한 학생이 잘못을 해서 교사에게 매를 맞았다. 이 학생은 아버지에게 교사를 저녁에 초대하여 선물을 주어서 교사의 기분을 바꾸어 주면 좋겠다고 부탁했다. 아버지는 학생의 제안대로 교사에게 저녁과 술을 대접하고 반지를 선물로 주었다.
2) Bar Mitzvah, 유대인의 관례. '율법의 아들'이라는 뜻이다. 13세가 되면 유대인 공동체의 일원으로 종교 생활을 본격화하게 됨을 뜻하는 일종의 성년식이다.

는 가족의 책임으로 소년들에게 글을 읽는 능력과 탈무드 공부를 비롯한 교육을 상당히 강조했다. 요약하면, 초기 유대인 전통은 초창기 사회의 어린이가 가졌던 일부 공통적인 특징들을 포함하였다. 그러나 수백 년 동안 읽고 쓰는 능력에 대한 존중을 비롯하여 독자적이었다고 할 수 있는 특징적인 모습도 보여 주었다.

메소포타미아 초창기 문명과 막 떠오르던 고전 문명 사이의 과도기에 발달한 이런 중요한 예외와 함께, 어린이의 본성에 대한 풍부한 기록과 많은 고유한 전통을 제공해 준 것은 고전 문명 자체였다. 이는 유대교와 마찬가지로 고전 시대를 훨씬 뛰어넘는 특별한 아동 지위를 만들어 주었다.

3대 고전 문명은 기원전 1000년 무렵 이후 발전하면서 여러 면에서 달라졌다. 서로 대비되는 점들이 많다. 중국의 과학은 그리스 철학자들이 선호했던 이론적 접근보다는 실용적인 성격이 강했다. 인도의 종교성은 더 세속적인 중국과 지중해의 엘리트 문화와 대비되었다. 중국의 중앙집권 정치는 인도나 일반적인 지중해 국가들의 분권화와 비교된다. 인도의 카스트제도는 지중해의 노예제나 유교에 기반을 둔 중국의 신분제와 대비되었다. 물론 여러 특징을 공유하기도 했다. 고전 문명은 모두 팽창주의였다. 고전 문명은 문화와 예술 양식, 정치제도, 상업 시스템 등에서 새로운 통합적인 메커니즘을 제공하기 위해 노력했다. 또한 모두 가부장제 사회였으며 농업경제에 의존했다. 그러나 세계사의 관점에서 보면 고전 사회 대부분의 모습에서는 일반적으로 대비되는 점이 공통점을 능가했다.

이런 점이 아동 지위에도 적용될 수 있을 것이라고 기대할 만한 충분한 이유가 있다. 특별한 문화적 형식에 아동 지위가 미치는 민감성을 생각한다면 그렇다. 그러나 명확하게 비교하는 경우는 거의 없었다. 그래서 우리는 이런저런 가정보다는 하나의 질문으로 시작해야 한다. 농업 경제에서 어린이에게 공통적으로 필요한 일부의 것들을 무시하기에 충분할 만큼 실제로 의미 있는 차이를 가져올 수 있는 믿음이나 법의 기본적 차이가 존재할까? 중국은 비교를 위한 첫 번째 기준선을 제공한다. 그다음으로 지중해 자료, 그리고 더 간단하게는 활용 가능한 학문이라는 관점에서 인도 자료를 실제적으로 분석할 수 있다.

중국은 기원전 1000년 조금 전 이래로 상당히 명확한 형태를 가진 첫 번째 고전 문명이다. 중국의 문화와 제도는 어린이에 대한 많은 독자적 특성을 형성했다. 특히 진(秦, 기원전 221~202년)과 한(漢, 기원전 202년~기원후 220년) 제국 시기에 굳건해진 유교와 중국의 정치제도는 특별한 자취를 남겼으며, 아동의 지위를 사회의 광범위한 특징에 확실히 결부시키려고 했다. 그러나 복잡한 결혼 패턴과 이보다 훨씬 더 영향이 큰 매우 선명한 모성애 등 다른 요소들도 개입되었다. 그중에 일부는 공식적 접근을 보완했으나 다른 일부는 더 불안하게 공존했다.

유교는 위계와 질서를 강조하고, 형식적 예의와 의례를 규정하고, 개인적 충동을 억제하고 조화를 고취하는 세속 철학이었다. 유교는 아동의 지위와 가족을 더 큰 정치적 가치에 연결시키려고 진지하게 노력했다. 사회는 상층계급과 하층계급으로 나뉜다고 보는 위계적 층위는 아동의 지위에도 그대로 적용되었는데, 교육을 받는 엘리트 어린이와 노동에 열중하는 일반 어린이의 지위를 분리하였다. 유교는 어린이에 관해 상류계급이 가지고 있는 생각에 대한 정보를 대중이 가지고 있는 생각에 대한 정보보다 훨씬 풍부하게 했다. 그리고 이런 현상은 모든 고전 문명에서 대부분 사실이었다. 위계는 여러 상류계급 가정에서 젖을 먹이는 행위에서도 흔히 나타났다. 최근까지 자신의 힘으로 출산을 하는 하층계급의 여성은 새로 태어날 아이에게 젖을 줄 수 있는 집으로 옮겨 갔다. 많은 가족들은 유모에 매우 애착을 가지고 있었다. 그러나 그것이 특권의 표현이라는 점도 명백하다. 부유한 어머니들은 유쾌하지 않을 수 있는 의무에서 자유로웠던 것이다.

유교는 갖가지 특징적인 아동 지위를 직접적으로 결정했다. 돌아가신 부모를 어린이가 어떻게 애도해야 하는지 규칙으로 세세하게 정했다. 공자는 아버지와 어머니가 돌아가셨을 때 3년 동안 애도할 것을 권했는데, 아이가 보살핌을 부모한테서 받은 것과 같은 기간이다. 죽은 자식을 부모가 어떻게 애도할 것인가 하는 예절도 있었는데, 감정을 너무 많이 드러내지 말라는 것을 상당히 강조했다. 어렸을 때 죽은 아이는 어떤 종류의 공적 관심도 거의 받지 못했다. 많은 부모들은 자식에게 거창한 형식적 절차를 강조했다. 아이들은 매일 아침 나이가 위인 사람들에게 안부 인사를 하고, 여름철에는 너무 덥지 않은지 겨울에는 춥지 않은지 여쭈어야 했다. 후대의 유교 지침서에서는 의식의 존중을 훨씬 더 강화했다. 규모가 큰 확대가족에서 가족 구성원은 저마다 한 주에 두 차례 커다란 홀에서 지정된 곳에 자리를 잡았다. "장남은 문 왼쪽, 장녀는 문 오른쪽에 가서 남쪽을 향한다. 그리고 나머지 형제자매들은 차례로 장남과 장녀를 향해 절을 한다. …… 그런 다음 남편들은 서쪽 계단에 아내들은 동쪽 계단으로 올라가서, 거기에서 모든 자식들의 절을 받는다. …… 아이들은 문의 동쪽과 서쪽 옆으로 가서 자신보다 어린 형제자매들의 절을 받는다."

유교 문화는 가족의 보호와 환대에 대한 커다란 관심과 함께 유아와 아동 건강에 대해 통상적이지 않은 온갖 이야기들이 나오게 만들었다. 정부의 뒷받침과 중국 과학의 실용적 성격도 수많은 소아과 설명서들이 나오게끔 부추겼다. 이 설명서들은 아동의 몸을 따뜻하게 유지하는 것과 같은 쟁점, 소화 문제, 양육 따위를 두루 다루고 있다. 이는 중국 역사에서 후세까지 이어진 패턴이었고, 인구 증가에 기여했을 수 있다. 실제로 그 결과가 유아의 건강을 증진시켰는지 여부를 쉽게 결론지을 수는 없다. 튼튼한 사람들은 어느 정도 성공을 거두었을 수도 있다. 그러나 중국은 농업 문명에서 공통된 높은 수준의 사망률을 실제로 극복하지는 못했으며, 유아 살해의 풍속도 폐지되지 않았다. 그렇지만 물질 생산은 인상적이었으며 어린이의 건강을 확보하는 과제에 대한 최근 중국인의 열정에 기여했을 수도 있다.

중국의 예술과 문학은 어린이 개개인의 자질을 인식하는 데 별다른 관심을 두지 않았다. 오히려 어린이는 도덕적 교훈의 상징과 본보기로 이용되었다. 부모가 연로한 조부모에게 무심했을 때, 자신은 조부모를 더 공경해야 한다고 주장한 어린이에 관한 이야기에서 이런 사례를 찾아볼 수 있다. 조각이나 그림 속에 등장하는 어린이의 모습은 전반적으로 이상화된 것이었다. 한 아이가 태어나면 생일은 물론 태어난 시각까지 꼼꼼하게 기록했다. 나중에 결혼을 하는데 좋은 때가 언제인지 따위를 두고 점을 치는 데 필수 사항이었기 때문이다.[3] 그러나 생일 축하는 따로 하지 않았다. 오히려 새해의 시작을 모든 사람이 나이를 한 살씩 더 먹는 날로 여겼다. 심지어 해를 넘기기 바로 전날 태어난 아이도 새

---

3) 사주(四柱)와 궁합(宮合)을 설명한 내용이다. 사주는 사람이 태어난 연도, 월, 날짜, 시를 가지고 길흉화복을 점치는 것이다. 궁합은 두 사람이 잘 들어맞는지를 따지는 것이다. 결혼을 할 때, 두 사람의 사주를 가지고 궁합이 맞는지 따져보는 풍속은 동아시아 사회에서 20세기까지도 널리 유행했다.

해가 되면 한 살을 더 먹는다. 개인의 경험을 최소화하도록 분명하게 설계된 집단적 접근 방식이었다.

유교는 또한 아동의 지위에 대한 규정 자체를 복잡하게 만들었다. 초기 아동기는 명확히 확인할 수 있다. 그리고 대체로 엄격한 훈육을 받지 않았다. 어떤 의미에서 의식을 치루는 것은 아동기의 끝을 나타내는 것이었다. 15세가 되면 소녀들은 비로소 머리핀을 사용할 수 있었으며, 소년들은 모자를 쓸 수 있었다. 그러나 강력한 확대가족과 부모에 대한 복종에 높은 가치를 부여하는 것은 '불확정의 시기'[4]라는 이유로 완전한 성인기를 늦출 수도 있었다.

문화와 법은 부모의 권리와 부모에 대한 복종의 의무를 엄청나게 강조했다. 원칙적으로 부모한테 비판적으로 이야기하는 것조차도 벌을 받을 수 있었다. 부모를 폭행한 아들은 아무런 상처를 입히지 않았을지라도 참수형에 처할 수 있었다. 이와는 대조적으로 아버지는 아이들에게 마음대로 손찌검을 할 수 있었다. 때려서 아들이 죽더라도 그저 약간의 벌만을 받으면 그만이었다. 부모는 게으르다거나 노름을 하거나 술을 마신다는 이유로 자식을 집안에서 쫓아내는 따위의 벌을 내릴 수 있었다. 법정은 으레 다음과 같은 식으로 부모 편을 들었다. "아버지나 어머니가 아들을 고발할 때, 당국은 의문을 품거나 공판을 열지 않고 이를 인정할 것이다." 나아가 "세상에 나쁜 부모는 없다"는 말이 널리 인용되었다. 이에 따라 통상 자녀의 결혼까지도 부모들끼리 직접 약속했다. 때로는 아이가 태어나자마자 협의를 시작해서 다섯 살 정도 되면 정식 문

_____
4) indeterminate period, 언제 올지 정해지지 않은 시기. 예컨대 "정월 초하루에 만나자"고 했을 때 1월 1일은 확정의 시기이며, "첫 눈이 올 때 만나자"고 했을 때 '첫 눈이 올 때'는 불확정의 시기이다.

서에 서명을 하기도 했다. 확대가족을 위해 재산 마련을 극대화하려는 목적이었다. 말하자면, 소년과 소녀 편으로 나뉘어져 있는 땅을 하나로 합치려는 것이었다.

어린이를 직접적으로 보호하는 법은 덜 정교했다. 가족의 화합을 지키려는 희망은 형제자매 간의 싸움을 통제하려는 노력으로 확대되었지만, 이에 대한 벌은 훨씬 덜 엄격했다. 국가는 임신한 여성을 보호하려고 했다. 아이가 태어나는 것은 중요했다. 진나라에서는 기형으로 태어난 자녀를 죽이는 것을 허용했다. 이런 아이들을 키우는 데 비용이 너무 많이 들었기 때문이었다. 그렇지 않으면 원칙적으로 유아 살해는 금지되었다. 그러나 법 집행은 이에 부합되지 않았으며, 벌은 보잘것없는 경우가 많았다. 경제적으로 어려운 시기에는 종종 여자아이를 죽였다는 사실은 명확하다. 시절이 좋지 않을 때면 가난한 가정도 경제적 지원이 필요하다면 가족경제에 도움을 얻는 하나의 수단으로 이따금 아이들을 노예로 팔았다.

주로 상류계급을 위한 것이기는 하지만, 유교는 또한 교육을 장려했다. 하층계급의 가정에서는 때로 여자아이들에게 노래를 부르거나 춤추는 훈련을 시켰다. 부잣집에 첩으로 팔기 위한 것이었다. 그리고 재능이 있는 남자아이는 교육을 받을 수 있었으며, 상류계급의 지원을 받아서 상급 학교에 진학하는 경우를 숱하게 확인할 수 있다. 또한 일부 부유한 가정은 자녀가 없거나 아들이 한 명도 못 낳았을 경우에, 후손을 잇는 수단으로 다른 집에서 아이를 입양했다.

상류계급이 아닌 어린이가 교육을 받는 경우는 매우 드물었지만, 고전 시대 이후 많은 글에서 교육을 권고하고 있는 점도 눈에 띈다. 자료는 무척 상세해서 교육의 중요성과 유학의 형식주의를 잘 보여 준다. 글

공부뿐 아니라 도덕과 예절도 필수적이라는 것도 명백했다. 고전 시대 이후 북송 때인 1062년에 쓴 글에서 사마광은 유교 정신을 계속 주장했다. "어린이는 여섯 살에 숫자 세는 법을 을 배워야 한다. 여덟 살이 되면 집안의 문이나 대문에 드나들 때 …… 자기보다 나이가 위인 사람의 뒤를 따라야 한다. 이것은 어른을 공경하는 법을 배우는 교육의 시작이다. 아홉 살이 되면 날짜를 세는 것을 배운다. 열 살에는 외부의 선생님에게 가서 그와 함께 머물고 집 밖에서 잔다. 글을 쓰고 계산하는 것을 배운다." 사마광은 간단하게 덧붙였다. "공부를 하지 않는 사람은 의례와 도덕성을 알 수가 없다. 그리고 의례와 도덕성을 모르는 사람은 선악, 곧 옳고 그름을 분별할 수 없다. …… 그래서 모든 사람은 공부해야 하는 법이다."

교육을 강조하는 모든 사회에서 그렇듯이, 상류계급의 부모들도 의무감을 가지고 아이들이 훌륭하게 자라도록 뒷받침하고자 했다. 아버지들은 당연히 책임감을 가지고 아들의 학업 성취를 감독했다. 그러나 어머니가 훨씬 더 깊숙이 관여할 수도 있다. 여러 글들이 초기 교육에서 어머니의 중요성을 촉구했다. 태아가 아직 자궁에 있을 때조차도 그렇다. 철학자 맹자의 어머니에 관한 유명한 이야기는 그녀의 관심을 잘 보여 준다. 맹자가 그저 그런 수준으로 학업을 마치자 맹자의 어머니는 깊은 생각 끝에 하루 종일 짠 옷감을 잘라 버렸다. 베 짜는 일은 여성이 집안에서 해야 할 의무 중 하나였다. 잃어버린 시간은 결코 다시 얻을 수 없다는 것을 깨우치기 위해서였다.[5]

유교는 그야말로 가부장적이다. 그러나 젠더(gender)에 대한 관점이 어떤지는 상당히 애매한데, 이는 아동의 지위에 대한 고전 시대 중국의 개념을 보여 준다. 그런가 하면 여성의 역할은 남성과는 달랐다. 그리고 여자아이는 차별 대우를 받았다. 결과적으로 여자아이들은 집안일과 순종심을 강조하는 독자적인 성격의 교육을 받아야 했다는 데 모든 권위 있는 학자들은 동의했다. 그러나 엘리트 가문에서는 여자아이들도 글을 읽고 쓰는 등의 교육을 받을 수 있었다고 일부 학자들은 주장했다. 유명한 역사가이며 여성에 관한 선구적인 저작을 펴낸 반소[6]는 집안일을 하는 데 필요한 기능뿐 아니라 여성의 열등한 지위를 깨닫기 위해서도 교육을 받아야 한다고 주장했다. 유교의 위계적 상호관계를 완전히 뒤집는 것이었다. 그러나 다른 유교 권위자들은 주로 남녀 사이에는 차이가 있어야 한다는 것을 부각시키는 데 관심을 두었다. 그래서 어린이는 어머니와 아버지의 죽음을 똑같이 슬퍼해야 한다는 유교의 믿음이 나중에는 아버지가 으뜸이라는 주장으로 바뀌었다. "하늘에는 태양이 둘 있을 수 없고, 땅에는 두 명의 왕이 없다. 집안에는 똑같이 고귀한 두 사람이 있을 수 없다."

유교는 법으로 뒷받침되었지만 그것만이 전부는 아니었다. 중국에서 아동의 지위는 이 밖에 가문에 의해서도 형성되었다. 특히 상류계급에서 그랬으며, 때로는 부모들 간의 정서적 차이도 영향을 주었다. 그 밖의 요인들은 개별적 특성과 시간의 흐름에 따른 변화를 반영했다.

---

5) 고사성어 단기지교(斷機之敎)를 설명한 내용이다. 단기지교의 유래는 다음과 같다. 맹자는 일찍 아버지를 여의고 홀어머니 밑에서 자랐다. 맹자는 어머니 곁을 떠나 공부를 하게 되었다. 그러나 어머니가 그리웠던 맹자는 얼마 지나지 않아서 돌아왔다. 베를 짜고 있던 어머니는 공부가 얼마나 나아졌냐고 물었다. 맹자는 그전과 비슷하다고 대답했다. 그러니까 어머니는 짜던 베를 칼로 잘라 버렸다. 놀란 맹자가 그 이유를 묻자 "네가 공부를 그만두는 것은 내가 이 베를 끊는 것과 같다. 학문을 닦지 않으면 남의 심부름이나 할 수밖에 없다"고 꾸짖었다. 이에 자극을 받은 맹자는 다시 학업에 힘써 유가를 대표하는 훌륭한 학자가 되었다.
6) 班昭, 후한의 여류 시인이자 역사학자. 《한서》를 펴낸 반고의 누이생동이다. 반고가 완성하지 못한 《한서》의 편찬을 마무리하였다. 궁중에서 황후를 비롯한 고위 관료들의 부인을 교육했으며, 여성 교육을 다룬 여러 책을 남겼다.

상류계급의 남자들은 흔히 둘 이상의 아내를 두었으며, 한 명 이상의 첩을 부양하는 것이 일반적이었다. 이런 상황은 가족 내부에서 커다란 불안을 가져올 수 있었다. 이복형제들 사이에 격렬한 경쟁이 일어날 수 있었으며, 이는 서로 다른 어머니들 사이의 갈등을 반영했다. "어머니들은 확고한 감정을 가지고 있기 때문에, 아들들은 파벌이 나뉘어졌다." 물론 이는 유교적 관심사와 양립할 수 있는 상황이 아니었다. 유교에서 복종과 의례를 강조하는 것은 모두 다른 이유 때문이었다. 그렇기는 하지만 분쟁이 일어날 수 있었다. 첫 번째 아내가 아들을 낳지 못했다면, 이는 남편이 첩을 들일 수 있는 명분이 된다. 첫 번째 아내는 종종 첩의 아들 양육권을 넘겨받고자 했다. 아이의 충성심에 혼란을 주는 대가를 치르더라도 자신의 권력 지위를 굳건히 하기 위한 것이었다.

한대(漢代) 이후 상류계급 사람들이 쓴 자서전은 아버지를 두드러지게 묘사하는 경우가 드물다. 아버지는 멀리 떨어져 있는 권위 있는 모습으로 나타난다. 때로는 공부하는 데 자극을 받을 수 있는 존재로 신뢰감을 주지만 정서적 유대감은 약하다. 반면에 어머니에 대한 애착은 매우 생생해서 아동기의 경험이 어른이 되어서도 계속 영향을 미치고 있었음을 보여 준다. 중국 문화는 어머니의 중요성과 더불어 어려운 책임감을 강조했다. 유교에서 부모에 대한 효도의 의무를 강조하는 것은 확실히 부채의식을 강화할 수 있었다. "부모가 살아 계시는 동안 아들은 언제나 아이일 뿐이다"라는 말이 있을 정도이다. 그러나 이러한 애착이 그런 정도로 과도하게 어머니를 대상으로 하고 있는 것은 신조라기보다는 독특한 심리학적 실제에서 나온 것이었다. 아마도 권위적인 아버지를 그렇게 강조한 유교의 성격에 대한 대응으로 형성되었을 것이다. 한대의 그림은 이 결과로 생긴 이상향을 보여 주고 있다. 나이 든 어머니가 성인이 된 아들에게 매질을 하려고 했다. 아들은 오로지 노쇠한 어머니가 자신을 때리는 동안 다치지 않을까 하는 것에만 신경을 곤두세웠다. 많은 학자들은 어머니와의 이런 강력한 유대감이 중국 아동과 청년들에게 그 밖의 사회에서 성장한 사람들과는 다른 심리적 압박감을 주었다고 주장해 왔다.

최근 한 역사가는 일부 가족에서는 어머니와 아버지가 적극적으로 의논하고 협력했다고 주장하면서 보완적인 분석 방법을 제안했다. 중국 문화에서 가부장제가 확고해진 다음에는, 어머니는 때로는 남자가 이전부터 잘 알고 있거나 거리낌 없이 사랑할 수 있었던 유일한 여성이었다. 아들에 대해서는 어머니도 마찬가지였다. 아들은 어머니가 잘 알고 무척 사랑했던 유일한 남성이었다. 어머니를 존경해야 한다고 지나치게 강조하는 것은 여기에서 나왔다. 병들거나 과부가 된 어머니를 위대한 헌신의 화신으로 받들어 모시는 가슴이 미어질 듯한 남성의 이야기도 함께했다.

분명히 중국에서 아동의 지위는 몇몇 일반적인 특징이 보이기는 하지만 다 똑같지도 않고 고정적이지도 않다. 개별 가족들은 유교 규범이 정한 것만큼 경직되어 있지는 않았으며 정서를 더 개방적으로 표현했을 수도 있다. 때로는 여자아이들에게 공식적인 원칙이 제시하는 것보다 훨씬 커다란 가치를 부여했다. "저녁에 집에 돌아왔을 때, 딸아이가 환한 미소로 나를 맞이해 주곤 했다"고 말한 남성처럼, 아버지들은 일상적인 상호 접촉에서 딸들을 더 좋아했던 것 같다. 상류계급 가정에서 딸들을 고통스럽고 쇠약하게 만드는 행위인 전족을 도입하기 시작한 것도 고전 시대 이후부터였다. 어린 나이라고 할지라도 자식의 죽음에 강렬한 슬픔을 보일 수도 있었다. 어떤 황제는 첫돌이 되기 전에 죽은 딸을 위해 공적인 애도를 충분히 하라고 명했다. 그런 조치가 부적절하다고 신하들이 말려 보았지만 소용없었다. 애도에 대한 논의는 고전 시대 이후인 당 왕조에서 더 일반적이었던 것 같다. 한 시인은 딸의 무덤을 찾아갔을 때 든 슬픈 심정을 이렇게 표현했다. "내가 너를 보고 슬펐을 때, 나는 네 눈과 얼굴을 볼 수 있었다. 내가 어떻게 너의 말과 표정을 잊을 수 있겠느냐?" 고전 시대 이후 중국에서 나타난 또 다른 변화 중에는 덜 학문적이고, 더 자발적이고, 놀이를 권장하는 일부 수정된 교육 방법이 포함되었다. 중국에서 아동의 지위는 명확하고 독특한 틀을 가지고 있었으며, 여러 면에서 무척 오래 지속되었다. 그러나 그것 또한 수정되고 도전을 받을 수 있었다.

고전 시대 지중해 사회에는 아동 지위의 틀이 되거나 근대 역사가들이 때로는 사적인 주제를 다루는 관점을 끌어낼 수 있는 유교 같은 편리한 문화적 관념이 없었다. 다행스럽게도 그리스와 특히 로마의 많은 역사학자들은 비교 작업을 할 수 있도록 매우 흥미로운 자료를 제공한다.

출발점으로 중국을 사용한다면, 고전 지중해의 어린이한테서는 세 가지 특징이 눈에 띈다. 이것은 활용할 수 있는 자료 성격의 몇 가지 중요한 차이와 몇몇 의미 있는 지역 내부 변수들 중에서도 가장 큰 것이다. 예를 들어 유아 살해가 시행되지 않았던 것으로 보이는 스파르타의 어린이를 아테네와 비교해 볼 수 있다.[7]

---

7) 이 부분은 지은이가 잘못 알고 있는 것으로 생각된다. 스파르타는 유아 살해를 한 대표적 폴리스이다. 아이가 태어나면 원로들에게 튼튼한지 아닌지 검사를 받았다. 그 결과 원로들이 튼튼하다고 인정하면 기르고, 연약하다고 생각되면 타이게토스(Taygetos) 산 근처 한 장소에 내다 버렸다.

• 첫째, 고전 지중해 문명에서는 같은 시대 중국에서 나타나는 것보다 부모, 특히 어머니에 대한 자녀의 강렬한 애착을 보여 주는 기록이 훨씬 적다. 분명히 로마의 비평가들도 어머니가 아버지보다 훨씬 더 자식들을 터놓고 사랑한다고 기록했다. 그러나 중국 특유의 생생한 유대감이 여기에서는 보이지 않는다. 이것이 개인적 경험의 일부로 애정이 형성되지 않았다는 것을 의미하지는 않는다. 간단히 말하면 애정이 규범으로 존재한 것이다. 한 가지 이유는 어린이를 둘러싼 성인 사회의 규모이다. 많은 가정, 특히 엘리트 수준의 가정에서 유모를 비롯하여 어린이와 상호작용을 하는 성인의 수가 많은 것은, 아마 중국의 경우보다 훨씬 큰 정도로 어린이의 정서적 초점을 분산시켰을 것이다. 학문적 수치이기는 하지만, 아버지들은 초기 아동기에 더 많은 관심을 두었던 것 같은데 어머니와는 관심의 초점이 달랐다. 그리고 지중해 사회의 가족들은 중국 가족들보다 덜 안정적이었고, 적어도 로마 시대까지는 더 자주 이혼하거나 가정 파괴가 일어났다. 동시에 중국의 어머니들로 하여금 자식을 향한 강렬한 집착으로 이끈, 예컨대 아내와 첩들 간의 내부 라이벌 관계가 고전 지중해 문명에서는 덜했다. 정서적 기준과 상호관계가 어느 정도 달랐다.

• 그리스와 로마에서 발달한 예술 양식은 개인의 특징을 묘사하는 데 집중해서 어린이의 표현으로 넘쳐났다. 이는 틀림없이 어린이의 개성에 대한 훨씬 깊은 관심을 반영하는 것이다. 여기에서 먼저 떠오르는 의문이 하나 있다. 어린이에 대한 표현 스타일이나 접근 방법이다. 프리즈[8]나 다른 예술 표현에 자주 나타난 어린이의 모습과 이미지는 훨씬 덜 양식화

---

8) frieze, 서양 고건축에서 기둥 위에 설치하여 지붕을 떠받치는 구조물의 한 부분. '엔터블러처'(enterblature)라고 불리는 이런 구조물은 3개의 층으로 이루어져 있는데, 그 중에 중간 부분을 '프리즈'라고 한다.

되었다.

- 어린이에 대한 그리스와 로마, 특히 로마의 논의에서는 중국에서 보이는 것보다 젊은이에 대한 훨씬 더 개방적인 관심이 들어가 있다. 중국에서는 유교주의가 위계와 복종을 이상적이라고 제시함으로써 개방적 토론을 엄격하게 제한했다. 지중해 문화에는 젊은이다운 신체를 비롯하여 젊음에 대한 상당한 존중이 담겨 있다. 그러나 젊은 시절은 말썽 많은 격동의 시기, 바람직하지 않으며 심지어 위험한 상태여서 될 수 있으면 빨리 성인처럼 성숙해져야 하는 시기로 보이기도 한다. 이를테면 그리스 철학자 소크라테스는 더 비판적인 정신을 가지도록 젊은이들을 기르고자 했다. 하지만 소크라테스는 이런 노력 때문에 처벌을 받았다. 사회가 정치적 조화에 손상을 입힐 수 있는 젊은이들의 말썽을 우려했기 때문이다. 그리스의 엘리트층에서는 성인과 청년 남성들이 잦은 접촉을 했다. 공식적으로는 그리스의 관습을 비판했지만, 실제로는 일부 로마의 엘리트도 역시 마찬가지였다. 이는 미학적이나 성적으로는 젊은이들이 가지고 있는 긍정적 속성에 대한 또 다른 인식이었다. 그러나 또한 성인의 감독과 지도를 받을 필요가 있다고 강조했다. 마지막으로 고전 지중해 문화에서는 남성 청소년의 죽음을 중국보다 더 드러내 놓고 슬퍼했다. 그래서 개인적 애통함을 치밀한 장례의식 절차와 결합시켰는데, 이 절차는 개인적 상실과 장래의 버팀목이 일찍 이 세상을 떠났을 때 받는 가족의 충격을 애도하는 것이었다. 또한 전체적인 핵심은 지중해 문화의 한 범주로서 젊음이 가지는 복합성으로, 중국과 비교할 때 내부에 다양한 자극과 평가가 존재한다는 사실이었다. 이것이 예술에서 어린이의 개성을 더 크게 인식하고, 접근 방법의 훨씬 더 큰 기본적인 차이를 가져오게 된 것이 아닐까?

문화나 가족 구조의 차이에서 오는 이런 매우 흥미로운 차이에도 불구하고, 많은 유사점들이 있다. 두 사회가 어떤 종류의 의미 있는 접촉을 하지 않았다는 사실은 더욱 더 놀랄 만하다. 유사점 가운데 일부는 충분히 예측 가능하다. 그러나 다른 것들은 이런 서로 다른 문화와 정치체제로부터 사람들이 짐작할 수 있는 것 이상으로 아동의 지위에 깊이 있는 공통성이 있음을 시사해 준다.

몇 가지 명백한 유사점들은 농업 사회의 특징이라고 할 수 있는 출산 통제의 필요성과 높은 유아사망률에서 비롯되었다. 여아 살해는 널리 벌어졌다. 아테네에서는 태어난 여자아이 가운데 무려 20퍼센트가 살해당했을 것으로 추정된다. 로마에서는 이보다는 약간 적었을 수 있지만 로마에서도 남자아이들까지 일부 살해했다. 중국과 대응 관계라고 할 수 있는 로마제국에서는 실천 의지가 별로 없었지만, 이런 유아 살해 행위를 금지하는 법률을 통과시켰다. 로마에서는 또 피임과 낙태가 이루어졌다. 중국에서도 그랬듯이 어린아이의 죽음은 커다란 주목을 받지 못했다. 철학자 에픽테토스는 이렇게 지적했다. "당신이 아이에게 입을 맞출 때, 당신은 중얼거리게 된다. '아마도 아침에는 죽어 있을 것이다.'" 로마의 작가 플루타르코스는 어린아이가 죽었을 때 "사람들은 아이의 장례식에서 오랫동안 우두커니 서 있거나 무덤을 지켜보지 않는다"고 기록했다. 아이의 출생을 나타내는 의식은 존재했다. 태어난 지 약 8일 후에 사악한 정신을 막기 위해 목걸이나 '불라'⁹⁾라는 장식물을 걸어 주었다. 중국에서와 마찬가지로 고전 시대 지중해 가족들도 15세 무

---

9) bulla, 줄을 매달아 목에 걸고 다니는 장식. 로마 등에서 악을 물리치고 행운을 가져다준다는 의미로 성인이 되거나 결혼을 할 때 걸고 다녔다.

렴 어린이의 성숙을 축하하는 의식을 치렀다. 로마에서는 블라를 벗겨내고 '토가'[10]라는 옷을 입혀 주었다. 어린아이에게 관심을 기울인 문학 작품은 거의 없었으며, 의학 서적들에도 어린아이에 대한 관심은 보이지 않았다.

중국에서처럼 실제로 절대적이지는 않았지만, 고전 지중해 문화도 남자아이와 여자아이의 구별을 상당히 강조했다. 남자아이들은 학교에 갔을 가능성이 훨씬 더 크다. 그러나 상류계급 여자아이들은 가정교사를 두었으며, 일부 여학교들도 존재했다. 어린이의 장래 직업 전망을 향상시키는 수단으로서 학교교육에 대한 상당한 관심은 엘리트 계급 이하에서도 확산되었지만, 두 사회 모두 학교에 다니는 것은 상류계급을 하류계급과 구분해 주었다. 학교교육의 내용은 중국과 지중해 사회 사이에 차이가 있었다. 그리스와 로마에서는 수사학과 웅변술에 관심이 두드러졌다. 그러나 두 사회 모두 정치사와 문학 고전에 특히 상당한 관심을 가졌으며, 기억술을 크게 강조했다. 그리고 엘리트 아동에게 요구되는 예의범절은 유교 사회인 중국보다 지중해 사회에서 약간은 덜 정교했지만, '걷는 방법 …… 식사 예절'의 교육은 책임 있는 가정교육의 중요한 부분이었다.

학문과 복종은 매우 중요해 보이는 두 사회의 명백하지만 예측하기 어려운 특징이다. 지켜야 할 내용을 담은 문헌과 법은 모두 부모, 특히 아버지의 권위를 강조했다. "아버지가 아들을 통제할 힘을 가지고 있지 않다면, 누가 아들을 기를 수 있겠는가?"라든가, "임금과 아버지는 동일

---

10) toga, 바느질하지 않은 한 장의 천으로 된 옷. 맨몸에 걸치거나 겉옷으로 입었다. 신분에 따라 옷의 색깔이나 모양 등이 달랐다. 처음에는 남녀 모두 입었지만, 점차 남성만 입게 되었다.

한 존재이며 똑같다"고 했다. 중국에서 유교가 주는 함의는 지중해에서 노예제에 대한 이런 언급에 해당했다. 언어는 달랐지만 결과는 같았다. 아들을 가정교사한테 맡기고 그런 다음에는 학교에 보내는 엘리트 부모들조차도 엄격한 훈련이 아들의 지위를 높여 줄 거라고 생각했다. 말하자면 어린이에게 부과된 이런 분위기는 학업을 위해 사용되었으며, 교육을 제공받는 소수의 특권층 자제들에게까지 퍼졌다. 어린이들이 공부를 즐거워하지 않을 것 같다는 가정은 하지 않았다.

두 사회는 또한 권위를 받아들이지 않으려고 하면서 억압적인 가족 시스템에서 벗어나 군대나 그 밖의 곳으로 도망치려는 아이들의 문제를 해결하려고 애썼다. 복종을 강조하면서 정서적 유대와 재산 상속을 약속하는 방식으로 보완하는 것은 많은 경우에 효과가 있었다. 그러나 역효과를 불러일으킬 수도 있었다. 그리고 두 사회, 더 일반적으로는 농업 사회에서는 이런 문제를 경험했다.

지중해 문화가 중국 이상으로 어린이의 특성에 대한 어떤 특별한 인식을 가지고 있다는 증거는 없다. 성인들은 어린이의 순수함과 활달함에 어느 정도 한정된 가치를 부여했다. 이따금 장난감이 제공되고 종교 축제에서 어린이들에게 특별한 역할을 맡겼다. 그러나 플라톤이나 아리스토텔레스를 비롯한 여러 주요 사상가들은 놀이를 이른 시기에 규제할 것을 촉구했다. 그래서 대체로 어린이를 성인과 같은 진지함을 가진 존재로 인식하는 것이 대부분이었다. 황새를 아이 및 아이의 출생과 연결 짓는 주요 이유에는 어린 황새가 부모를 도왔다는 믿음도 담겨 있었다.[11] 로마 사람들은 종종 '애늙은이'(puer senex)를 칭찬했다. 플리니우스는 한 여자아이를 "나이든 사람과 같은 신중함, 즉 아줌마 같은 겸손함"으로 선택했다. 어린이는 개인의 야망이나 개성을 표현하기 위해서

가 아니라 일하거나 공부하기 위해, 그리고 가계를 기꺼이 유지하기 위해 존재했다. 부모의 권위를 존중하거나 부모의 감독 아래 가족 화합이라는 목적을 증진시키는 것과는 별도로, 법은 주로 어린이가 재산에 적절히 접근하는 것을 보장할 수 있도록 설계되었다. 이는 가정을 유지할 수 있는 능력을 결정했다. 그러므로 많은 로마의 입법은 사생아나 입양아의 재산권을 규정하거나, 한쪽은 노예이고 다른 한쪽은 자유인인 부모 사이에 태어난 아이의 사회적 지위를 정하는 것을 목적으로 했다. 젊은이에 대한 폭넓은 관심은 가족 권위의 수용을 촉진하고 가급적 빨리 자랐으면 하는 기본적인 희망을 반영하고 있었다.

확실히 중국과 지중해 사회에서는 어린 나이에 성인의 지위를 얻을 수는 있었지만, 독립성을 갖지는 못하게끔 했다. 한 가지 예를 들면, 두 사회 모두 조혼이 가능했다. 로마 여성은 열두 살에 결혼할 수 있었다. 그러나 로마의 작가들은 청년기뿐 아니라 성인기 초기를 30대 중반까지로 보고, 이 연령까지의 사람들은 신뢰성 있는 추론을 여전히 하지 못한다고 규정했다. 이런 주장은 성숙한 성인의 통제를 받아야 한다는 변함없는 주장의 좋은 근거였다. 이는 중국에서 권장된 패턴과 비슷했으며, 농업 사회라는 광범한 맥락에서 젊은이들이 나이 든 부모에게 계속 보탬이 되었으면 하는 희망을 반영하는 것이었다.

마지막으로, 이런 일반적인 틀을 따른다면, 아동기를 거친 사람들이 자신이 경험한 시기를 바람직한 상태라고 여기는 경우는 거의 없었다. 이는 두 고전 사회에서 보이는 또 하나의 매우 흥미로운 유사점이었다.

---

11) 서양에서는 황새를 가정을 화목하게 해주는 길조로 여긴다. 서양 전설에는 황새가 포대기에 쌓여 있는 아이를 물어다 준다고 한다. 여자 아이는 분홍색 장미, 남자 아이는 푸른색 배추 안에 내려놓는다고도 한다.

지중해 사회에서 성인들의 추억에는 유년시절이 거의 언급되지 않았다. 마찬가지로 중국 사회에서도 이따금 어머니에 대해 언급하는 경우를 제외하고는 유년시절을 이야기하는 경우는 무척 드물다.

중국의 어머니 사랑이나 지중해의 청년에 대한 집착 같은 몇 가지 무척 흥미로운 미묘한 차이가 있는 것은 확실하지만, 모든 것을 감안하더라도 고전 시대 중국과 지중해의 어린이는 문명들 사이에 대비되는 속성보다는 공통적인 특징이 더 많았음을 보여 준다. 어린이에 대한 인식이라는 측면에서 여러 문명들 간에는 생각만큼 차이가 별로 없다. 이와는 반대로, 될 수 있으면 어린이를 쓸모 있게 만들려는 희망을 공유했으며, 이에 따라 높은 사망률을 받아들이고 아이들의 동요를 억제하려고 했다.

중국과 지중해 사회에서도 개별 가정에서는 특별한 애정을 가지거나 아이들과 함께 노는 것을 즐거워했다. 두 사회 모두 시간이 지나면서 로마제국이나 중국 고전시대 이후인 당 왕조의 시기 동안에는 아이들에 대해 어느 정도 커다란 관용을 보였다. 이는 번영과 정치적 안정을 반영하는 것이었다. 예를 들어 로마 후기의 몇몇 작가들은 부모들이 어떻게 "요람에서부터 아이를 응석받이로 키우고 있는지"에 관해서 썼다. 그러나 이런 일시적 경향은 이 두 고전 사회 사이에 놀랄 만한 유사성이 있다는 인식을 높여 주었을 뿐이다. 이런 유사성은 서로 다른 문화와 가족 구조에 수반된, 겉으로 드러난 일부의 차이에 의해서만 달라질 뿐이었다. 더 폭넓은 비교 분석이 바람직하다는 것을 인정한다면, 농업 문명의 기본적인 필수 요인이 서로 다른 믿음 체계, 정치, 심지어 가족 구조의 일부 측면보다도 우선했던 것으로 보인다. 노동 의존성과 이에 따라 연령대가 높은 아이의 복종 필요성, 어린이의 열등함을 표현하고 어느 정도 강요하는 법령의 활용, 의미 있는 교육을 받는가 아닌가에 따라 달라지는 엘리트와 일반적인 아동 지위 사이의 명백한 기본적 차이, 그리고 당연하겠지만 성별 차이에 대한 강조 같은 것이 이런 필수 요인들이었다.

고전 시대 인도의 어린이는 또 달랐다. 적어도 첫 인상으로는 중국이나 지중해 사회와는 강렬한 대조를 보여 주는데, 이는 특히 이 시기 동안 힌두교로 발전해 간 종교의 중요성에 토대를 두고 있다. 여기에는 다시 어느 정도 '닭이 먼저냐, 달걀이 먼저냐?' 하는 문제가 깔려 있다. 어린아이를 대하는 태도는 독특한 모성적 접근법을 반영하는데, 명백히 평생 동안 변함없이 자식을 가치 있다고 여기는 것을 지향했다. 이는 새로 태어난 아이를 종교적 공동체 속에 들어간 한 사람의 개인으로 환영한다는 생각과 어느 정도 관련이 있다. 그러나 가족 문화와 종교 문화 사이의 이런 초기 관계가 완전히 명확하지는 않다.

짐작할 수 있겠지만, 세속적인 두 고전 사회와는 대조적으로 인도의 종교는 어린이를 포함하는 넓은 범위의 사람들에게 의례를 제공했다. 이 의례는 질병이나 악령을 물리치는 것뿐 아니라 어린이의 정신적 발달 단계를 보여 주도록 계획되어 있었다. 이 과정은 태어날 때부터 시작되는데, 아버지는 신성한 베다를 언급하고 질병을 막는 주문을 암송하면서 아기에게 숨을 세 차례 불어넣었다. 이때 은밀하게 종교적 이름을 부여하고는 10일째에 공식 이름을 밝혔다. 사제인 브라만 계급 아이들에게는 세 살 때 머리를 깎는 의식을 비롯한 추가적인 의례를 행했다. 상위 카스트에서 소년들에게 의례 교육을 하는 것은 브라만의 경우는 여덟 살, 그 다음 두 계급은 열한두 살 때였다. 이런저런 의례들은 대개 교육의 단계를 보여 주었다. 예를 들어 상인 카스트에서 보통 16세에 학업이 완결되었을 때, 소년들은 처음으로 면도를 했다. 그런 다음 젊은 남자는 복잡한 갖가지 옷을 입고 장신구로 치장한 채 목욕 의식을 치른 다음 태양 숭배 행위를 했다. 그리고 구루[12]나 종교 스승에게 암소를 바쳤다. 젊은 남성은 연고를 자기 몸에 문지르고 자신의 구루한테서 터번을 받았다. 이는 정신적 성취를 보여 주는 의식이었다. 지팡이를 선물하는 것은 도둑이나 사악한 인간으로부터 지켜 주려는 의도였다. 마지막으로, 졸업식에서는 신경 써서 고른 통나무를 신성한 불속에 넣었다. 그리고 혼자 명상을 하면서 그날의 나머지 시간을 보냈다. 구루와 함께 의식 절차에 포함된 식사를 하고 난 다음, 집에 돌아와서 조심스럽게 오른쪽 발로 첫 번째 걸음을 내디뎠다. 부모와 마을 사람들은 그를 자랑스럽게 맞아들였고 그 후 곧 결혼을 하게 된다. 세부적으로는 차이가 있지만, 마찬가지의 정교한 의식이 아동의 지위를 위한 종교적 표시와 성숙함을 향한 움직임으로서 다른 카스트와 사례들에도 적용되었다.

힌두교는 또한 의식에 따라 어린 아이를 각별히 너그럽게 대했다. 아이가 태어나기 전에도, 어머니들은 격려를 받고 건강한 아이를 낳도록 힘쓰는 등 세세한 관심의 대상이 되었다. 어린이 자체는 명예로운 손님으로 여겨졌다. 초기 의식은 어린이가 아직까지 성숙하지 못한 것은 확실하지만 타고난 개성을 가진 종교적으로 정당한 개인, 즉 신의 질서 속에 참여하는 사람으로 인정을 했다. 젖을 달라는 아이에게 수유를 하는 것은 좋은 어머니가 감당해야 할 몫이었다. 이는 아이가 딱딱한 음식을 먹게 되었을 때까지도 특별 대접의 형태로 지속될 수도 있었다. 자식을 맹목적으로 사랑하는 부모나 집안의 다른 성인에 의한 훈육은 거

---

12) guru, 힌두교나 시크교의 지도자.

의 없었다. 용변을 가리는 훈련은 아이가 자발적으로 도움을 얻을 수 있는 가족 구성원에게 오물을 깨끗이 씻어 달라고 요청할 때까지 연기되었다. 가족들은 아이에게 팽이나 구슬 같은 장난감을 주었다. 이때가 어린이다운 공상을 자극하고 어린이를 성인의 현실과 너무 많이 접촉하지 않게끔 하는 시간이었다. 어머니는 이 단계의 아이에게 엄청나게 큰 관심을 쏟았는데, 이는 통상적으로 어린이가 성인에 도달하는 그 순간까지도 엄마한테 강한 애착심을 가지는 것으로 보상을 받았다.

인도의 어린이가 보여 주는 여러 측면들은 현재의 친숙한 규범에 들어맞는다. 유아 살해는 두드러지지 않았지만, 특히 원하지 않은 여자아이의 경우에는 그렇게 했다. 어린 나이부터 일을 하는 것은 대부분의 어린이가 맞닥뜨리는 운명이었다. 어린 아이들에게조차도, 충분한 관용을 베푸는 것은 사회적 차별이 극심하던 사회에서는 부유한 집안에서만 가능했다. 성별 차이는 큰 것으로 보였다. 여자아이들은 아버지한테서 어느 정도 종교 훈련을 받았다. 그러나 학교교육이 어쨌든 필수적이라는 의식은 상류 카스트에서도 없었다. 그리고 어떤 가치는 여성에게는 정말로 무시되었다. 성적 충동이 순결을 어지럽힐 수 있는 시기가 오기 전에 여성은 조기 결혼하는 것이 규범이었다. 결혼은 부모들에 의해 성사되었다. 어느 정도의 자유는 있었지만, 마누법전[13]은 여덟 살에 결혼할 것을 권장했다. 그러나 네 살이 되면 결혼을 하고 열 살을 넘기지 말 것을 촉구한 자료도 보인다. 결혼을 했다고 하더라도 나이가 더 들 때까지는 반드시 남편과 함께 살았던 것은 아니었다. 그러나 성적 통제의 중

---

13) 기원전 200년 무렵부터 기원 후 200년 무렵 사이에 만들어진 인도의 힌두 법전. 우주의 개벽과 만물 창조부터 인간이 일생 동안 치러야 할 의례, 일상생활에 이르기까지 힌두인이 지켜야 할 규범을 담고 있다. 관습법을 모은 것으로, 종교적 성전의 성격이 강하다.

요성은 뚜렷하게 보였다.

상류 카스트의 소년들이 겪는 패턴은 좀 달랐고 여러 가지 면에서 더 복잡했다. 처음 몇 살 때까지 별다른 간섭을 받지 않았지만, 이 시기가 지나면 남자아이들은 아버지한테서 교육과 훈련을 받기 시작했다. 중국에서 그러했듯이, 아버지는 아들에게는 냉정한 인물로 보이는 경우가 많았다. 반면 딸들에게는 덜했는데, 아버지가 더 자유롭게 사랑할 수 있었기 때문이었다. 많은 소년들은 종교 훈련을 위해 구루에게 보내졌는데, 교육 중에는 읽고 쓰는 능력과 수학 기능도 포함되었다. 이런 상황은 드물게 일어났다. 그래서 정신적 목적으로 육체적 욕구를 극복할 수 있었다. 이는 훈련 생활이었다. 구루가 우선 사례나 설득을 통해 어린이를 통제하려고 했으며 마지막 수단으로 체벌을 사용했던 것은 사실이다. 이렇게 상류 카스트의 아동기 후기는 중국이나 지중해의 해당 연령 아동의 지위와는 상당히 달랐다. 그러나 아버지나 교사에게 매 맞는 일은 있을 수 있었으며, 성인의 권위를 인식할 필요성은 명확했다. 젊은 남자들에게는 집단을 위해 식량을 준비하거나 나무를 해오는 일을 학업과 병행해야 하는 의무도 있었다. 교육의 내용은 더 세속적인 다른 고전 문명과는 차이가 있지만, 광범위한 내용을 암기할 필요성을 강조했던 것은 마찬가지였다. 금욕 교육을 통해서건, 노동을 통해서건, 조기 결혼을 통해서건 간에 젊은이를 통제할 필요성은 인도 사회에서도 다를 바 없었다. 이런 아동 지위의 가장 두드러진 특징으로는 초기 관용의 시기와 이어지는 청소년기 이전 시기에 요구하는 것 사이에는 놀랄 만한 변화가 있었다는 사실이다.

고전 문명은 차이와 공통성 사이의 균형에 대한 명백한 답을 주지는 않는다. 문화나 가족 구조 역시 바뀌었으며, 어린이를 바라보는 관념과 실천에서 중요한 차이를 생기게 했다. 조심하는 태도를 불어넣는 것을 중시하는 중국이나 어린이의 상상력을 높이는 것을 기뻐하는 인도에서는 고전 시대가 오랫동안 지속되었으며, 오늘날까지도 어린이에 대한 독자적인 접근 방식에 영향을 주고 있다. 인도의 경우가 보여 주듯이, 문화는 강력한 종교의 모양새를 띠었을 때 특히 중요한 것처럼 보인다.

주요 사회 내부의 사적인 변수도 분석을 복잡하게 만든다. 많은 부모들은 공적으로 권장되는 것 이상으로 자식을 더 사랑하고 자식의 죽음을 애통해 했다. 아버지의 엄격함을 제한하거나 훈련을 줄이고 개인의 학습 스타일에 더 관심을 기울이는 방향으로 학교교육을 개혁하도록 권고했다.

그러나 아동의 지위에 대한 기본적인 농업 사회 모델의 힘도 역시 빛을 발한다. 어린아이의 잦은 죽음을 조절해야 하고 또한 출산율을 효율적으로 제한해야 할 유사한 필요성은 고전 사회, 특히 중국과 지중해 사회의 경우에도 해당되었다. 그러나 자체의 증거가 부족하기 때문에 여전히 더 흥미로운 사실이기는 하지만, 직접 일을 하기 보다는 교육을 받는 엘리트 아이에게조차도 훈련과 복종을 공통적으로 강조하는 것은 어린이를 쓸모 있게 만들고 신체적으로 성인에 도달하더라도 계속해서 가족 속에 묶어 둘 수 있는 습관을 불어넣으려는 충동을 보여 준다. 인도에서조차도 초기 아동기 이후에 금욕적인 조건과 훈련을 받게 하는 것은, 어린이를 의무감에 머리 숙이게 해야 할 일반적인 필요성이 있었다는 사실을 잘 보여 준다. 확실히 부모 개개인들은 어린이와 그들이 노는 모습에 기뻐하고 인도 문화는 어린아이를 대하는 특별한 방식을 개발했지만, 전체적으로 보면 아동기가 결코 특별히 행복한 시기였다고 생각할 수는 없다. 그리고 이는 자신의 유년기 경험에 대한 성인의 기억으로 이어졌다. 특정 문명은 기본 모델에 몇 가지 변형을 가할 수 있다. 그리고 분명히 여러 가지 방법으로 기본 모델을 보완할 수 있다. 그러나 그 범위는 어떤 면에서 보면 사회들 간의 공통점으로부터 예측할 수 있는 것보다 그다지 크지 않다. 그러므로 정치적 형태가 서로 다르다고 하더라도 그것이 아동의 지위에 미치는 영향은 제한적이었다. 부분적으로는 국가가 일상적인 가정생활과 상당히 동떨어져 있기 때문이며, 또 어느 정도는 차이가 있지만 법령은 복종과 사회적 위계에 대한 유사한 관심을 강조하는 경향이 있기 때문이었다. 유교나 특히 힌두교에서 알 수 있듯이, 문화는 훨씬 더 중요했다. 그러나 문화 또한 아동의 지위에 대한 상당히 공리주의식 정의를 밀어붙였다. 의심할 여지없이 고전기의 어린이들은 자기 스스로 어떤 공간들을 만들어 냈다. 그러나 고전기의 아동 지위는 일과 관련된 중요한 문제였다.

| 더 읽어 볼 책 |

유대교에 관한 것으로는 다음 연구들이 있다. John Cooper, *The Child in Jewish History* (Northvale, NJ: Jason Aronson, 1996); David Kraemer, "Images of Childhood and Adolescence in Talmudic Literature" in *The Jewish Family: Metaphor and Memory* (New York: Oxford University Press, 1989); Ivan Marcus, *Rituals of Childhood: Jewish Acculturation in Medieval Europe* (New Haven, CT: Yale University press, 1996); O. Larry Yarborough, "Parents and Children in the Jewish Family of Antiquity," in *The Jewish Family of Antiquity* (Atlanta, GA: Scholars Press,

1993).

중국에 관해서는 다음 연구들이 있다. Patricia Ebrey, *Confucianism and Family Rituals in Imperial China: A Social History of Writing about Rites* (Princeton, NJ: Princeton University Press, 1991); Patricia Ebrey, *Women and the Family in Chinese History* (New York: Routledge, 2003); Alan Chan and Sor-Hoon Tan, eds, *Filial Piety in Chinese Thought and History* (New York: RoutledgeCurzon, 2004); Michael Loewe, *Everyday life in Early Imperial China during the Han Period 202 BC-AD. 220* (New York: G.P. Putnam's Sons, 1968); Hugh D. R. Baker, *Chinese Family and Kinship* (New York: Columbia University Press, 1970); Lisa Raphals, *Sharing the Light: Representations of Women and Virtue in Early China* (Albany: State University of New York Press, 1998). Anne Behnke Kinney, *Chinese Views of Childhood* (Honolulu: University of Hawaii Press, 1995)은 특히 큰 도움이 된다. 그녀가 지은 *Representations of Childhood and Youth in Early China* (Stanford, CA: Stanford University Press, 2004)도 보기 바란다. 뒷시대에 초점을 맞춘 최근의 연구서로는 Ping-chen Hsiung, *A Tender Voyage: Children and Childhood in Late Imperial China* (Stanford, CA: Stanford University Press, 2005)이 훌륭하다. 인도에 관해서는 다음 책을 참고하라. Sudhir Kakar, *The Inner World: A Psycho-analytic Study of Childhood and Society in India* (Delhi: Oxford University Press, 1978); S. Vats and Shakuntala Mugdal, eds, *Women and Society in Ancient India* (Faridabad, India: Om Publications, 1999); Harmut Scharfe, *Education in Ancient India* (Boston, MA: Brill Academic Publishers, 2002).

지중해 세계에 관해서는 다음 책을 참고하라. Ada Cohen and Jeremy Rutter, *Constructions of Childhood in Ancient Greece and Italy* (Princeton, NJ: The American School of Classical Studies at Athens, 2007); Beryl

Rawson, *Children and Childhood in Roman Italy* (Oxford, UK: Oxford University Press, 2006); Suzanne Dixon, *The Roman Family* (Baltimore, MD: Johns Hopkins University Press, 1992); Suzanne Dixon, ed., *Childhood, Class and Kin in the Roman World* (New York: Routledge, 2001); Cynthia Patterson, *The Family in Greek History* (Cambridge, MA: Harvard University Press, 1998); Sarah Pomeroy, *Families in Classical and Hellenistic Greece: Representations and Realities* (Oxford: Clarendon Press, 1997); Beryl Rawson, *Marriage, Divorce, and Children in Ancient Rome* (Oxford: Oxford University Press, 1991); Beryl Rawson, *Children and Childhood in Roman Italy* (Oxford: Oxford University Press, 2003); Emil Eyben, *Restless Youth in Ancient Rome* (London: Routledge, 1993). Geoffrey Nathan, *The Family in Late Antiquity: The Rise of Christianity and the Endurance of Tradition* (New York: Routledge, 2000).

03

종교의 확산과
아동의 지위

모든 세계사 연구자들은 후고전기(postclassic period)인 500년부터 1500년까지 일어난 몇 가지 핵심적인 변화에 주목한다. 적어도 우리는 일부 핵심적 발전이 어린이와 그 지위에 어떤 식으로 영향을 미쳤는지 알지 못한다. 고전 제국 자체의 쇠퇴 현상으로 불안정이 확산되고 유목 민족의 침공, 전염병의 의미 있는 증가 등이 나타났다. 우리는 어린이들이 많은 경우에 고통을 겪었을 것이라는 사실을 추정할 수 있다. 어린이들은 노인과 마찬가지로 죽음과 질병에 가장 취약한 집단이었다. 그러나 상세한 것은 알지 못한다. 후고전기 후기에 몽골 침입자들은 중국에서부터 러시아, 나아가 중동 일부 지역에 이르기까지 광대한 지역을 정복했다. 하지만 몽골의 침공이 아동에게 전쟁과 관련된 유혈 사태 이상의 어떤 충격을 미쳤는지는 명확하지 않다.

이 시기를 만든 세 가지 관련된 주제가 어린이에게 영향을 미쳤음에 틀림없다. 정치적·문화적 경계를 두지 않고 사람들을 개종시킬 의무가 있다고 믿는 종교인 선교종교(missionary religion)의 확산은 가장 뚜렷한 영향을 주었다. 이 장은 종교의 확산, 특히 불교와 이슬람의 확산이 가져온 변화에 초점을 맞춘다. 그렇지만 기독교에도 주의를 기울일 것이다. 이들 세 종교의 팽창은 고전 이후 시대 전체를 형성하게끔 했는데, 이슬람은 실제로 이 시기에 처음 자리를 잡았다. 이들 종교의 신앙은 여러 면에서 힌두교나 유대교와 비슷하다. 그러나 공통적 특징뿐 아니라 개별적인 특징에서 중요한 혁신도 도입했다.

다음 장에서 종교적 변화에 관한 논의도 이어 가겠지만, 후고전기의 두 가지 다른 유력한 주제에 관해 더 자세히 알아보기로 한다. 첫째로, 복합적인 사회나 문명으로 조직된 지역이 확대되었다. 이는 새로운 지역에서 공식 국가가 생겨나고 법전을 갖추고 도시가 확대되었다는 것을 의미하는데, 이 모든 것은 아동의 지위에 대한 규정과 운영에 영향을 미칠 수 있었다. 중국의 방식을 받아들이려고 노력한 일본에서 볼 수 있듯이, 몇몇 새로운 지역은 더 확실하게 자리를 잡은 중심지를 신중하게 모방하기 시작했다. 이 또한 어린이들에게 상당히 영향을 미칠 수 있었다. 마지막으로, 지역 내 교역을 비롯하여 무역이 가속화되었다. 이는 새로운 중심지에서 도시의 성장을 더욱 촉진시켰으며, 중국처럼 확실하게 자리를 잡은 중심지 도시의 성장도 증진시켰다. 이는 다수의 어린이가 계속해서 농업 활동에 종사하는 현상이 지배적이었으며, 아직까지 소수이기는 하지만 더 많은 어린이들이 제조업이나 도제 일을 하게 되었다는 것을 의미했다. 이슬람 상인들은 중동과 북아프리카 근거지로부터 무역 활동에 나서서 유럽, 중앙아시아, 인도양 유역 전체, 나아가 사하라 이남 아프리카 일부 지역까지 교역을 벌였다. 몽골 정복자들도 무역 교류를 한층 가속화시켰다. 그 시대 말에는 수십 년 동안 중국을 향한 대규모 상업 활동도 이루어졌다. 문명의 확산과 모방, 무역의 확대는 특히 10~15세기에 몇몇 지역에서 아동 지위의 틀을 바꾸어 놓았다.

그러나 이 시대에 명확하면서도 가장 일찍 일어난 일련의 변화를 이끈 것은 선교종교의 급속한 성장이었다. 이는 아동 지위의 고전적 패턴과는 매우 다른 몇 가지 의미 있는 변화를 가져왔다. 또한 종교는 새로운 일련의 상호 비교를 요구했다. 왜냐하면 팽창하는 세 종교의 신앙 체계는 어린이가 무엇이며 어린이의 종교적 책임을 어떻게 정의해야 하는지에 대해 자체의 개념을 가지고 있었기 때문이다. 힌두교가 준 몇 가지 시사점이 대단히 중요한 종교적 강조점이 없는 사회의 패턴과는 상당히 다른 고전 시대 아동 지위의 여러 측면을 가져왔음을 우리는 이미 보았다. 여러 사회에 주요 종교가 확산된 것은, 힌두교에서 어린이를 영적 존재로 여길 때 발달했던 것과 같은 관심들을 가지게 했다.

그렇다고 주요 종교들이 똑같았던 것은 아닌데, 이는 변화를 불러오는 더 일반적인 힘에 대한 관심과 함께 비교해야 할 새로운 과제가 있음을 뜻한다. 공언하건대 종교 비교는 까다롭기 그지없다. 주요 종교들은 저마다 현대의 독자들에게 더 좋거나 나쁜 인상을 줄 수 있는 어떤 강조점들을 가지고 있기 때문이다. 이 장에서는 종교가 어린이에게 끼친 더 광범위한 영향, 그중에서도 불교와 이슬람교의 접근 방식이 주는 시사점을 생각해 보고자 한다. 서유럽에서 아동 지위를 형성한 요인 대부분의 중심 요소인 기독교와의 비교는 5장에서 더 자세히 할 것이다.

확산되는 세계종교들의 성격과 아동의 지위에 세계종교의 명백한 적용은 고전기에 두드러지던 패턴을 어느 정도 변화시켰다. 앞서 살펴보았듯이, 고전 시대 중국과 지중해의 아동 지위에는 서로 다른 점보다는 닮은 점이 많았다. 아동 지위는 농업 사회의 필요성에 더 많은 영향을 받았는데, 여기에는 특별한 문화나 정치적인 요소보다는 어른의 말에 복종하고 그에 따라 행동을 해야 한다는 주장, 새로운 법적·정치적 규약을 마련하여 어린이는 열등하다는 제도적 뒷받침을 마련하는 것, 그리고 교육을 받은 엘리트와 노동을 하는 일반적인 아동의 지위 등이 포함된다. 결과적으로 고전기 사회들 간에 아동 지위의 차이는 수렵채집 사회의 경우보다 작았다. 수렵채집 사회에서는 아동노동에 의존하는 정도가 높지 않아서 더 많은 선택이 가능했다.

선교종교에 대한 새로운 열정은 이런 동질성을 변화시켜, 고전기에 두드러졌던 양상 이상으로 아동의 지위에 대한 생각과 어린이에 대한 접근법에서 더 많은 차이를 만들었다. 동시에 종교는 고전기로부터 몇 가지 공통적인 변화와 지속성의 패턴을 도입했는데, 이는 또 하나의 중요한 발전이었다.

확장되고 있던 종교들은 어린이에 대한 몇 가지 의미 있는 관념을 공유했다. 그 관념들은 모두 고전기, 특히 중국과 지중해에서 지배적이던 접근법과는 구분되는 것이었다. 대부분의 주요 종교 기록들은 어린이의 중요성을 강조했다. 기독교는 종교 이야기와 어디에서나 흔히 볼 수 있는 예수의 어린 시절 모습을 담은 예술 표현을 통해 이전의 그 어떤 문화 체제가 제공했던 것 이상으로 어린아이에 대한 더 상징적인 관심을 보여 주었다. 중동에서 생겨난 세 종교, 즉 기독교와 이슬람교, 그리고 이들 종교의 조상 격에 해당하는 유대교 모두 부모, 특히 아버지가 가져야 할 자부심과 책임감을 강조했다. 다만 기독교는 독특하게 예수의 사랑스런 어머니라는 강한 이미지를 띠고 있기는 했다. 이들 종교는 또한 "너의 아버지와 어머니를 존경하라"는 말로 부모에 대한 복종의 중요성을 강조했다. 이는 결과적으로 여러 가지 훈련 장치들을 뒷받침할 수 있었다. 이런 현상은 삼위일체의 '하나님 아버지'와 관련하여 기독교에서 훨씬 더 심했는데, 가족 내에서는 아버지를 이런 범례로 여길 수 있었기 때문이었다. 어린이에 대한 부모의 사랑이 하나님에 대한 헌신에 버금가야 한다는 말에 일부 기독교도 작가들이 주목한 것은 사실이지만, 그걸 문자 그대로만 받아들인다면 서로 어울리지 않는 말이 될 수 있었다. 물론 여기에서 종교는 농업경제의 상황에서 잘 확립된 아동의 지위에 대한 강조를 유지할 수 있는 새로운 분위기를 마련했다. 초기 기독교는, 일부 로마인들이 청소년 연령의 아들이 죽었을 때 보인 애통한 감정 표현에 얼굴을 찌푸리면서 '내면의 애도'를 촉구했다. 아들이 죽은 것은 신의 의지가 실현된 것이며, 애통함을 지나치게 드러내는 것은 전능하신 하나님을 향한 바람직한 헌신을 가로막을 수 있다는 인식 때문이었다. 그러나 다른 말로 하면, 이것은 공식적 수사법으로는 어린이가 죽어도 별다른 반응을 보이지 않는 것으로 되돌아간 것이며, 더 일반적으로는 농업 사회의 특징이라고 볼 수 있다.

어린이와 육아를 칭송하는 것과 더불어 세계종교는 아동의 지위에 의미 있는 변화를 줄 수 있는 두 가지 다른 요소를 도입했다. 둘 모두 모든 인간에게 신성한 요소, 즉 하나의 정신이나 신성함의 본질에 자기 나름으로 참여하려는 속성이 있음을 강조했다. 많은 구체적인 변수를 가지고 있는 이러한 믿음은 결국 어린이를 신의 창조물이나 신성한 관계에 참여하는 존재로 보호해야 한다는 책임 의식을 키웠다. 그중에서도 특히 주요 종교들은 유아 살해를 강하게 반대했는데, 이는 세속적이거나 다신론의 믿음이 지배하는 많은 지역에서 폭넓게 실천되던 것이었다. 유대교 또한 기독교나 이슬람교과 부분적으로 연결되면서 더 결정적으로 이런 방향으로 움직였다. 예를 들어 후기 로마제국에서 기독교가 뿌리를 내린 초창기의 결과 가운데 하나가 유아 살해를 금하는 새로운 칙령의 공포였다. 그래서 374년 기독교도인 황제는 "남자든 여자든 어느 누구라도 유아를 죽이는 죄를 저지르면, 사형에 처한다"는 법령을 제정했다. 아동 매매를 금지하는 노력을 비롯하여 어린이를 보호하려는 법률이 급증했다. 초기 기독교인들은 어린이를 보호하고 어머니와 아이 사이에 유대감을 높이기 위해 유모를 두는 것을 막기까지 했다. 마찬가지로 이슬람도 어린이를 보호하는 권고 사항들을 빠르게 내놓았다. 선지자 무함마드는 아랍의 유아 살해 전통을 버리라고 특별히 선언했으며 나아가 아동 매매를 금지하고자 했다. 여러 가지 아동보호 조처들을 충실히 지켰는지는 불확실하고, 노골적인 유아 살해를 허용하지 않더라도 아동을 위험에 빠뜨리는 여러 경우가 있었지만, 출산을 통제하는 수단으로 유아를 죽이는 비율은 세계종교의 시대에 확실히 감소했다. 유아 살해 행위는 가장 확실히 지속된 것은 중국과 같은 지역이었는데, 그곳에서는 종교의 기반이 덜 완전했다. 어린이는 태어날 때부터 종교 공동체의 일원이 되었으며, 이는 실제 행동에 중요한 의미를 가지는 것이었다.

힌두교와 유대교가 오랫동안 그러했듯이, 세계종교는 어린이를 대상으로 한 종교 훈련에 큰 관심을 가지고, 아이가 태어나면 곧바로 특별한 의식 절차를 치러 종교와 관계를 맺어 주는 일에 착수했다. 그런 다음 적어도 일부 아이들에게는 더 공식적인 종교 교육의 기회를 마련했다. 이것이 새로운 종교의 파고가 가져온 두 번째 일반적 영향이었다. 그 결과는 이중적이었다. 하나는 정신적 교화를 지지하는 지중해 세계의 고전 교육과정을 공격하면서 교육이 무엇인가를 다시 정의하는 것으로, 이는 기독교 교육자들의 초기 목적이었다. 또 하나는 전반적으로 고전 시대의 경우보다 더 널리 교육의 요소를 확대시키려는 충동이 었다. 때때로 바쁜 농민이나 노동자 가족에게 아동노동은 필수적이어서, 종교 교육은 사제로 봉사하거나 종교적 성숙으로 들어가는 더 형식적인 자격을 취득하는 어떤 정형화된 길을 가르치는 것 이상이 되지 못했다. 변화는 생각보다 컸다. 그러나 소수의 아이들에게 모든 주요 종교들은 다양한 교리와 도덕, 법전을 제공했는데, 이는 진지한 학문 연구를 촉진시켰으며, 다시 그 학문이 필요로 한 그런 종류의 학교교육을 활성화했다. 특히 엘리트 가정에서 많은 부모들은 이런 종류의 교육에 소질이 있는 듯한 아이들을 확인하는 데 관심이 컸다. 유대교와 마찬가지로 두 거대한 세계종교는 특히 한 권의 경전만을 가진 종교였다. 이는 높은 종교학의 수준에 도달하기 위해 엄청나게 노력하지 않더라도 성경이나 꾸란을 읽을 수 있는 능력을 기를 폭넓은 기회를 얻으려는 동기를 부여할 수 있었다. 다른 말로 하면 세계종교는 학교교육을 촉진시키고 특별한 취향을 가지게 했는데, 많은 아이들에게는 상당한 영향을 미쳤으며 일부 아이들에게는 정신적·학문적 소명 의식을 가지게 했다. 기원후 1000년 무렵이 되어 유교가 학교교육의 시행을 촉진하는 데 커다란 영향을 주었던 동아시아 외곽에서는, 거의 모든 학교교육이 종교적 지침에 따라 이루어졌으며, 적어도 공식적으로는 종교적 목적이 기본이었다. 대개 엄격한 교육과 신체적 훈련이 계속되었다. 이것이 언제나 이전 교육적 전통을 완전히 재정비한 것은 아니었지만 실질적인 변화를 만들었다.

주요 세계종교는 두 가지 기본적 영향을 넘어서 성별에 따라 어린이를 구분하는 데 약간의 새로운 갈등 양상을 불러왔다. 한편으로 세계종교들은 모두 소년뿐 아니라 소녀들도 종교생활과 기회를 공유해야 한다고 강조했는데, 이는 영혼이나 신성(神性) 참여라는 이념의 한 부분이었다. 세계종교들은 초기 유대교나 힌두교에 존재해 오던 성차별 주장을 약화시켰는데, 고전 시대 유대교와 힌두교 일부 학자들은 여성에게 그 이상의 어떤 정신적 성숙을 기대하려면 남자로 환생해야 하는지 여부를 놓고 토론했다. 기독교와 불교는 여성들에게 신앙심을 명확히 발산할 수 있는 수단을 제공했다. 수녀원이 여기에 해당하는데, 일부 소녀들은 훈련을 받거나 장기간의 직업으로 이곳에 들어갔다. 소녀들은 개인적으로도 종교 교육을 받을 수 있었다. 이는 이슬람교에서는 드문 일이 아니었으며, 자기 딸의 재능을 알아본 자애로운 아버지에 의해 교육이 이루어지는 경우도 많았다. 그러나 이들 종교도 역시 가부장적이어서 높은 수준의 종교 훈련은 여자아이보다 사내아이에게 훨씬 더 중요하다고 분명하게 판단했다. 기독교의 세례와 같은 일부 의식들은 남자아이와 여자아이 모두에게 공통적이었지만, 그 밖의 의식들은 특히 소년들을 종교적 경험과 연결시키는 것을 목적으로 했다. 공식적 교육들 중에서는 소녀들보다는 소년들에게 해당하는 것이 훨씬 많았다.

후고전기 종교의 확산은 아동의 지위와 관련된 한 가지 다른 일반적 특징을 띠었는데, 어린이에 대한 종교적 믿음이 주는 영향이 다양했다는 사실이 그것이다. 이슬람교, 기독교, 불교로 광범한 개종이 일어났는데도, 아동의 지위 같은 쟁점과 관련된 교리에 대해 알고 있는 정도나 그에 대한 관심은 사람에 따라 다양했다. 서로 다른 경제적 환경도 이런 반응에 영향을 미쳤다. 예를 들어 아동보호의 장려는 몹시 가난한 사람들에게 영향을 줄 수 있었다. 그러나 이들의 환경에서는 여전히 어린애를 내다버리거나 종교 기관의 문 앞에 놓아 둘 수밖에 없었다. 종교 기관은 이들이 새롭게 기댈 수 있는 수단이었다. 그러나 유기(遺棄)

전후의 불완전한 처치 때문에 아동이 죽음에 이르는 경우도 종종 있었다. 개별 세계종교의 특징들로 돌아가 생각해 보면, 어린이를 대하는 실제적인 실천은 한 사회에서 다른 사회로 넘어가더라도 신앙이 함축하고 있는 것만큼 달라지지는 않았다는 명확한 현상을 기억해야 한다. 또한 종교 권위자들 스스로 몇 가지 핵심적인 관심사를 놓고 논쟁을 벌였는데, 여기에는 복잡한 문제들이 추가될 수도 있었다.

세계종교 가운데 가장 오래되었지만 후고전기 들어 동아시아와 남아시아 여러 지역에 확산된 불교는, 이슬람교나 심지어 기독교와 비교해서도 아동 지위에 주는 시사점에서 내부적으로 상당히 다양했다. 이는 어느 정도 불교가 가지고 있는 특별한 융통성 때문으로, 중국의 유교를 비롯한 지역의 방식과 종종 뒤섞여 아동 지위에 대해서는 상대적으로 손을 대지 않은 채 그대로 두었다. 불교는 또한 일상생활의 상세한 법적 조치 이상의 정신적 목적을 강조했으며, 이슬람교와 비교하면 확실히 가족들이 하는 일의 기준을 덜 명확하게 정했다. 또 갖가지 서적이 있지만, 불교에는 이슬람교나 기독교처럼 단일한 경전이 없었다. 이 점이 아동에 대한 관심에서 더 자유로운 또 하나의 이유였다.

강한 내세관 때문에 불교는 아이들에게 애정을 보이지 않을 수 있다는 상당한 우려를 낳을 수도 있었다. 부처 자신은 아내와 자식을 남겨두고 떠나왔으며 나중에 그들이 찾아왔을 때도 관심을 보이지 않았던 성인(聖人)에 관해 이야기했다고 한다. "그는 아내가 왔을 때 아무런 기쁨을 느끼지 못했으며, 아내가 떠났을 때 아무런 슬픔도 느끼지 않았다. 나는 그를 욕정에서 해방된 진정한 성인이라고 부른다." 이에 더해서 독신이 가장 신성할 수 있는 상태이고 출산은 오염된 행위이며 불교는 어린이에 별로 관심을 두지 않는 종교가 될 수 있다는 강한 믿음은,

이런 문제에 너무 큰 관심을 두지 않는 것을 합리화했다. 인정받은 아이가 없다는 의미의 독신 사회 조직을 비롯한 비슷한 요소들이 기독교에서도 불쑥 나타났다.

그러나 특정 종파가 아니라 일반적인 불교는 아이를 가진 대다수의 신자들을 받아들였으며, 이들에 대한 어느 정도의 지침과 보호를 제시했다. 틀림없는 사실은 불교가 아이들을 위한 다양한 의례를 조직해서 나쁜 일을 피하고 신앙생활을 준비할 수 있게 했다는 점이다. 이 점에서 불교는 힌두교, 나아가서는 모든 주요 종교들과 비슷했다. 많은 아동 불자들은 불교 학교에 들어가서 경건한 생활을 해나가라는 이야기를 훨씬 많이 들었다.

불교도들도 인도와 그 밖의 지역에서 발달한 어린이에게 적용할 수 있는 어떤 초기 관행에 따라 행동을 했다. 그들은 아동기에 소녀가 결혼하는 것을 반대했으며, 결혼은 어른들의 동의가 필요한 계약이라고 믿었다. 이는 중국에서 불교가 겪은 중요한 갈등이었는데, 유학자들은 종종 불교가 가족 간의 충성심을 약화시킨다고 공격했다. 중국의 불교 이야기 중에는 어떤 왕의 막내딸인 관음보살 이야기가 있다. 아버지는 딸에게 미리 약속해 놓은 대로 결혼하라고 했으나, 그녀는 절에 들어감으로써 지시를 거부했다. 그러자 아버지는 딸을 불태워 죽이려고 했다. 그러나 이야기는 나중에 가족 친화적인 내용으로 바뀌었다. 관음보살은 자신의 팔을 잘라서 눈먼 아버지의 시력을 되찾게 해주는 마법의 약을 만드는 데 사용했다. 부모를 위해 기도를 드려 지옥에서 구해 낸 어린 불자에 관한 교훈적 이야기도 전해 내려온다.

한 청년이 공부하라고 자신을 절에 보낸 어머니를 "내가 오늘 관직에 오른 것은 어머니의 일상 훈련 덕분이다"라고 칭송했을 때와 같이, 어떤 이야기는 유교와 완전히 중첩되었다. 어린이에 대한 어떤 불교 개념은 중국에서 불교를 더 잘 받아들일 수 있게 하기 위해서 유교 용어로 번역되었다. 그래서 도덕성을 가리키는 불교(산스크리트) 용어는 '자식의 복종과 순응'이 되고 말았다.

불교는 특히 새로운 일련의 교육과 의식을 통해서 어린이에게 뚜렷하게 영향을 주었다. 그러나 내세 지향성과 기존 믿음과의 타협은 그 이상으로 전면적인 영향을 주는 데 제약이 되었다.

이슬람의 아동 지위는 불교와 비교할 때 훨씬 더 충분히 확인할 수 있는데, 기독교와도 중요한 차이가 있었다. 후고전기 동안 가장 빨리 성장한 종교인 이슬람교는 어린이에게 몇 가지 각별한 관심을 보였는데, 이 가운데 일부는 중동 문명의 여러 측면들과 혼합되었다. 선지자 무함마드는 아랍인들에게 아동의 지위를 규정하고 안내하는 방식으로 여러 가지 변화를 도입했다. 그의 접근 방식은 진취적 변화의 폭을 넓혀 나갔다. 이 새로운 종교의 출현이 아동 지위에 의미 있는 시사점을 주었다는 사실은 의문의 여지가 없다. "사람이 자식을 가질 때 종교의 절반을 성취한 것이다. 그리하여 남은 절반은 신을 두려워하게 하라."

종교든 의학이든 무슬림 작가들은 아이들에게 상당한 관심을 가져야 한다고 강조했다. 이슬람 자체는 새로 태어난 갓난아기에게 죄가 없다고 강조했다. 이는 기독교와는 대조적인 것이다. 유아는 죄를 지을 만한 시간이 없었고 이들은 잠재적인 신자였다. 더구나 알라 자신은 자비로웠다. 그래서 아기가 죽으면 무슨 일이 일어날지에 대해서 아무런 논란이 없었다. 죽은 아기는 천국으로 올라갈 터였다. 학자들은 신앙심이 없는 비무슬림 가정에서 태어난 아이의 운명을 두고서는 토론을 벌였다. 그러나 대부분은 그 아이들도 죄가 없다는 데 동의했다. 비슷한 논쟁을 벌인 기독교 신학자들은 대체로 비기독교 가정에서 태어나서 원죄에 물들어 있다는 다른 결론을 내렸다. 무함마드 스스로 아동에게 자상했으며 특히 유아 살해라는 아랍 전통을 특별히 비판했다는 사실이 종종 인용되었는데, 어린아이가 이 새로운 종교에서 실질적이면서 동정어린 관심을 받았다는 또 다른 표시였다. 꾸란 또한 결혼 생활이 파경을 맞을 경우 어린이에 대한 보호를 강조했다. 또 고아의 재산권도 주장했다. "고아의 재산에 일일이 간섭하지 말라." "고아에게 옷을 잘 입히고 다정하게 이야기하라." 아이를 입양한 성인은 적절한 교육을 제공해서 장차 어느 정도 안정된 삶을 누릴 수 있게 할 책임이 있다. 이런 의미에서 이슬람법은 잠재적으로 취약한 상황에 놓여 있는 어린이를 위한 갖가지 '권리'를 제공했다. 권리의 개념은 어떤 의미에서 근대적이다. 그러나 이슬람 법규에서는 어린이를 위해 사려 깊게 소급해서 적용되어 왔다. 아주 어린아이에 대한 종교적 관심은 그 지역의 강력한 의학 전통에 의해 고조되었는데, 지역의 의학 전통은 헬레니즘 시대에 이집트와 같은 지역의 과학자들이 더 실용적인 적용을 추구한 그리스의 과학적 성과를 채택함으로써 향상되었다. 아동 건강상의 필요에 활용할 수 있는 많은 소아과적인 권고가 있었는데, 이런 권고들이 종교에서 강조하는 것을 보완했다. 14세기 이븐 카임이 지은 영향력 있는 보육 지침서는 유아가 울 때, 음식을 먹일 때, 이를 닦을 때 어떻게 해야 하는지를 다루었으며, 성인이 고려해야 할 어린이 개개인의 흥미와 태도의 중요성을 강조했다.

중동에서 아동 지위의 많은 측면들은 종교와는 별 상관이 없지만 모순되지는 않는 옛 가족 관습을 반영했다. 아들은 친족 관계를 통해 명확히 확인되었으며, 아들의 이름은 어느 가족 집단에 속해 있는지를 보여 주도록 주로 사전에 미리 선택되었다. 일어날 수 있는 사고를 방지했으며 유아는 날개가 자라날 수 있다는 믿음 때문에 포대기로 감쌌다. 앞에서 살펴본 것처럼 이런 관행은 오늘날까지도 지역에 따라 지속되고 있다. 어린아이는 어머니와 단단하게 유대감을 가졌다. 젖을 떼는 시기는 농업 사회보다 상대적으로 늦어서 2~4세에 이루어졌으며, 대부분의 아이는 7세가 될 때까지는 어머니 곁에 머물렀다. 이는 강한 정서적 유대감을 만들고 초기의 아동 지위를 더 오랫동안 유지시켜 청소년기까지 이어지게 했다. 더 멀리 떨어져 있는 아버지의 지위와는 대조적이었다. 그러나 7세가 되면 아버지가 가정교육을 넘겨받게 된다. 원칙적으로 아버지의 권위가 강조되어 어린이들에게 아버지나 다음번으로 가족을 부양할 의무를 넘겨받을 나이가 위인 남자를 존경하라고 요구했다. 아이들의 가정생활도 다른 숙모나 삼촌 같은 다른 가족 구성원의 능동적 역할에 의해 정해졌다. 친절하게 사람을 대하는 등의 예절 교육에도 많은 신경을 썼다.

　종교는 제대로 된 가정이라면 언제나 존재했다. 새로 태어난 아이의 귀에 대고 이 아이들이 이슬람에 충실할 수 있게 해달라는 기도를 속삭이는 한편, 미리 씹은 대추야자를 아이의 입천장에 붙여 축복을 전했다. 첫째 아들이 태어난 지 7일이 되었을 때, 머리카락을 자르고 양을 재물로 바치면서 아버지가 자기 아이임을 공식적으로 인정했다. 아이가 특별한 재능을 지녔다고 아버지가 확인하고 가족이 충분한 재산을 가지고 있다면, 네다섯 살쯤 된 남자아이를 종교 교육 프로그램에 보내서 교육에 전념하기 시작했다. 이 경우 종교는 어린 남자아이에 대한 어머니의 통상적인 관리를 중단시켰다. 어린이의 종교 훈련에 대한 아버지의 책임은 폭넓게 강조되었다. "이 나이에 학습은 돌에 새기는 것과 같다."

말하자면, 평생 계속될 터였다.

사실 종교적 영감에 따라 시행되는 교육은 아동 지위의 패턴을 변화시키는 데 이슬람이 크게 영향을 끼친 것 중 하나였다. 이는 엘리트에 초점을 맞춘 고전 시대의 제한적인 노력과 근대사회의 특징인 훨씬 더 광범위한 학교교육을 연결했다. 가난한 집안에서도 남자아이들을 모스크나 꾸란 학교, 쿠타브[1] 같은 기관에 보내어 종교 교육을 어느 정도 받게 했다. 여자아이들도 기간이 짧은 것이 보통이기는 하지만 꾸란 학교에 갈 수 있었다. 엘리트 가정에서는 가정교사를 채용하여 집안에서 딸을 가르쳤다. 13세기 기록들에 적혀 있듯이 경건한 무슬림에게 "학습은 우리 모두를 위해 미리 정해져 있다."

중동과 북아프리카 주요 도시의 학교 설립 비율은 9세기 이후 급격히 늘어나기 시작해서, 어떤 경우에는 이후 400년 동안 10배 이상으로 늘어나기도 했다. 어린 아이를 대상으로 하는 '마크타브'[2]라는 학교의 새로운 움직임은 10세기까지 거슬러 올라간다. 아이들은 개별적으로 혼자 지도를 받을 때보다 집단으로 모여 공부할 때 더 잘 배울 수 있는데, 주로 경쟁 때문이지만 집단 토론도 한 요인이라는 생각이 깔려 있었다. '이븐 시나'[3]라는 페르시아 철학자가 폭넓게 정의를 내린 마크타브 교육은 어떤 면에서 초창기 그리스와 페르시아의 전통을 떠올리게 한다. 그러나 훨씬 더 광범위한 봉사 활동을 포괄하고 있었다. 교육은 6

---

1) Kuttab, 이슬람 사원에 부속되어 있는 전통적인 학교. 주로 코란을 공부하면서 쓰기와 읽기, 셈하기 등 기초교육을 함께 한다. 코란을 모두 암송할 수 있게 되면 교육이 끝난다.
2) maktab, 우마이야 왕조 때 모스크에 처음 설립된 이슬람의 초등 교육기관. 점차 전국 각지에 설치되어 일반적으로 이슬람 초등학교를 가리키는 용어가 되었다.
3) Ibn Sina, 중세 이슬람 철학자, 의사. 중앙아시아의 사만 왕조에서 태어났으나, 20대 중반 이후에는 유럽을 순회하면서 생활했다. 이슬람의 유일신 사상과 그리스의 합리주의 철학의 조화를 꾀했다.

세에 시작해서 아이가 이슬람 연구나 법을 비롯한 직업을 선택할 것으로 기대되는 14세까지 이어졌으며, 이에 맞춰 그 이상의 어떤 교육을 선택했다. 마크타브 학교는 종교와 윤리뿐 아니라 읽고 쓰기, 문학, 그리고 폭넓은 철학을 가르쳤다. 초등 교육자를 위한 지침서로서 가장 빨리 나온 것 중 하나로 870년 이븐 사누드가 쓴 책은 이러한 일반적 관심에서 나온 것으로, 예배, 훌륭한 몸가짐, 몇 가지 스포츠와 게임, 읽고 쓰기, 산술 등을 다루었다. 많은 여성 교사와 여성의 학문적 전통에 대한 적잖은 찬사가 있었지만, 여자아이는 정식 학교에 들어가는 경우가 드물었다. 남성 수니 학자였던 이븐 아사커[4]는 80명이 넘는 여성 교사들에 관해 썼는데, 이들 가운데 다수는 매우 박식했다.

성별 문제를 제외하고서라도 이슬람 교육의 전체 범위를 결정하기는 쉽지 않다. 특히 농촌에서는 일부 교육은 실제로 읽는 것보다는 꾸란의 구절을 외우는 데 더 목적을 두었다. 그리고 이슬람 교육은 후고전기 말이 될수록 더욱 순수하게 종교에 초점을 맞추는 방향으로 범위가 좁혀지는 경향이 있었다. 그런데도 성인 가운데 30퍼센트가량이 글을 읽고 쓸 줄 알았던 것으로 평가된다. 의심할 여지없이 그 시점에 전 세계에서 가장 높은 비율이었다. 1500년 이후 이슬람 교육자들은 책을 두고 '학습을 위한 필수 도구'라고 강렬하게 표현하면서 "책을 베껴쓰는 것보다는 공부하는 데 시간을 쓰는 것이 중요하다"고 주장했다. 아직까지 어린이의 핵심 의무가 노동보다 학교교육을 받는 것은 아니었지만, 대체로 보아 교육의 확장은 이슬람이 어린이에게 미친 필수적 부분이었으며 다른 지역에까지도 잠재적인 영향을 미쳤다.

----

4) Ibn Aakir, 12세기 이슬람 학자, 역사가.

이슬람은 또한 어린이와 어린이를 다루는 어른이 어떠해야 하는지를 덜 형식적으로 규정했다. 어린아이들은 제멋대로 하게 내버려 두었는데, 이는 어린아이는 죄가 없다는 종교적 믿음을 반영한 것일 수 있으며 부모의 기쁨을 확실히 표현한 것이기도 했다. 가정경제가 허락하는 정도에 따라 특별한 음식과 오락을 마련해 주기도 했다. 10대는 가치가 떨어지며 그들 자신의 에너지를 기꺼이 받아들이는 경우는 별로 없다는 것을 보여 주는 정보가 있다. 실제로 아동의 지위 그 자체는 사춘기로 끝나는 것처럼 보였다. 견습 기간은 짧은 경우가 많았으며, 어린이에서 성인의 지위로 빠르게 옮겨 가는 것이 늘상 장려되었다. 어린이는 부모가 되어서 져야 할 책임에는 별 신경을 쓰지 않은 채 경제적·종교적으로 성인의 지위를 준비하는 데 중요한 과업에 더 초점을 맞춰서 자신의 계획을 세웠다. 상당 기간 외출하지 않는 등 조심하는 행위에는 결혼하기 전 여성이 처녀성을 지키려는 목적이 있었다. 그러나 이슬람은 기독교나 불교와는 대조적으로 평생 독신으로 살아가는 것에 집착하지 않았다. 이는 어린이는 죄가 없다는 믿음과 연결되는 것일 수도 있다. 어린이들에게는 이른 연령에 잡다한 일이 주어졌다. 그리고 종교 교육과 더불어 이는 적어도 성인들에게 어린이를 진지하게 생각하는 마음을 가지게 했다.

종교 권위자들은 신체 훈련의 역할을 둘러싸고 광범위한 논쟁을 벌였다. 솔직히 말하면 논쟁은 세계사의 맥락에서 볼 때 이 시기에는 일반적인 일이 아니었으므로, 이는 아마도 어린이의 종교적 가치를 반영하는 것이라고 할 수 있다. 부모, 특히 아버지는 잘못한 자식에게 벌을 주어야 한다는 생각이 널리 받아들여졌으며, 학교에서도 그렇게 하는 것이 일반적이었다. 그러나 많은 저작들에서 벌을 제한해야 한다고 촉구했다. 위대한 북아프리카의 역사가 이븐 할둔은 학생에 대한 부당한 벌은 "학생에게 억압받는다고 느끼게 만들며, 활력을 잃어버리게 한다"고 지적했다. 이슬람법도 어린이를 때리는 방식을 규제했다. 어떤 종류의 잘못에 몇 대를 때릴 수 있는지, 신체의 어떤 부위를 때릴 수 있는지 따위를 정했다. 머리와 손은 결코 때려서는 안 되었다. 그 목적은 지나친 벌을 피하고 화난 상태가 아니라 냉정하고 침착하게 훈육을 집행하게끔 하려는 것이었다.

또한 후고전기 후반 이슬람 작가들은 놀랄 만큼 많은 조의록을 만들었는데, 이는 자식을 잃은 부모의 슬픔을 위로하기 위한 것이었다. 13~16세기에 가족의 죽음에 관한 책이 이집트와 시리아에서 20권 넘게 나왔다. 흥미롭게도 같은 시대에 이런 장르가 사실상 알려지지 않은 서유럽과는 대조적이다. '자녀의 죽음에 대한 불안과 자녀의 죽음으로 고통을 겪는 사람을 위안하는 책'이라는 이름은 그 의도를 보여 준다. 거의 틀림없이 이 시리즈는 늘어난 질병, 즉 유럽에 도달하기 이전 14세기 중반 중동을 강타한 선페스트[5]의 결과를 반영하고 있었다. 그것 역시 어린이에 대한 정서적 애착의 수준이 높아졌다는 사실을 보여 주는 것일까? 이런 분출은 이슬람이 더 일반적으로 어린 아이를 격려하는 방향으로 나아갔던 그런 종류의 관심과 일치하지만, 약간 수수께끼 같은 면도 있다.

종교가 주는 함의는 아동 지위와 어린이에 대한 관념에 고전 문명보다 더 깊숙이 다가갔다. 특히 중국과 지중해 지역에서 그러했다. 이는 세계종교의 확산이 의미 있는 변화를 촉진했기 때문이다. 특히 유아 살해

---

5) 벼룩이 감염시킨 쥐 등을 통해 전염되는 페스트의 한 종류. 페스트의 90퍼센트 이상을 차지한다. 중세 말 등에 유럽에 유행했던 흑사병도 선페스트였다.

를 전반적으로 다시 생각하게 했으며 교육에 새롭게 접근하게 했다는 점에서 그렇다. 이와 동시에 세계사의 더 종교적인 시대는 농업경제 속 어린이의 기본적 특징을 거의 뒤집지 않았다. 종교는 복종을 촉구하는 새로운 명분을 제시함으로써 가장 중요한 속성을 그대로 유지시켰다. 신체 훈련에 대해 어느 정도 새로운 토론을 내릴 수는 있었다. 그러나 이 또한 부모를 거스르는 불복종의 책임을 신에 대한 불복종으로 해석함으로써 새로운 심리적 압박을 가했는데, 이는 농업 문명이 이미 발전시켜 온 주제를 강력히 보강한 것이었다. 어린이가 죽으면 내세에서 환영받을 수 있는지는 새로 토론되었지만, 어린이의 잦은 죽음에 관한 태도에서까지도 거의 혁신적이지 않았다. 종교가 이와 같은 전통적인 측면에서는 어린이에게 아무런 실질적인 변화를 주지 못하게 된 아주 훌륭한 이유가 이것이었다. 종교는 아동 지위의 문제에 관심을 가졌다. 그러나 이를 변화시키는 힘이나 심지어 변화시키려는 욕구도 무제한적인 것은 결코 아니었다.

| 더 읽어 볼 책 |

훌륭한 개설서가 나와 있다. Don S. Browning, Martha Christian Green and John Witte(eds), *Sex, Marriage and Family in World Religions* (New York: Columbia University Press, 2006).

이슬람에 관해서는 이런 책들이 있다. Cyril Glasse, *The New Encyclopedia of Islam* (Lanham, MD: AltaMira Press, 2008); Elizabeth Warnock Fernea, ed., *Children in the Muslim Middle East* (Austin: University of Texas Press,

1995); Avner Gil'adi, *Children of Islam: Concepts of Childhood in Medieval Muslim Society* (New York: St Martin's, 1992); Abdesslam Abadi, "Youth in the Islamic World and the Challenges of Globalisation," *Islam Today*, No. 26, 2009.

이슬람 교육에 관해서는 다음 책들이 있다. Jonathan P. Berkey, *The Transmission of Knowledge in Medieval Cairo* (Princeton, NJ: Princeton, NJ: Princeton University Press, 1992); Medhi K. Nakosteen, *History of Islamic Origins of Western Education, A.D. 800-1350* (Bethesda, MD: IBEX Publisher, 1984); Timothy Reagan, *Non-western Educational Traditions* (New York: Routledge, 2000). 다음 논물들도 읽어 보면 좋겠다. Munir Ahmed, "Islamic Education Prior to the Establishment of Madrassa," *Journal of Islamic Studies*, 26:4 (1987), 321-49; Husain Haqqani, "Islam's Medieval Outposts," *Foreign Policy Magazine*, 1 November 2002.

불교에 관해서는 다음 책들이 있다. T. W. Rhys Davids, *Buddhism: Its History and Literature*, 2nd edn (New York and London: G. P. Putnam's Sons, 2009); Arthur Wright, *Buddhism in Chinese History* (Stanford, CA: Stanford University Press, 1971); Jacques Gernet, *Buddhism in Chinese Society: An Economic History from the Fifth to the Tenth Century* (New York: Columbia University Press, 1995); Uma Chakravarti, *Social Dimensions of Early Buddhism* (New York: Oxford University Press, 1987); José Ignacio Cabezón, ed., *Buddhism, Sexuality, and Gender* (Albany: State University of New York Press, 1992).

04
문명과
접촉

고전 시대 이후 전 세계에 걸쳐 생겨난 몇몇 새로운 문명 지역에서는 아동 지위에 의미 있는 발전이 나타났다. 몇 가지 사례는 이러한 변화가 세계종교의 영향임을 추가로 입증해 준다. 또한 새로운 접촉과 모방, 지역 간 무역이 더 가속화됨으로써 나타난 상당히 광범위한 결과라는 사실도 보여 준다. 이 장에서는 사하라 이남 아프리카, 일본, 러시아, 서유럽의 패턴을 살펴볼 것이다. 이들 지역에서는 새로운 접촉과 영향이 경제 변화와 결합되는 경우가 많았다. 그 밖에 아메리카의 한 지역을 추가로 간단히 언급하겠다. 몇 가지 핵심 문제에 관한 연구가 쉽게 활용할 수 있는 증거와 집중적인 역사 연구의 부족 탓에 극히 제한적이기는 하지만, 대체로 보아 이들 사회는 일반적으로 농업 사회 아동 지위의 일부 매우 두드러진 특징을 떠올리게 한다. 종교 문화를 포함해 여러 지역적 요인을 비교하는 일은 여전히 중요하다.

유럽인이 건너오기 전 아메리카 문명에서 아동의 지위는 노동 수요에 의해 형성되었으며, 일부의 경우는 여기에다가 강한 군사적 가치도 추가적인 요인이 되었다. 의미 있는 내적 발전과 확대가 복합사회[1]의 범위 안에서 일어난 고유한 사례가 여기에 있다. 특히 중앙아메리카와 안데스 지역이 그렇다. 그런데, 이 지역은 전 세계 다른 지역으로부터 사실상 떨어져 있었다.

기원후 500년 무렵부터 11세기까지 번성한 마야 사회에서는 가족에 대한 어린이의 기여에 커다란 가치를 부여했다. 대여섯 살 무렵부터 여자아이들은 집안일을 돕는 것은 물론이고 상당한 책임을 질 것으로 여겨졌으며, 남자아이들은 농사일에 이와 비슷한 정도로 부담을 떠맡았다. 대개 농업 사회가 그러했듯이, 일반적으로 어머니는 아이를 기르는 일을 맡아서 했다. 그러나 아버지는 아들의 노동 업무와 도덕적 행동을 교육시키는 데 관여했다. 나이가 위인 사람을 존경할 것도 강하게 요구되었다. 훈련은 체벌보다는 말로 신호를 하는 것이 특징이었으며, 가르치는 상황 속에서 긍정적 강화(肯定的 强化)[2]를 주는 방식으로 진행되었다.

중앙아메리카의 더 넓은 지역에서 조금 늦게 발전한 아스테카 문명에서는 신랄하게 비난하는 말들이 있었다. 신체적 벌은 일반적이어서 선인장 가시로 몸을 찌르기도 했다. 소년들은 노동의 의무 외에 군사훈련도 받아야 했다. 소수의 사람들을 위한 '칼메칵'[3]이라는 학교가 존재했는데, 종교와 학술적인 과목을 중시했다. 아이의 출산은 군사 용어로 표

---

1) complex society, 하나의 정치 단위 안에서 성격이 다른 사회집단이 분리되어 병존하는 사회. 사회집단들은 같은 정치 단위 속에 있지만 정체성을 가지고 있지 않아서 통합은 이루어지지 않는다.
2) positive reinforcement. 칭찬이나 상 같은 가치 있는 것을 줌으로써 바람직한 행동을 계속하게 만드는 교육적 행위.

현되었는데, 아이를 잠재적 전사(戰士)나 전사의 창조자로 여겼기 때문이었다.

안데스산맥의 잉카 문명도 군사적인 맥락에서 특징을 설명할 수 있다. 어릴 적부터 아이들을 가혹하게 다루어서 아이가 새로 태어나면 찬물에 빠뜨린 다음 누비이불로 쌌으며, 첫돌이 지나면 더 많은 정식 훈련을 시켰다. 소년들은 14세가 되면 정교한 의식 절차를 통해 성인의 자격을 획득하고 무기를 받았다. 소녀들은 집안일에 필요한 기능을 비공식적으로 훈련받았고 보통 16세가 되기 전에 결혼했다. 식민 지배를 정당화하는 데 열을 올리던 뒷날의 에스파냐 관찰자들이 과장한 가혹한 이미지와는 달리, 어린이를 위한 장난감을 만드는 일에도 상당한 관심을 보였다. 이를테면 중앙아메리카 사회에서는 바퀴 달린 장난감을 만들었는데, 이는 성인들이 수송을 하는 데 사용한 것은 아니었다. 일반적으로 농업 사회가 그러했듯이 콜럼버스 이전 시대 문화에서는 어린이를 다룰 때 몇 가지 방식을 균형을 맞춰 사용한 것은 놀랄 만한 일이 아니었다.

아프리카에서 아동의 지위는 노동 수요에 강한 영향을 받아서 형성되었으며, 어떤 경우에는 일부 소년들의 군사나 사냥 훈련도 큰 영향을 미쳤다. 그러나 더 충분하고 통합적인 상(像)을 보여 주는 풍부한 증거가 있다. 그리고 아메리카와는 달리 아프리카의 아동 지위는 세계 다른 지역과 접촉하는 과정에서도 영향을 받았다.

농업과 철의 사용이 대륙의 여러 지역으로 확산됨에 따라 노동 수요

---

3) calmecac, 아스테카인들의 고등교육 기관으로서 사원에 딸려 있는 신학교. 귀족이나 부유한 상인의 자녀들이 다녔다.

가 크게 늘어났다. 이와 함께 복종심을 특히 가치 있게 여기는 풍조도 증가했다. 신분과 나이는 밀접하게 연결되었는데, 어린이는 신분 스펙트럼의 낮은 곳에 위치하였으며 성별 차이도 강하게 적용되었다. 이와 동시에 흥미롭게도 설화는 종종 어린이가 자신보다 나이 많은 형제자매에게 복수를 하는 상상적으로 만들어 낸 모습을 묘사하고는 하는데, 이는 두말할 나위 없이 연령 위계 내의 갈등 관계를 반영하는 것이다. 체와족[4]의 전설에는 어린이가 어른을 아주 간단하게 죽이는 이야기가 나온다. 어린 형제자매를 보살피는 것을 도와야 하는 책임, 특히 여자아이의 책임은 농업 사회의 공통적인 양식을 다시금 보여 주는 것이었다.

이와 함께 높은 비율의 질병과 유아사망률을 보인 지역에서는 어린이의 건강을 보호하는 데에도 상당한 관심을 가졌다. 정교한 의례와 의식이 통상적으로 젖을 떼는 나이인 세 살까지 유아에게 적용되었다. 독특한 아프리카 전통도 어린이를 보호하려는 목적을 가진 또 다른 방식이었다. 아버지가 죽으면, 아버지 형제 가운데 하나가 부인과 결혼하는 것이 장려되었다. 부인과 그 자녀의 생계를 보장하기 위한 것이었다. 어린이는 다양하게 놀이를 즐겼는데, 남자아이들은 흔히 전사 놀이를 했으며, 여자아이들은 가정적인 춤을 곁들인 놀이에 더 초점을 맞추었다.

근대 이전 아프리카는 지역사회와 어린이의 관계에서 또 다른 특징을 보여 주었는데, 이는 농업 사회에서는 일반적이지만 아프리카의 경우에는 특히 더 명확했다. 마을이나, 그리고 궁중과 같은 여러 구성 단위에서 종종 '그리오'[5]라고 불리는 시인 계급을 성장시켰다. 전통 노래를 가르치는 것이 이들의 일이었으며, 노래와 리듬을 사용하여 주요 사

---

4) Chewa, 아프리카 말라위 남부와 중부 지방의 주요 종족.

건에 관해 공동체 구성원들에게 가르치고 친족 관계의 기억을 증진시켰다. 서아프리카의 그리오 전통은 14세기에 아마도 강력한 말리제국 주변에서 처음 형성되었다. 그러나 시골 지역으로 널리 확산되었다. 그 이야기는 어린이만을 대상으로 하는 것은 아니었다. 그러나 어린이는 명백히 참여했으며, 그 행위는 구두 전달에 기반을 둔 사회에서 중요한 형식의 학습이 되었다. 또한 아프리카 이야기는 여러 가지 우화를 강조했는데, 주인공으로 종종 동물을 사용하기도 하고 도덕적 교훈을 가르치도록 꾸며지기도 했다. 이 가운데 일부는 뒷날 노예로 끌려간 아프리카인들을 통해 아메리카 대륙에도 전해졌다.

이 시점에서 대부분의 아프리카인들은 여전히 다신론자였지만, 이슬람 선교사의 영향력이 커지고 지배계급 안에서 개종을 하는 사람이 늘어남에 따라 아프리카의 어린이들도 영향을 받았다. 14세기까지 무슬림 여행자들은 이슬람이 모든 면에서는 아니더라도 서아프리카 일부 지역에서 아프리카 어린이들에게 얼마나 깊이 영향을 미치고 있는지에 주목했다. 그래서 지칠 줄 모르는 모로코 여행자였던 이븐 바투타는 말리제국이 남긴 몇 가지 '훌륭한 유산' 가운데 하나가, 소년들은 적어도 꾸란의 많은 부분을 기억하는데 힘써야 한다고 아버지가 강조하는 것이라고 썼다. "왜냐하면 아들에게 이 점에서 부족하다고 생각한다면, 아버지는 아들이 꾸란의 내용을 완전히 기억할 때까지 가두고 자유를 허락하지 않을 것이다" 그러나 이슬람에 대한 이븐 바투타의 생각을 어린이들이 완전히 충실하게 지킨 것은 아니었다. 왜냐하면 "나쁜 관례에

---

5) griot, 주로 서아프리카 지역에서 역사를 기억해서 말로 전달하는 역할을 하는 현자(賢者). 역사가, 시인, 관찰자, 음악가 등 여러 성격을 띤다.

대해서 말해 보자면" …… 부모들이 어떻게 딸을 벌거벗고 다니게 하고 왕의 거주지에 쉽게 들어가게 하는가라는 비판을 바투타가 했기 때문이다. 다른 말로 하면 이슬람은 더 많은 공식 교육을 받아야 하는 등 일부 어린이를 대상으로 새로운 의무를 규정하게 만들었다. 그러나 이는 아동 지위의 더 큰 패턴을 만드는 데 영향을 미친 아프리카의 다른 관례들과 뒤섞였다.

사하라 이남 아프리카의 몇 군데 핵심 지역은 사하라사막을 건너거나 인도양 해안을 따라서 점차 확대되던 지역 간 거래에 적극 참여했다. 상업은 때때로 이슬람과 새로운 종교적 관계를 맺게 했다. 또한 정치와 예술의 형식을 변화시키는 데도 영향을 미쳤다. 이는 아동 지위에도 영향을 끼쳤을까? 명확한 증거는 없지만, 어떤 집단과 지역에서는 판매 기회에 맞춰 농업과 광물 생산을 빨리 하기 위해 아동의 노동 의무가 가중되었을 거라고 짐작할 수 있다.

아프리카가 이슬람 세계와의 접촉을 기반으로 했듯이, 일본은 훨씬 더 체계적으로 후고전기 대부분의 기간 동안 중국과 관계를 구축했다. 시간이 흐르면서 중국의 영향은 불교 승려와 세속적인 유학자들에게 교육을 광범위하게 촉진시키는 데 도움을 주었다. 궁극적으로 볼 때 일본식 유교는 중국보다 정말로 훨씬 더 광범위하게 어린이가 교육을 받을 수 있게 하는 결과를 가져왔다고 할 수 있다. 그러나 이런 영향은 후고전기 훨씬 이후에도 명확한 결과를 남기면서 몇 세기에 걸쳐 확대되었다. 어린이에 대한 일본의 접근 방식도, 집단 충성을 강하게 강조해서 함께 놀이를 하고 배우며 동료와 긴밀한 유대 관계를 형성할 것을 장려했다. 그래서 대부분의 마을에는 유사 조직 형태의 아동 집단이 있었다. 일본의 전통이 이러한 특징의 핵심이라는 것은 의심할 여지가 없다.

이는 더 근대적인 형태이기는 하지만 오늘날까지도 유지되고 있다. 그러나 외부에서 들어온 유교적 가치도 여기에 영향을 끼쳤을 것이다.

후고전기 동안 러시아 아동 지위의 변화는 무엇보다도 10세기 이후 정통 기독교에 대한 폭넓은 해석의 영향을 반영했다. 그리고 이는 남쪽에 자리를 잡은 비잔틴제국과의 광범한 접촉에서 비롯되었다. 기독교적 가치는 러시아인들로 하여금 아동학대가 무엇인지 엄격하게 정의하는 등 어린이를 더 동정적으로 대하게 만들었다. 아동 살해가 처벌을 받는 경우는 드물었고 19세기까지도 비합법적인 아동 살해가 간헐적으로 꽤 일어났지만, 이제 이런 행위는 명확히 살인으로 여겨졌다. 많은 상류계급 가정에서는 자녀를 수도원이나 수녀원에 보내 양육하거나 적어도 교육을 시켰다. 이와 별도로 많은 부모들은 자녀의 도덕성 형성에 점점 더 관심을 기울였다. 어린이를 별개의 단계나 어떤 특별한 탐구의 대상으로 여기는 전반적인 관념은 거의 없었다.

이러한 러시아의 패턴은 전근대 일본에 관한 연구 결과나 전근대 서유럽을 둘러싼 논쟁적 평가와 빼닮았다. 러시아에서는 18세기가 되어서야 어린나 아동 양육을 목적으로 하거나 이에 관한 자료들이 나오기 시작했다. 여러 사회 계급에 걸친 많은 러시아 가정은 다른 가정으로부터 아이를 받아들여 보살피거나 생계를 뒷받침했을 뿐 아니라 아동노동으로 이득을 누렸다. 더 근대 시기에 접어들어서도 많은 상류계급 부모들은 아동 양육의 많은 부분을 하인이나 유모에게 맡기고 자신과 아이들의 접촉을 아동기 후기까지 미루었다. 그리고 당연한 일이지만 대부분의 가정, 특히 인구의 대다수를 이루는 소농 가정에서 어린이는 무엇보다도 노동의 원천이었으며, 종종 겪어야 하는 생존을 위한 어려운 투쟁에도 필수적이었다.

후고전기 서유럽에서 어린이의 상황은 많은 논란을 불러일으켰는데, 그중 일부는 필리프 아리에스의 선구적 연구(1장 참조)를 지지하는 사람과 비판하는 사람 사이에 벌어진 논쟁의 중심이었다. 그 결과의 하나로 우리는 다른 대부분의 지역보다 서유럽 지역의 패턴에 관해 더 많이 알고 있다. 이 시점에서 서유럽 아동 지위 형성에는 몇 가지 요인이 뒤엉켰다. 기독교의 확산은 중요한 결과를 가져왔다. 이는 종교 학교에 대한 새로운 관심을 촉진했다. 단지 덜 발전한 경제 때문이라면 이슬람과는 대조적이지만, 여기에서 유럽인들이 얻은 것은 특히 1500년 이전에는 점진적이고 불완전했다. 기독교는 또한 원죄 교리를 상당히 강조했으며, 이는 다시 어린이에게 벌을 주는 것을 정당화하고 어린이가 규칙을 지키지 않는다면 지옥에 갈 것이라고 위협함으로써 공포심을 훈련 도구로 상당히 많이 사용하는 방식을 정당화할 수 있었다. 그러나 기독교는 또한 유아 살해를 줄이고 고아나 버려진 아이를 돌보는 기관을 제공하려는 새로운 노력을 증진시켰다. 다른 말로 하면, 종교가 아동의 지위에 미친 영향은 상당히 복합적이었다. 이와 함께 유럽은 강한 사회적 계급 차별과 폭넓은 아동노동 의존을 비롯하여 상당히 표준적인 농업 사회의 특징을 보였다. 후고전기 동안 아프리카나 다른 지역에 관해서 살펴본 것과 마찬가지로. 유럽에서도 후고전기 동안 상업이 더욱 중시되고 일부 도시가 성장하면서 경제가 발전함에 따라, 아동노동에 새로운 압력이 가해졌다. 마지막으로, 경제적 노력과 관련이 있지만 후고전기 후기 이후 일반적이지 않은 유럽 가정 형태가 나타났다. 이는 어린이들에게 중요한 함의를 띠는 것이었다.

서유럽은 이 시대 동안 세계사에서 특별히 중요한 비중을 차지하지는 않았다. 도시의 활성화와 정치적 영향력에서 아시아 사회보다 뒤떨어져 있었다. 그러나 어린이에 대한 유럽의 접근 방식은 몇 가지 특별한 특성을 일반적 요소와 결합시켰다. 이것이 후대의 발전에 주는 몇 가지 의미도 있어서 비교하고 분석하는 작업은 복잡하다.

다른 지역과 마찬가지로 전근대 유럽에서 아동사망률은 높았으며, 분명히 가정에서는 잦은 죽음을 조절하는 몇 가지 방법을 찾아야만 했다. 더 특징적인 것은 상대적으로 가혹한 훈육의 징후였다. 그래서 정신분석 역사학자인 에릭 에릭슨은 마르틴 루터가 광부인 아버지에게 자주 매를 맞았으며, 이것이 결과적으로 그를 16세기 종교개혁의 주도자로 만들었다고 강조했다. 에릭슨은 또한 식민지의 유럽인 주민들이 자녀에게 다양한 신체적 벌을 주는 것을 보고 아메리카 인디언들이 표현한 충격에 관해서도 이야기했다.

데이비드 흄은 17세기 프랑스의 황태자 교육을 보면서, 어린 사내아이가 부모에게 어떻게 저렇게 자주 방치되고, 잘못된 행동을 했더라도 저렇게 침착하게 매를 맞을 수 있으며, 더구나 손님의 접대에 주기적으로 나오고, 그 파티에서 아버지가 아들의 싱기를 웃으면서 만신나는 사실에 주목했다. 아기를 포대기로 싸는 것은 공통적이어서, 이미 보았듯이 그 자체로는 특별하지 않다. 그러나 서유럽 사람들은 여기에서 한걸음 더 나아가서 아기를 끈으로 둘러서 기어 다니거나 몸을 꿈지럭거릴 때 다치지 않도록 했으며, 때로는 벽에 있는 고리에 아기를 싼 포대기를 매달아 놓고 부모 모두 안심하며 일을 하러 나갔다. 아기가 태어난 후 1년 동안 계속 이렇게 돌보았으며, 걷기를 시작할 수 있는 능력을 보이고서야 비로소 이렇게 하는 것을 줄였다. 될 수 있으면 부모가 신경을 덜 쓰게 설계된 이런 행위는 어린아이가 동물과 같은 본성을 가졌다는 폭넓은 믿음에 따른 것이었다. 이런 믿음은 어린아이가 귀엽다는 근대의 지배적인 이미지와는 대조적인 것이었는데, 이 또한 정반대 방향이기는 하지만 아마도 부정확하기는 마찬가지라고 할 수 있다.

많은 사람들은 아기가 기어 다니는 것을 좋아하지 않았다. 기어 다니는 것이 동물의 모습을 연상시켰기 때문이다. 그래서 아기가 걸을 수 있을 때까지는 충분히 풀어 놓으려고 하지 않았다. 아기들이 어머니 젖을 게걸스럽게 빨아먹는 것도 비판을 받았는데, 어린아이를 혐오스럽게 만드는 동물과 같은 특성의 또 다른 징후라고 여겨졌기 때문이었다. 이런 생각은 어쩌면 어린이가 일을 하고 도움이 되기 시작할 만큼 자랄 때까지 이어졌다. 이런 모습을 강조하는 것은 인간이 태어날 때부터 원죄를 가지고 있다는 기독교적 관념, 즉 아담과 이브가 신의 뜻을 거스름으로써 더러워진 인간의 특성을 아이가 가졌다는 관념과 어느 정도 관련이 있었다. 이는 마찬가지로 엄격한 문명화 교육의 필요성에 대한 믿음을 부추겼다.

물론 엄격함이 모든 것은 아니다. 많은 부모들은 유아의 잦은 죽음에 대비하여 마음을 단단히 먹었을 수도 있다. 그러나 한 아이의 죽음에 마르틴 루터가 보인 정서적 반응처럼 풍부하고 깊은 슬픔도 나타냈다.

그러나 다른 행위들은 적어도 아이를 포대기로 싸는 행위가 불러일으키는 것과 같은 종류의 몇 가지 문제를 불러일으킨다. 아이를 유모한테 맡기는 것이 딱 들어맞는 사례이다. 많은 유럽 가정에서는 최근에 아이를 기른 적이 있는 다른 여성, 때로는 농촌 여성에게 맡겼다. 그 결과 생모보다는 그런 여성이 모유를 먹일 수 있었다. 우리는 이런 행위를 러시아 상류계급에서도 보아 왔다. 물론 가끔이기는 하지만 어머니가 신체적으로 젖을 먹일 수 없을 때, 이는 필수적이었다. 그러나 서유럽의 경우는 귀족뿐 아니라 사회적 지위가 훨씬 낮은 많은 도시 여성들까지 그렇게 할 정도로 널리 확산되었던 것 같다. 또한 유모에게 젖을 먹이게 하는 행위는 종종 아이의 건강이라는 측면에서 금지되었다는 사실도 의문의 여지가 없다. 많은 유모들은 두 명의 유아에게 적절하게 먹일 수 있을 만큼 젖이 충분하지 않았으며 위생 상태 또한 나쁠 수 있었기 때문이었다. 유모에게 양육된 아이의 사망률이 평균보다 높았다는 사실은 거의 틀림없다.

그렇다면 왜 이런 일이 일어났을까? 일부 역사학자들은 유모에게 맡겨 키운다는 것은 아이에 대한 부모의 관심 결여, 심지어는 사후의 출산 조절 수단으로 아이들이 죽기를 은근히 바라는 징후일 수 있다고 지적했다. 이에 반해 다른 역사학자들은 부모가 때때로 유모에게 맡긴 아이들을 찾아가서 관심과 애정을 보여 주었다는 데 주목한다. 일부 귀족 여성들은 단지 젖을 먹일 때 흉해 보이는 모습을 피하려고 그렇게 했을 수 있으며, 일터에 복귀한 대부분의 도시 여성들은 가족 단위의 수공품 가게에서 판매 업무에 종사하는 등 일을 해야 하기 때문에 그렇게 했을 것이라고 이들은 주장한다. 그리고 일부 여성들의 경우 단지 아이들에게 먹일 수 있을 만큼 젖이 충분히 나오지 않았기 때문에 유모를 쓰거나 당나귀 같은 동물 젖을 먹였음은 물론이다. 이처럼 이런 행위를 동정하는 역사학자들은 유모에게 아이를 맡기는 현상이 서양에서 19세기 후반까지 이어졌다는 사실에 주목한다. 이런 관행이 새로운 공격을 받았다는 점은 인정하지만, 일을 하는 데 필요하거나 다른 문제들 때문이었다.

또 하나 관심을 두어야 할 대목은 서양의 가난한 가정에서는 종종 아이를 내다버렸다는 사실이다. 교회의 문 앞에 갖다놓는 것이 즐겨 쓰는 방식이었다. 일부 비판적 역사학자들은 이런 현상은 애정 결핍을 보여 주며, 버려진 아이들이 참으로 많이 죽었을 것이라고 주장한다. 다른 역사학자들은 이런 행위가 순전히 가난 때문이었고, 이들 부모는 자신보다 더 능력 있는 사람들이 아이를 돌보았으면 하고 간절히 희망했다고 주장한다. 그리고 이슬람 사회에서와 같은 훨씬 더 전통적인 노골적 유아 살해 행위가 서양에서는 드물었음은 물론이라고 주장한다.

또 다른 논쟁은 체벌에 대한 것이다. 후고전기 전통적인 서양 세계에서는 가혹한 아동학대 사례가 있었으며, 이는 이후 17~18세기까지 지속되었다. 독일에서는 학교 교사가 공부를 하지 않는다고 학생을 피투성이가 될 때까지 때리는 경우도 있었다. 확실히 체벌은 학교뿐 아니라 가정환경에서도 널리 받아들여졌으며 권장되기까지 했다. 인쇄공으로 형의 견습생이었던 벤저민 프랭클린은 종종 매를 맞다가 끝내는 보스턴에서 필라델피아로 도망을 쳤다. 그러나 더 일반적인 도시 환경에서는 극단적인 체벌이 허용되지 않았으며, 부모의 행동에 대한 지역사회의 통제는 오늘날보다도 더 훌륭했다. 예를 들어 독일 교사는 과도하게 체벌을 하면 벌금을 내야 했다.

많은 전근대 서구 가정은 10대 아이들을 몇 년 동안 다른 집에 보내 일을 시키고, 때로는 다른 가정의 사람들이 자식을 매우 따뜻하게 대하려고 하지 않는다는 것을 깨닫게 했다. 이것은 냉혹함의 표시일까, 아니면 다른 가정으로 하여금 살아가면서 어려움을 당했을 때 아이들이 대처할 수 있도록 훈련시키게끔 하려는 생각일까? 한 역사가는 이런 주장을 변형해서 표현했다. 부모들이 실제로는 자식을 사랑했지만, 사춘기 이후에는 매를 드는 것이 필요함을 알고 있었기 때문에, 그 고통스런 일을 남에게 떠넘기는 것을 선호했다는 것이다. 그렇지 않으면 그런 행위는 단지 아이들로 하여금 가장 중요한 교육 형식이었던 직업 훈련을 확실히 받게끔 하려는 의도를 반영한 것이었을까? 또한 집에서 시킬 만한 일이 있는 인원 이상의 많은 자식을 둔 가정이 최선의 자원 분배 수단으로 아이가 없는 가정에 자식들을 보낼 필요성도 더해진 것일까? 또는 어쩌면 이런 모든 요인들이 합쳐진 것일까?

비판적 역사학자와 더 동정적인 수정주의자들 사이에 벌어지는 논쟁에서 한 가지 문제점은 개인적 다양성을 무시하는 경우가 많다는 사실이다. 확실히 어떤 부모들은 가혹하다. 그래서 아마도 전근대적인 방식을 사용해서 이러한 가혹함을 표현할 수 있었을 것이다. 이에 반해 다른 일부 부모들은 정말로 더 많은 애정을 가지고 있었기 때문에 다른 이유로 이런 방법을 사용했다. 그리고 자식들과 맺고 있는 애정적인 유대감을 통해 그들을 변화시키려고 했다.

마지막으로 많은 역사학자들은 무척 긍정적인 특징이라고도 할 수 있는 전근대 어린이의 여러 측면들에 주목했는데, 이는 때로는 특유의 근대적 제약과는 대조적이기까지 했다. 역사학자들은, 마을 전체가 다양한 접촉과 보호를 하고 엄밀한 의미로 근대적인 것은 아니지만 명확한 아동 중심적 모습을 보여 주는 등 어떻게 어린이를 보살피는 일을 도왔는지에 주목한다. 그리고 어린이 자신들 사이에 동료의식을 갖게 될 기회가 있었음을 강조한다. 예를 들어 마을 축제에 참가함으로써 상대적으로 너그러운 분위기 속에서 열기를 발산할 수 있는 기회를 가질 수 있다. 역사학자들은 어른들의 엄격한 감시 없이 놀이를 즐길 수 있는 기회가 많았음에 주목한다. 때때로 어린이들은 나이를 크게 따지지 않고, 놀이에서 구체적으로 학습을 해야 한다는 어떤 생각도 가지지 않은 채 함께 어울려 놀았다. 어린이들은 온갖 전통적인 게임을 하며, 장난감을 찾아내는 데 창조적일 수 있다. 꽤 많은 학자들은 어린이가 놀이를 하고 싶은 감정을 발산할 수 있는 수단은 근대에 접어들어 사실상 줄어들었다고 주장해 왔다. 여러 요인들 중에서도 더 많은 학교교육과 어른들의 감독이 그 원인인데, 이런 면에서는 전통 사회가 장점을 가지고 있었다.

당연한 것이겠지만, 전근대 서양 어린이의 성격을 둘러싼 역사학자들의 논쟁은 통상적으로 벌어지는 논쟁을 그대로 빼닮았다. 역사학자들은 때때로 사태를 악화시키는 측면이 있다. 그들은 절충이나 복합성을 권장하기보다는 논쟁 참여자들로 하여금 자기 입장을 극단적으로 주장하도록 몰고 간다. 이렇게 말하면 잘난 척하는 것처럼 보이지만, 이와 함께 역사학자들은 지식을 증진시키는 데 기여할 수 있다. 그리고 전통적인 서양의 어린이를 둘러싼 논쟁은 여기에 딱 들어맞는 사례이다. 모든 문제에 합의를 본 것은 결코 아니지만, 이 논쟁은 이제는 줄어들었다. 지나친 일반화의 위험성은 있겠지만, 이제 논쟁이 된 문제들이 지금은 어떤 상황에 있는지 개괄해 보는 것은 가능하다.

전근대 서양의 어린이는 여러 면에서 근대의 어린이와는 달랐다. 이러한 차이 중 많은 부분은 일반적으로 농업 사회의 출산·사망률과 어린이의 노동 역할을 반영하고 있다. 그러나 유모에게 맡기는 경우가 많았던 것과 같은 일부 고유한 특징들도 있는데, 이는 별도의 해석을 필요로 한다. 그럼에도 거의 모든 극단적 수정주의자들은 이념과 실천, 맥락의 많은 변화가 근대와 전근대 사이에 일어났다는 사실을 인정한다. 다만 아주 정확히 말하면, 이런 변화 가운데 일부는 생각보다는 늦게 일어났으며, 일부는 '근대'가 보여 주는 일반적 특징들이 덜 나타나기는 했다. 이는 일부 비판적 해석들이 주장해 온 것처럼 전근대 유럽인들이 근대인들과 달랐던 것은 아니라는 데 이제 상당한 정도로 동의하기에 이르렀음을 말해 준다.

이 책 뒷부분에서 다룰 문제이지만, 또한 근대의 아동 지위가 어느 정도 달랐을 뿐 아니라 뚜렷하게 향상되었다는 어떤 관념을 수정하는 것도 중요하다. 이런 관념은 검토해 보아야 할 또 하나의 주장이기 때문이다.

어린이를 가리키는 수사적 표현은 변화해 왔다. 작은 동물과 같다는 '새끼'(kids)라는 관념은 18세기에 줄어들기 시작했다. 그러나 실제적인 성인의 태도는 덜 바뀌었을 지도 모른다. 마지막으로, 일어났던 변화 중 일부는 아동 지위를 악화시켰거나 적어도 명확히 향상시키지는 않았을 수도 있다. 다른 말로 하면, 전근대 아동의 지위가 나쁜 것이 아니어서 변화가 반드시 향상을 의미하지 않을 수도 있다.

유럽의 아동 지위를 둘러싼 논쟁은 식민지 아메리카에도 적용되어 왔는데, 물론 여기는 후고전기 이후의 시대로 접어들 시기였다. 프로테스탄트 성직자들이 어린이의 원죄를 없앤다고 크게 고함을 치거나 어린이를 통제하려고 죽음의 이미지(image of death)를 사용하는 등 놀랄 만큼 가혹했다는 증거가 있다. 체벌은 학교뿐 아니라 교회의 장시간 예배 중 어린이가 졸았을 때도 가해졌다. 그러나 애정과 비통함의 표시도 풍부했으며, 지역사회는 어린이를 학대로부터 보호했던 것처럼 보인다. 그럼에도 미국의 경험 자체는 전근대 유럽과는 몇 가지 점에서 달랐는데, 이는 미국 아동 지위의 성격에 대한 논쟁에도 영향을 줄 수 있다. 더 넓은 땅은 아동노동의 필요성을 높여서 17~18세기 들어 높은 출산율을 촉진시켰다. 아마도 18세기 후반까지는 인구가 더 많은 지역의 현상이기는 하지만 사망률도 낮았다. 이는 어느 정도는 식량 자원이 더 풍부했기 때문이었다. 노동의 필요성, 낮은 유아사망률, 그리고 개방적인 국경 때문에, 미국의 가정에서는 유럽의 가정보다 어린이를 더 세심하게 대했으며, 어린이가 떠나가지 않도록 행복하다는 긍정적인 느낌을 유지시키는 데 열중했을 수도 있다. 도망을 치거나 학대받는 어린이의 이야기는 미국의 대중문화에서 즐겨 다루는 소재가 되었다. 이에 상응하여 미국 가정에서는 적어도 18세기 후반에 이르면 어린이의 의견에 매우 개방적이 되어서 그들의 목소리에 귀를 기울이려고 하고, 의견을 고려하기 시작했던 것으로 보인다. 적어도 이런 모습은 많은 유럽 관찰자들의 반응에 나타나는데, 이들 가운데 일부는 미국 가정을 '민주적'이라고 좋아했고, 다른 일부 사람들은 어린이들이 참을성이 없다는 사실을 발견하기도 했다. 근대적 기준에 따르면 거의 확실히 근대 초까지도 미국의 어린이들은 질서를 상당히 확실히 지켰으며, 유순했고 순종적이었다. 그러나 유럽식 전통주의에서 비롯된 여러 변화들이 일찍 나타났으며, 상당한 중첩이 일어나기도 했다.

아동 지위에 대한 전통적인 유럽식 접근 방법을 평가하는 흥미로운 방법은 비교 분석이다. 다른 농업 문명의 양식과 비교해서 전근대 유럽의 아동 지위가 특별히 일반적이지 않은 어떤 것이 있었을까?

결국 역사가들은 농업 사회의 어린이와 더 근대적 환경 속의 어린이 사이에 나타나는 어떤 기준 차이에 너무 자주 초점을 맞추어 왔다. 그리고 이는 같은 시점에 존재하는 여러 사회의 내적 성격을 비교하는 것을 의미 없게 만들었다. 그러나 이런 비교에 실질적으로 서양다운 어떤 것이 포함되어 있을 수 있으며, 이는 우리로 하여금 하나의 추가적이면서 최종적인 시각에서 전근대 아동 지위를 인식하는 데 도움을 줄 것이다.

두 가지 서구적 요소에 특히 관심을 쏟을 만하다. 예수의 탄생이 시사하듯이, 종교는 다양한 방식으로 어린이에 대한 동정적인 관심을 촉진시킨다. "어린아이들을 용서하고 내게 오게 하라"[6]는 예수의 말과 같이, 성경은 아동 지위에서 종교의 중요성을 강조하는 갖가지 이야기를 담고 있다. 또한 어린이가 기독교에 깊이 빠지게 되었다는 것도 의심할 나위가 없다. 불행한 극단적인 사건 가운데 하나가 소년십자군이었다. 1212년 프랑스 방돔 지방의 목동 스테판과 독일 쾰른 지방의 니콜라스라는 두 10대 아이는 소년십자군을 설파했다. 이에 호응해서 많은 소년들이 무슬림 통치자들한테 다시 빼앗긴 성지를 재탈환하기 위해 모였다. 스테판의 집단은 마르세유 항에 도착했는데 거기에서 노예로 팔렸다. 반면, 니콜라스 집단의 소년들은 되돌아갔다. 전체적인 에피소드는 '피리 부는 사나이'[7] 이야기에 기원을 둔 것일 수도 있다.

기독교의 모든 유인력과 매력 및 아동 지위에는 원죄에 대한 특별한 믿음이 있었는데, 이는 믿음과 구원의 필요성을 강조한다는 관점에서 보면 신학적으로는 이해할 수 있었으며, 많은 어린이를 다루는 방식으로 반드시 너무 심각하게 받아들일 필요는 없다. 그렇지만 아동 지위의 성격에 대한 비판적 접근의 기초로 활용하는 것은 불가피했다. 태어날 때부터 원죄에 물들어 있기 때문에, 아이들은 인간 본성의 한 부분으로 계속해서 죄를 짓는다. 이러한 믿음은 유아기에 죽은 어린이의 영

---

6) 마태복음 19장 14절에 나오는 말.
7) 13세기 후반 독일 하멜른 지방에서 일어난 사건을 바탕으로 하는 민간 전승 이야기. 평화롭던 마을에 많은 쥐가 나타나 커다란 피해를 입혔다. 마을 사람들은 갖가지 방법으로 쥐를 쫓아내려고 했지만 실패했다. 어느 날 피리 부는 사나이가 나타나 큰돈을 주면 쥐를 퇴치해 주겠다고 말했다. 마을 사람들이 그렇게 하겠다고 하자, 그는 피리를 불어서 쥐를 강으로 유인해 빠져 죽게 했다. 그러나 마을 사람들은 약속을 어기고 돈을 주지 않았다. 그 사나이가 다시 피리를 불자 이번에는 마을 아이들이 따라 나왔다. 사나이는 아이들을 이끌고 언덕 쪽으로 갔다. 모든 아이들이 언덕 안쪽으로 들어가자, 언덕이 굳게 닫혔다. 뒤늦게 마을 사람들은 아이들을 데리고 나오면 돈을 주겠다고 했지만, 사나이와 아이들은 돌아오지 않았다.

혼이 맞이할 운명을 우려하는 몇몇 토론들을 불러일으켰다. 그리고 이 문제에 대해서 몇 가지 유연한 해석이 나왔다. 이는 확실히 어린이의 악한 본성을 구원하는 첫 번째 단계로서 세례를 중시하는 토대가 되었다. 그러나 이는 악한 충동이 어린이를 더 이상 타락으로 이끌어 가지 않도록, 맹렬하거나 잘 의도된, 또는 두 가지 모두에 따른 엄격한 훈련을 시킬 필요성 있다는 믿음을 생겨나게 할 수 있었다. 이는 어머니가 임신 중에 대경실색을 했거나 아이 자신이 출생 때 몸에 나쁜 운명의 반점(斑點)을 지니고 있기 때문에, 마녀로 태어났을 수도 있다는 또 다른 미신에서 절정을 이루었다.

　일부 역사가들이 뿌리 깊은 특유의 불안감이라고 여기는 상황을 설정함으로써, 거의 확실히 기독교는 수많은 어린이를 통제하는 도구로 죽음과 지옥에 떨어질 수 있다는 공포심을 활용했다. 예를 들어 19세기에 들어서도 많은 일반적인 아동용 교재들은 삶은 무너지기 쉽고 어떤 순간에도 죽음의 준비가 필요하다고 강조하고는 했다. 다른 말로 하면, 기독교는 전근대 모든 곳에서 불가피했던 아동 지위의 특징 중 한 가지 영향을 과장했을 수도 있다. 죄와 죽음 사이의 이러한 긴장 관계는 후고전기 직후, 특히 16세기 프로테스탄티즘의 발생과 더불어 강화되었다. 왜냐하면 프로테스탄티즘은 예정설[8]과 인간의 죄를 더 크게 강조하고, 도덕적 판단과 수호자의 역할을 했던 아버지들과 함께 많은 어린이에게 훨씬 더 큰 압력을 행사했기 때문이다. 전근대 훈련에 대한 몰역사적 비난으로 회귀하지 않더라도, 다른 사회의 아동 지위와 비교하면 서양의

---

8) predestination. 인간이 구원을 받을 운명인가는 신에 의해 미리 예정되어 있다는 주장. 인간의 노력이나 행동으로 구원을 얻을 수 있다는 생각을 부정하고 신의 절대성을 강조하는 칼뱅주의 신학의 대표적 주장이다. '운명예정설'이라고도 한다.

아동 지위에는 어떤 두드러진 규율과 심지어 심리적인 특징이 있으며, 이 가운데 일부는 16~17세기에 강화되었다고 할 수 있다.

후고전기 후기 이후에 발달한 아동 지위에 영향을 미친 서구 경험의 두 번째 특징은 유럽 스타일의 가정이 가지고 있는 특별한 성격이다. 이런 특별한 가족 유형에서는 엘리트보다 낮은 지위의 사람들이 상대적으로 늦게 결혼하는 현상이 두드러졌다. 즉, 대부분의 사람들은 여성은 26세, 남성은 27세에 결혼하는 것이 일반적이었다.

더구나 경제적 전망에서 거의 극빈층에 해당하는 상당수의 소수자들은 아예 결혼을 하지 않았다. 그 목적은 어쩌면 아이가 많을수록 늘어나는 부담으로 가난이 지속되는 것을 막기 위한 것이었다. 이런 체제는 아동의 수뿐 아니라 몇 가지 다른 결과를 불러왔다. 그것은 확대가족보다는 핵가족에 관심을 집중시켰다. 젊은 성인들이 결혼을 할 수 있는 연령에 이르기 전에 부모들이 사망하는 경우가 잦았기 때문에, 조부모와 상호작용을 할 수 있는 기회는 종종 제한되었다. 가족노동은 아내와 남편에 집중되었으며, 일을 할 수 있는 아동이나 어떤 경우에는 외부의 노동자들도 여기에 참여했다. 이는 아마도 여성의 노동 책임을 높였을 것이다. 이런 현상이 포대기를 사용한다든가 유모에게 아이를 맡기는 행위를 설명하는 데 도움이 될 것이다. 결과적으로 보면, 아이를 데리고 다니며 일을 하고 곁에 두는 것을 선호했던 아프리카 같은 사회와 비교할 때, 이런 노동 압력이 서양에서 어머니와 아이들 간의 신체적 접촉을 제한하는 경향이 생기게 된 이유일까? 서유럽과 식민지 아메리카에서 출산 시기도 노동의 수요와 어린아이를 돌볼 수 있는가 하는 판단의 결과를 반영했다. 균형이 맞지 않을 정도로 1월과 2월에 태어난 아이가 많았는데, 이는 여성 노동의 불편을 최소화하기 위한 고려였음이 틀림없다.

확실히 이런 시스템은 가장 높은 연령의 젊은이들에게 일반적인 정도의 세대 간 갈등보다 더 많은 위험성을 가지고 있었다. 자식들이 재산을 소유할 때까지 결혼을 할 수 없거나 재산이 죽을 때까지 그대로 아버지 소유일 때는, 냉랭한 관계가 발생할 가능성이 높았다. 물론 유럽에 비해 아메리카에서는 땅이 훨씬 풍부하기는 했지만, 아메리카 식민지에서 일부 아버지들은 죽기 이전에 땅의 일부분을 넘겨줌으로써 이런 문제를 완화시켰다. 그러나 이곳에서도 격렬한 분쟁이 끊이지 않았으며 어떤 곳에서는 노골적인 폭력 사태도 발생했다. 18세기 프랑스에서는 나이 많은 아버지가 참을성이 없는 아들의 손에 사망하는 가장 일반적인 피해자였다. 어떤 농부는 적개심도 없고 아버지가 자연스럽게 죽었을 때도 태연하게 표현했다. "아버지가 오늘 돌아가셨다. 나는 땅을 갈러 들에 나갔다."

마지막으로, 유럽의 가족 패턴은 상당한 정도로 성적 통제에 의존했다. 대부분의 사람들은 사춘기 이후에도 10년 이상 결혼을 할 수 없었다. 동시에 종교 규약과 원하지 않은 출산으로부터 가정경제를 지켜야 할 필요성은 결혼 이전 충분한 성행위 의욕을 꺾었다. 마을 사람들은 젊은이들의 성행위를 면밀히 감시해서, 명확한 결혼 전망이 보여야 개인들끼리 짝을 맺는 것을 허락했다. 이 시점이 되어야 성관계를 할 수 있었으며, 얼마간 혼전 임신으로 이어지기도 했다. 그러나 출산은 결혼식 훨씬 이후에야 가능했다. 아니나 다를까 사생아가 출산되기도 했다. 그러나 그 비율은 상대적으로 낮아서, 전체 출산의 2~3퍼센트 정도였다. 다른 말로 하면, 서양의 젊은이들은 늦은 결혼 때문에 성생활에 유별난 통제를 받아들여야 했다. 그래서 개인적 긴장감과 대안적인 발산 방법의 발달을 살펴보는 것은 흥미롭다. 여기에는 번들링(bundling), 즉 남녀가 옷을 입은 채 함께 자는 방식에 자주 의존하는 것과, 단지 추측할 수 있는 정도이지만 성적 목적을 위해 동물을 이용하는 것도 포함된다. 특히 도시 지역에서는 성매매 행위도 얼마간 늘어났다.

종합적으로 보아 비교의 관점은 아주 어린 아이와 젊은이에 대한 서양 사회의 몇 가지 특징적인 패턴을 보여 주는데, 이는 종교 교리와 가족 내 서열이 결합되었기 때문이다. 그 차이들은 통상적인 범위 안에서 작동한다. 예를 들어 유모에게 젖을 먹이는 것이 어머니의 일을 분산시킴으로써 서구에 더 큰 사건이 되기는 했지만, 그렇다고 서구에서만 볼 수 있는 특별한 현상은 아니었다. 서구보다 더 심했는지에 대해서는 논쟁이 있지만, 엄한 훈육은 중동에서도 특징적인 모습이었으며 이슬람도 죄에 대해서는 우려를 하면서 관심을 가질 것을 촉구했다. 복종심을 갖게 하는 데 흥미를 느끼는 현상이 확산되었다. 이 영역에서 독특한 서구적 특성의 일반적인 패턴은 점차 자취를 감추었다.

그러나 서양의 '지연된 젊은이'는 확실히 어린이에서 성인 지위로 더 직접적으로 이동하는 대부분의 농업 사회가 가지고 있는 이해관계와는 대조적이었는데, 농업 사회에서는 여전히 노동이 확대가족에 의해 통제되었다. 서양의 패턴은 더 많은 불만도 조장했지만 얼마간 장점도 있었다. 서유럽에서 일어난 수많은 도시의 시위는 충분한 경제적 성숙과는 거리가 먼 젊은 남성에게서 비롯되었다. 대부분의 사회에서는 상대적으로 낮은 연령에 결혼함으로써 젊음과 성생활을 유지했다. 특히 여성의 경우는 그러했다. 유럽식 가족의 출현으로 서양식 패턴은 더 많은 개인적 통제와 공동체 통제를 하였으며, 아동의 지위와 충분히 성인으로 인정받을 때 사이에 오랜 과도기가 있었다.

원죄의 관념으로부터 받은 영향을 어느 정도 반영한 것이기는 하지만, 어린 아이를 향한 서양의 접근 방식은 다른 지역과 비교해서 너그러움이 덜하고 죄책감이 더 많았을 수도 있다. 핵가족 내의 노동 수요를 고려할 때, 이는 어머니의 관심을 어느 정도 줄이게 만드는 결과로 이어졌을 수도 있다. 이러한 차이는 더 넓은 사회에도 영향을 미쳤을까? 5장에서 살펴보겠지만, 서양 개혁가들의 첫 번째 과제가 어린아이의 대우에 맞춰 있으며, 그것이 포대기부터 원죄 의식까지에 걸쳐 있다는 사실은 확실히 흥미롭다. 그 대상은 세심한 비교 분석에서 나온 것이 아니지만, 전근대 서양식 접근 방식의 몇 가지 결함을 인식하게 했다.

과거의 많은 행위와 관념들이 오랫동안 지속되었지만, 전근대 서양 사회 어린이의 특징은 17세기 후반 이래 변하기 시작했다. 이런 변화에 따라 원죄의 탄원을 비롯한 전통적인 기독교 신앙에서 강조했던 몇 가지 점들과, 성적 통제에 대한 엄격한 강조를 비롯한 유럽식 가족의 일부 특징이 점차 바뀌었다. 어린이에 대한 서양의 접근 방법에서 나타난 변화는 서양 사회뿐 아니라 서양의 영향을 받은 전 세계 다른 지역에도 중요하게 되었다.

서양의 경험에서 나타난 커다란 변화에 관해서는 다음 장에서 살펴보게 될 것이다. 그러나 이 논의와 관련하여 한 가지만 확인해 두기로 하자. 어린이에 대한 서양의 접근에서 변화를 보여 주는 첫 번째 징후의 하나는 지적 수준에서 나타났다. 17세기 후반 정치사상가 존 로크는, 어린이는 원죄로 타락한 존재가 아니라 실제로는 '빈 서판'[9]이기에 세심

---

9) Blank slate, 인간은 아무런 본성도 가지지 않고 태어난다는 의미이다. 본성은 선천적이 아니라 후천적 요인으로 생겨난다는 논리이다. 로크는 경험론을 뒷받침하는 논리로 이 말을 사용했다. 왕권이나 귀족의 권리는 세습되고 하늘이 부여한 것이라는 주장을 반박하기도 했다.

한 교육을 통해서 향상시킬 할 수 있다고 주장했다. 다음 세기에 들어서 많은 계몽사상가들은 이런 공격을 계속하면서, 여러 요인들 중에서도 전통적인 기독교가 어린이에게 해를 끼친다고 비난하고 학교교육에 더 큰 관심을 기울일 것을 촉구했다.

장 자크 루소 같은 지식인은 이에 더해서 어린이의 개성, 어린이를 존중할 수 있는 교육 체제, 창의적인 재기(才氣)를 기를 수 있는 학교교육 체제에 더 열정을 퍼부었다. 예컨대 포대기에 대한 공격이 구체화되기 시작한 것이 바로 이때였다. 무엇이 어린이에게 영향을 미칠 수 있는 더 구체적인 몇몇 변화, 즉 개인 교육의 관행에서 새로운 형태의 대중 교육으로 전환을 명백히 촉진시킨 이런 중요한 생각의 변화를 가져왔을까? 분명히 전통적인 종교에 도전하고 지식이 기독교적 신조를 넘어서 발달할 수 있음을 명백히 보여 주는 과학의 발달이 발상의 전환을 촉진시켰다. 그래서 점점 더 확대되는 번영은 많은 유럽인들에게 도움이 되었다. 이는 궁극적으로 18세기 후반까지는 유럽인들로 하여금 새로운 방식으로 아이를 돌보는 것을 가능하게 했는데, 어린아이를 위해 세심하게 설계된 수준 높은 소비자 상품이 대표적인 사례였다. 그러나 서양 전통의 여러 측면들이 어린이와 부모 사이에 갈등을 생기게 하고 어린이의 재능을 극대화하지 못하는 등 가혹할 뿐 아니라 역효과를 낸다는 내적인 자각도 있었다. 어린이의 여러 측면들을 다시 생각하는 것이 전 세계적인 경향이 되었다는 점에서 보면, 서양의 전통 자체는 리더십을 위한 어떤 기초도 직접적으로 제시해 주지 않았다. 그러나 어쩌면 서양 전통의 바로 그 취약성이 한층 더 변화를 촉진시켰다고 할 수 있다.

눈앞에서 변화가 일어나고 있는 와중에도, 전통적인 서양의 아동 지위는 역사적으로 여전히 중요하다. 부분적으로는 활발하고 궁극적으로는 또렷한 논쟁의 대상이기 때문이다. 이전 행위는 변화 과정에서 사라지지 않았다. 유모에게 아이를 맡기는 행위는, 비판이 이를 향하기 시작했음을 고려할 때 달리 상상할 수 있는 것 이상으로 오랫동안 지속되었다. 훈육에 대한 이전의 생각도 지속되었다. 역사학자인 필립 그레번은 미국 내 복음주의 기독교 소수파 중에서 엄격한 신체 훈련의 필요성을 변함없이 믿고 부모와 자식 관계에서 어떻게든 화를 내는 것을 자제하는 모습이 지속되는 것을 확인했다.

또 하나의 흥미로운 내용이 있다. 서양 사회에서 아이를 옮기는 새로운 방법이 개발됨에 따라, 부모들은 상당한 정도로 자식들과 신체적으로 떨어져 있을 수 있다는 생각을 반복하는 경향이 있었다. 버기(buggy)와 스트롤러(stroller)에 자식을 태워 밀고 다닌 것이다. 이와는 대조적으로, 아프리카 도시에서는 유모차를 판매하려는 노력이 거의 실패로 돌아갔다. 어린아이를 가까이 두고 데리고 다니고 싶어 하는 마음에 변화가 없었기 때문이었다. 서양의 아동 지위를 둘러싸고 도대체 무엇이 문제인지, 특징적인 것이 무엇인지, 과거와 어떤 복잡한 관계가 남아 있는지 아직도 논쟁의 여지가 남아 있다.

후고전기와 그 이후 세계 여러 종교에서 아동 지위는 농업 사회의 일반적인 특징을 특정 문화 및 지역적 관행과 뒤섞어 놓았다. 넓은 의미에서 보면 서유럽도 이런 일반적인 모습에서 예외는 아니었다. 주요 종교 가운데 하나를 고수함으로써 많은 지역에서 새로운 형태의 학교교육을 비롯하여 어린이에 대한 새로운 종류의 관심이 생겨났다. 중동에서는 이 때문에 교육이 새로운 수준으로 급속히 진전되었다. 그러나 거의 모든 지역에서 어느 정도는 교육의 확대가 있었다. 종교 이념의 변화는 훈육이나 적어도 훈육을 정당화하는 방법, 또는 어린이의 죽음에 대한 반응에 어느 정도 영향을 줄 수 있었다. 아메리카 대륙의 사회들은 예외이지만, 주요 사회들 간의 새로운 차원의 접촉은 아동의 지위에 어느 정도 영향을 주었다. 특히 종교적 개종이 그런 과정의 일부였을 때는 더욱 그러했다. 그러나 전체적으로 그 결과는 상당히 완만했다. 그 정도를 측정하기는 어렵지만, 무역의 성장은 노동자로서 어린이에게 새로운 압력이 될 수 있었다. 어쩌면 재산에 대한 접근의 확실성에 의해 가족 구성의 자본 조건을 높이고자 했던 방식에 따라 구성되었다고 할 수 있는 유럽식 가족은 확실히 어린이의 상황을 바꾸게 되었다. 이 결과는 후고 전기 이후의 시대가 되면서 확대되었다. 특히 도시의 수공업에서 도제 기간은 더 엄격해졌으며 노동에 가하는 또 하나의 경제적 압력 신호였다. 이런 경향도 또한 유럽에서 가장 명확하게 나타났다. 경제적 촉구가 전적으로 종교적 요인과 반대가 되는 것은 아니다. 다른 면에서 보면 아동노동이 더 힘들어졌을 때조차도, 종교 교육은 확대되었을지 모른다. 그러나 세계사에서 농업 사회의 마지막 국면은 종교적 재정립에서 상업적 변화에 대한 대응으로 바뀌는 흥미로운 혼합된 신호를 보여 준다. 그 변화는 새로운 상대적 차이를 만들었다. 그러나 또한 성인들이 어린이에게 기대하는 중심 역할이 노동과 복종임을 확인했다.

| 더 읽어 볼 책 |

미국에 관해서는 다음 책들이 있다. Traci Arden and Scott R. Hutson, *The Social Experience of Childhood in Ancient Mesoamerica* (Colorado: University Press of Colorado, 2006); Pedro Sarmiento de Gamboa, *The History of the Incas* (Charleston, SC: BiblioBazaar, 2007); A. Goncu, *Children's Engagement in the World: Sociocultural Perspectives* (Cambridge, UK: Cambridge University Press, 1999); R. Sharer, *The Ancient Maya*, 6/e (Stanford, CA: Stanford University Press, 2005); Michael E. Smith, *The Aztecs* (Oxford, UK: Blackwell Press, 2003).

아프리카에 관해서는 이런 책들이 있다. Mario Aguilar, ed., *The Politics of Age and Gerontocracy in Africa* (Trenton, NJ: African World Press, 1998); Benedict Carton, *Blood from your Children: The Colonial Origins of Generational Conflict in South Africa* (Charlottesville, VA: University Press of Virginia, 2000); Jane Guyer, "Household and Community in African Studies," *African Studies Review* 24: 86-137, 1981; John Iliffe, *African: The History of a Continent* (Cambridge, UK: Cambridge University Press, 1995). 일본에 관해서는 다음의 책이 있다. S. B. Hanley, *Everyday Things in Pre-modern Japan: The Hidden Legacy of Material Culture* (Berkeley, CA: University of California Press, 1997); Kathleen Uno, *Passages to Modernity: Motherhood, Childhood and Social Reform in Early 20th Century Japan* (Honolulu: University of Hawaii Press, 1999); Mikiso Hane, *Premodern Japan: An Historical Survey* (Boulder, CO: Westview Press, 1992). 러시아에 관해서는 Clementine Creutziger, *Childhood in Russia: Representations and Reality* (Lanham, MD: University Press of America, 1996)이 있다.

유럽에 관해서는 다음 책들이 있다. Albrecht Classen, *Childhood in the Middle Ages and the Renaissance* (Berlin: Walter de Gruyter & Co., 2005); Andrea Immel, *Childhood and Children's Books in Early Mordern Europe* (New York: Routledge, 2006); David Kertzer and Mario Barbagli, eds, *The History of the European Family: Family Life in Early Modern Times* (New Haven, CT: Yale University Press, 2001); Katherine A. Lynch, *Individuals, Families and Communities in Europe*, 1200-1800 (Cambridge, UK: Cambridge University Press, 2003).

다음 책들도 참고하면 좋겠다. Don S. Browning, M. Christian Green and John Witte, Jr, eds, *Sex, Marriage and Family in World Religions* (New York: Columbia University Press, 2009); T. W. Rhys Davids, *Buddhism: Its History and Literature* (New York and London: G. P. Putnam's Sons, 2009); Cyril Glasse, *The New Encyclopedia of Islam*, 3rd edn (Lanham, MD: Rowman & Littlefield, 2008); Philippe Ariès, *Centuries of Childhood: A Social History of Family Life* (New York: McGraw-Hill, 1962); Erik Erikson, *Young Man Luther: A Study in Psychoanalysis and History* (New York: Norton, 1958); Mary Hartman, *Households and the Making of History: A Subversive View of the Western Past* (New York: Cambridge University Press, 2004); Stephen Ozment, *Ancestors: The Loving Family in Old Europe* (Cambridge, MA: Harvard University Press, 2001); Linda Pollock, *Forgotten Children: Parent-Child Relations from 1500 to 1900* (Cambridge: Cambridge University Press, 1983); David Hunt, *Parents and Children in History: The Psychology of Family Life in Early Mordern France* (New York: Harper and Row, 1972); Lawrence Stone, *The Family, Sex and Marriage in England, 1500-1800* (New York: Harper and Row, 1977); Jean Delumeau, *Sin and Fear: The Emergence of a Western Guilt Culture*, Thirteenth-Eighteenth Centuries (New York: St Martin's, 1990); Philip Greven, *Spare the Child: the Religious Roots of Punishment and the Psychological Impact of Abuse* (New York: Knopf, 1991); John Demos, *Past, Present and Personal: The Family and the Life Course in American History* (New York: Oxford University Press, 1986); Colin Heywood, *A History of Childhoods: Children and Childhood in the West from Medieval to Modern Times* (Cambridge, UK: Polity Press, 2001).

05

서양 세계와
근대적 모델

대개 역사가들은 일반화하는 것을 조심스러워한다. 지나친 일반화의 위험성 때문에 광범위하게 정형화된 패턴을 명확히 제시하기보다는 암시를 주는 방식으로 이야기하는 것을 좋아하는 경우가 많다. 역사가들은 장소를 될 수 있으면 한정하며 너무 넓은 지리적 범위를 포괄하는 진술을 꺼린다. 다른 분야 연구자들만큼 경계하는 것은 아니지만, 세계사 연구자들은 서양 세계에 지나치게 큰 관심을 보이는 논의를 당연히 신랄하게 비판한다. 이러한 목적 가운데 하나는 역사 이해의 균형을 다시 잡아서, 서양이 과거를 주도한 것처럼 보이게 하지 않는 데 있기 때문이다. 세계사 학자들이 '근대화 모델'을 공격하는 경향을 보이는 한 가지 주요 이유는, 이 모델이 서양을 지나치게 중시했으며 세계의 나머지 지역은 서양의 패턴을 따르거나, 그렇지 않으면 설명되어야 할 어떤 결점을 가지고 있었다고 여기기 때문이다.

그러나 어린이와 관련된 근대 세계사를 지나치게 조심을 하면서 접근하는 것은 심각하게 잘못된 방향으로 이끌 수도 있다. 대담하게 접근하는 것이 더 좋은 결과를 가져올 수 있기 때문이다. 나무만 보고 숲을 보지 못하는 것을 막기 위해, 이 장은 근대적 어린이 모델의 큰 그림을 그려 보는 것으로 시작한다. 네 가지 주요 변화가 농업 사회의 어린이와 근대적 어린이의 특징을 구분해 준다. 이러한 패턴이 어린이의 모든 것을 다 설명해주지는 않는다. 그러나 특정 장소에 구애받지 않는 몇 가지 필연적 결과를 수반한다. 더구나 변화는 서유럽과 미국에서 먼저 일어났다. 다른 사회는 서양을 모방함으로써 부분적으로 변화를 받아들였다. 그러나 여기서 그친 것이 아니라 독자적인 이유로 단순한 모방을 넘어서기도 했다. 어떤 사회는 아직도 변화하는 과정에 있다는 점도 사실이다. 그래서 나는 역동성이 남아 있는 근대적 모델과 일부 사회가 이 모델을 거부하거나 상당한 정도로 수정할 가능성에 대해 이야기하겠다. 그러나 여기에서 주장하는 것은 아동 지위의 어떤 근대화에 대한 단순한 해석이 아니다. 서양에서 구체적으로 진행되어 온 근대적 모델과 그 밖의 지역에서 진행되었거나 진행 중인 방식 사이에는 차이가 있었다. 그리고 이런 비교는 다음 장에서 해볼 생각이다.

마지막으로 근대적 모델은 전통적인 상황과 비교하면 '좋은' 것처럼 보일 수도 있다. 달리 말하면 우리들 대부분이 근대적 모델에 익숙해져 있어서 대안적 모델에서 가치를 찾는 데 어려움을 겪을 수도 있다. 근대적 모델도 온갖 종류의 단점을 가지고 있다는 것은 분명하다. 이 중 일부는 서양 세계에서 19세기에 나타나고 있으며, 일부는 이후 명확해졌다. 근대적 모델이 심각한 변화를 포함하고 있기 때문에, 그것은 또한 많은 우려를 불러일으켰다. 그리고 이런 우려 중 일부는 근대적 모델의 패턴이 확고해진 지역에서도 지속되었다. 특별히 서양의 개입이 중단된 경우까지 제외하고서도, 일부 사회는 지금도 여전히 근대적 모델을 받아들일지 여부를 놓고 논쟁을 벌이고 있다. 그리고 이는 매우 합리적으로 보일 수도 있다. 근대적 모델의 본질은 복잡하지 않다. 그러나 세계사에서 그 위치가 지나치게 단순화되어서는 안 된다.

5장과 6장의 초점은 아동의 지위를 둘러싼 몇 가지 실제적이고 복잡한 논쟁 속으로 들어가는 것임을 기억해 두자. 처음에는 어린이의 근대적 해석이 전통적인 농업 모델과 어느 정도 타당하게 대비될 수 있는지 살펴보겠다. 그런 다음에는 지난 두 세기에 걸쳐 다른 사회에 영향을 미친 서양의 역할과 관련된 복잡한 쟁점들을 살펴볼 것이다. 근대와 전근대가 완전히 대비될 필요는 없다. 당연히 연속성은 변화를 수반한다. 그리고 이는 절대로 좋고 나쁨으로 판별할 수 있는 것이 아니다. 서양의 영향력은 새로운 형태의 아동 지위라는 그 자체의 초기 발전을 토대로 하고 있지만, 다른 지역의 독자적인 특징을 완전히 결코 사라지게 하지는 못했다. 그리고 서양의 힘과 착취는 역설적으로 제한된 토대에서조차도 모방할 수 있는 많은 능력을 제약하는 경우가 잦았다. 논쟁은 그리 간단하지 않다.

18~19세기에 서양에서 처음 나타나기 시작한 근대적 아동 지위는 상호 관련이 있는 세 가지 기본 원칙을 담고 있다. 네 번째 요소는 더 기본적인 변화와 밀접한 관련이 있다. 가장 본질적인 첫 번째 변화는 노동으로부터 학업으로 아동의 본분을 전환시킨 것이었다. 아동은 상당히 이른 나이부터 가정경제를 도와야 하며 그런 다음에는 자기 자신의 생계를 떠맡고, 10대 중반부터 후반에 이르면 가정경제에 재원을 보탤 수 있어야 한다는 관념은 농업 사회의 핵심 요소였다. 근대적 모델에서 이런 관념은, 이제 어린 아동은 학교에 다녀야 하며 결코 노동을 해서는

안 된다는 관념에 자리를 내주었다. 게다가 이런 생각은 점차 10대 중반까지도 노동을 하지 말아야 한다는 관념으로, 그리고 다시 학교교육을 그 대체물로 생각하는 관념으로 확대되었다. 많은 부모들이 일찍 깨달았듯이, 이런 현상은 아동이 균형 잡힌 경제적 자산에서 절대적인 경제적 채무의 위치로 전환됨을 의미했으며, 이는 다시 아동 지위의 본질과 목적을 심각하게 재검토하게 만들었다. 이 모든 것은 학교교육이 농업 사회에서 얻은 지위, 심지어 이슬람과 유대교에서 얻은 지위까지 훌쩍 뛰어넘는 것이었다.

아동 양육을 복잡하게 만든 도시화 현상이 일반화된 것과 더불어, 학교에 다니는 것이 아동의 기본적 역할이 된 것은 다시 근대적 모델의 두 번째 요소를 촉진시켰다. 가족의 규모를 전례 없이 낮은 수준으로 제한하는 결정이었다. 농업 가족은 보통 5~7명으로 구성되었다. 그러나 이런 출산율은 어린이의 식량과 의복, 심지어 학교교육에 비용을 지출해야 하며 그 대신 노동에는 기여하지 않는 상황에서는 그저 부적절할 뿐이었다. 출산율을 낮추는 것이 언제나 쉬운 일만은 아니었다. 많은 사회에서는 어떤 방법이 도덕적이고 실행 가능한지를 두고 어려운 토론을 경험했다. 토론은 미국에서조차도 여전히 계속되었다. 어른의 적응도 역시 어려울 수 있다. 양육이 덜 중요하게 된다면, 적어도 양적으로는 가족의 책임을 어떻게 규정해야 할까? 그러나 우려가 무엇이건 간에, 출산율이 낮아지는 과정은 아동 지위의 근대적 모델에서 중심임이 판명되었다.

근대적 모델의 세 번째 기본적인 변화에는 아동사망률의 극적인 감소가 포함되는데, 전통적인 수준에서는 태어난 모든 아이의 30~50퍼센트가 두 살이 되기 전에 사망했다. 출산율 변화와의 관계는 때에 따라 달랐다. 서양에서는 출산율 감소가 먼저 시작되었으며, 이것이 아동

보호에 관심을 더 커지게 했고 다시 이것이 출산 통제의 필요성을 추가로 자극했다. 전 세계의 다른 많은 지역에서는 유아사망률이 먼저 떨어졌는데, 이는 대개 향상된 위생 시설과 공공보건 정책의 결과였다. 그리고 이는 출산율을 낮출 필요성을 시급하게 만들었는데, 어느 정도는 사망률의 저하를 보완하기 위한 것이었다.

근대적 변화가 처음 구체화된 서유럽과 북아메리카에서는 수십 년에 걸쳐 발전이 이어졌다. 학교교육은 매우 일찍 확대되기 시작했는데, 처음에는 인쇄기와 성경을 읽을 수 있는 능력을 중요하게 생각한 프로테스탄티즘에 의해 촉진되었다. 학습의 결과는 제조업의 성장과 기술 변화로 이어졌는데, 많은 안내서는 기능을 높이는 데 집중했다. 이러한 발전은 16세기가 되면 더 강력해지기 시작했다. 그러나 변화의 과정은 점진적이었으며, 기본적으로 학교교육이라는 관점에서 아동 지위를 바라보는 데 실질적으로 전념한 것은 19세기가 되어서야 나타났다. 의미 있는 출산율 감소는 18세기 후반 일부 사회 집단에서 나타났다. 유아사망률에 대한 관심은 19세기 동안 높아졌다. 그러나 충분한 전환은 20세기 들어서도 수십 년이 지나야 했다.

세 가지 기본적 요소가 가속화되자 이런 변화는 네 번째 요소, 즉 어린이에 대한 국민국가의 관심이 높아져 직접 관여하는 것으로 이어졌다. 이 자체는 근대적 산물로서 처음에는 서양에 의해 규정된 것이었다. 농업 시대에는 국가와 어린이 사이에 별다른 관계가 없었다. 가족, 보통은 확대가족에게 1차적 책임이 있었으며, 종교 조직으로부터 2차적 지원을 받았다. 특히 후고전기 이후에는 그러했다. 그러나 프랑스혁명을 계기로 국가들이 활발하게 관여하기 시작했다. 다만 때때로 부모의 권한과 국가의 이해관계 사이에 경계선을 놓고 어떤 실제적인 고민을 하는 경우도 있기는 했다. 근대 정부는 군인이나 노동자의 적절한 공급을 촉진시키기 위하여 건강 증진에 도움을 줄 수 있는 아동 지위에 대한 어떤 목소리를 원했다. 주로 학교 교육과정을 통해 정치적 충성심을 확고히 했다. 그리고 어린이를 보호하기 위해 어떤 형태의 학대는 금했다. 정부는 어린이와 접촉하기 위해 무엇보다도 국가가 운영하는 세속 교육에 점점 더 집중했다. 그러나 아동노동법, 공공보건 제도, 정부 후원의 부모 지도, 부모가 적절한 보살핌을 제공하지 못할 것 같은 어린이를 파악하려는 의지 등 모든 정책을 펼쳤다. 여기에 아동 지위 틀의 근본적 변화와 어린이를 다루는 성인을 위한 최종적인 원천이 있는데, 그것이 근대적 접근 방식의 성격을 규정했다.

언제 어디에서 일어났건 간에, 기본적인 근대적 변화는 그 과정에서 어린이를 그 이상으로 바꾸었다. 예측할 수 있는 것이지만, 어린이가 가져야 할 바람직한 자질이 늘어나 지능에 특별히 관심을 기울이게 되었다. 학교와 시험 프로그램은 부모들에게 측정 가능한 지능을 좋은 것이라고 명확하게 생각하게끔 만들었다.

나이에 따라 아이들의 구분을 더 세분화한 것은 근대적 모델에서 비롯된 것이었다. 대부분의 학교에서는 연령에 따라 학급을 나누거나 같은 학급 안에서도 아이들을 나누어 앉혔다. 더구나 낮은 출산율로 대부분의 아이들은 형제자매가 별로 없이 자라났다. 이는 가족들과의 복합적인 관계를 감소시키고, 같은 또래의 학교 친구들과 더 큰 상호작용을 촉진시켰다. '연령 계급화'(age-grading)는 또한 많은 성인이 어린이에 대해 생각해 온 방식에도 영향을 미쳤다. 20세기에 이르면 서양에서 먼저, 그런 다음 더 넓은 지역에서 인지 기능 등 연령에 따라 계열화된 발달 패턴을 연구하는 많은 전문가 집단이 나타났다. 이 전문가들은 학교 안팎에서 연령에 따른 패턴을 세웠고 이를 강화했다. 일부 학자들은 이것이 과장되었다고 비판했다.

여러 가지 구체적 형식이 뒤따를 수 있지만, 성인과 어린이의 관계는 근대적 모델에 영향을 받았다. 학교는 명백히 국가의 대리인이라는 입장에서 어린이에 대한 부모의 통제를 축소했다. 이는 우려를 불러올 수 있었다. 특히 학교가 사회 계급이나 가족의 가치와는 다른 윤리나 종교적 가치를 대변할 때는 특히 그렇다. 다른 말로 하면, 낮은 출산율과 여자아이들을 가적 밖으로 나다니게 만든 학교 진학의 증가로 취학 전 어린이를 감독하는 데 활용할 수 있는 형제자매가 거의 없다는 간단한 이유로, 성인의 어린 아동 접촉은 때때로 증가했다. 부모, 주로 어머니가 더 많이 돌보거나 유급 도우미나 어린이집 같은 어떤 대안이 불가피했다. 마지막으로 출산율과 사망률이 낮아짐에 따라 자식 개개인에 대한 부모의 애착심은 높아졌다. 농업 사회에서 부모는 어린이를 정성껏 돌보았다. 그러므로 이를 과장하지 않는 것이 중요하다. 그러나 전반적으로 자녀 수가 적어지고 어린 아이가 사망하는 일이 훨씬 줄어들자, 자식들 개개인을 챙기는 마음이 생겨났다. 이는 정서의 문제일 뿐 아니라 경제적 여건과도 관련되지만, 사망률이 낮은 집단의 아이들의 경우 부모가 마음대로 하도록 내버려 두는 경향이 증가했다. 그리고 그 증거는 18세기 후반 이후의 유럽으로부터 20세기 초 중국에 걸쳐 나타난다.

너무 급진적이어서 오랫동안 드러나지 않았지만, 어린이의 근대적 모델은 젠더 문제에도 시사점을 주었다. 어린이를 성별로 구분해야 할 객관적 필요성은 줄어들었다. 어린이에게 맡기는 노동의 양이 적어지고, 이성관계가 통상적이 되고, 소녀들에게 어머니의 자질을 강조하는 것이 줄어들면서, 적어도 예상되는 어린이의 수라는 면에서는 소년과 소녀를 완전히 구분하여 교육해야 한다고 강조할 필요성은 바뀌었다. 더구나 곧바로 실현되지는 않았지만, 소년과 소녀은 동등하게 학교생활을 잘 할 수 있었다. 사실은 소녀들이 경쟁에서 우위를 차지할 수도 있었다. 많은 사회는 이런 변화를 오랫동안 감추었다. 예를 들어 소년과 소녀는 다른 과목을 공부해야 한다고 주장한 것이다. 소녀들에게는 공학을 가르치지 말고 가정경제학을 더 많이 가르쳐야 한다거나, 심지어 19세기 후반 프랑스에서처럼 소녀들에게 그들의 특별한 가족과 보조적인 책임에 대해 말해 줄 수 있는 별도의 책을 읽으라고 했다. 또는 1920년대 미국의 남녀공학 학교에서처럼 소년과 소녀가 함께 뒤섞여 학교에 다닐 때, 별도의 스포츠, 특징적인 옷, 심지어 독자적 색깔과 같은 다른 수단으로 남성과 여성이 아동기에 얼마나 차이가 있는지를 강조할 수 있었다. 미국의 소비문화에서 여성용으로는 분홍, 남성용으로는 파랑을 도입한 것이 바로 이 무렵이었다. 그러나 이 모든 것의 객관적 기초는 약해졌다. 그리고 일반적으로 볼 때 실제적 격차도 궁극적으로는 줄어들었을 것이다.

마지막으로, 근대적 모델은 대체로 아동기와 성인기 사이를 농업 사회에서 나타났던 것보다 더 크게 분리했다. 어린이는 더 이상 부모 곁에서 일하지 않았다. 산업화와 함께 부모는 일하러 집 밖에 나가야 했고, 어린이는 학교에 다녔다. 그 밖의 생활과 직접적인 관계 속에서 어린이를 보는 것은 어렵게 되었다. 물론 학교교육은 인생을 위한 준비였고, 많은 사람들은 이를 인지할 수 있었다. 그러나 그 관계는 상당히 추상적일 수 있고, 사실상 대부분 어린이의 일상은 이제는 성인의 세계, 미국인이 흥미롭게 부르게 되었듯이 '현실 세계'와는 별개였다. 이와 같은 분리는 어린이에 대한 성인의 태도에 영향을 미칠 수 있었는데, 어린이는 이제 특권을 가진 듯이 보였다. 그리고 그것은 새로운 종류의 스트레스와 방향감각 상실을 조장함으로써 자신의 삶에서 의미를 찾으려는 어린이의 노력을 복잡하게 만들었다.

학교교육, 사망률 감소, 인구 전체로나 개별 가정에서나 어린이 수의 감소가 근대적 모델인데, 이는 그 이상의 많은 시사점과 결과를 가져왔다. 이제 이 모델이 어떻게 서양에서 먼저 나타났는지 살펴볼 때가 되었다. 그리고 이에 파생된 현상이지만 근대적 모델 자체에는 본질적이 아닌 어떤 특별한 서양의 양상에 주목해 보자.

'노동보다는 학교'라는 근대적 모델의 첫 번째 요소는 궁극적으로 아동노동이 산업화에 따라 기계로 대체되어 갔으며, 학교교육이 성공적인 성인기를 위해 필수적이라고 여겨지기 시작했다는 사실에 의해 촉진되었다. 그러나 이런 공식은 17세기 후반과 18세기에 모양새를 갖춘 몇 가지 발전에 의해 서양에서 일찍이 준비되었는데, 이는 변화를 향한 더 명확한 자극에 앞서 아동의 지위에 대한 새로운 관점을 제공했다. 참으로 아동 지위의 주요 변화는 우선 문화 변화의 흥미로운 사례를 제공했으며, 점차 기계화 같은 더 객관적인 발전으로 강화될 수 있는 실제적 행동 변화를 자극했다.

두 가지 종류의 새로운 사고방식이 생겨났다. 과학혁명과 계몽주의는 기독교도, 특히 원죄라는 프로테스탄티즘의 교리가 주장해 온 것처럼 아이들이 태어날 때부터 타락한 상태는 아니라는 믿음을 서양 철학자들 사이에서 촉진시켰다. 과학은 옛 관념을 버릴 수 있으며 어린이가 이성에 다다를 수 있다는 것을 보여 주었다. 외부의 영향으로 타락하지 않는다면 어린이는 백지 상태이며 학습을 받아들일 수 있고, 본질적으로 선하거나 적어도 중립적이라고 존 로크는 주장했다. 이러한 생각은 널리 퍼져 어린이는 교육을 받는 데 전념해야 한다는 믿음을 가속화했다. 태어날 때부터 이미 죄를 가지고 있으며 엄격하고 심지어 가혹한 훈련을 받을 필요가 있다고 여전히 주장하는 프로테스탄트가 소수인 미국에서 특히, 이런 새로운 관점을 둘러싸고 격렬한 논쟁이 격화되었다. 그러나 한 세기 이상이 지나면서 점차 더 온건한 관점이 다수의 사고가 되었다.

두 번째 혁신은 가족, 특히 어머니를 어린이와 성공적으로 통합하는 강한 정서적 유대감의 강조였다. 가족의 사랑에 대한 강조는 전례가 없는 것이었다. 상류 가정을 모델로 하는 그림에서는 더 많은 애정 표현이 특징으로 드러나기 시작했다. 그 필연적 결과로 어린이의 죽음을 대중이 슬퍼하는 표현이 점차 늘어났다. 또 다른 흥미로운 결과는 결혼 약속에 대한 아들이나 딸의 의견, 아이들이 나이를 먹으면서 의도를 가지고 맺어진 배우자를 사랑할 수 없다고 주장하는 결혼 취소의 의지에 점점 더 개방적이 되었다는 점이다. 아이들이 나이가 들면서 정서를 달리 해서 어떤 새로운 목소리를 내게 되었다.

이런 지적 발전은 18세기 동안 서양에서 일어난 다른 변화와 연결되었다. 우선 이름을 짓는 관행이 바뀌었다. 시골 가정에서 두 살을 넘길 때까지 이름을 짓지 않고 기다리는 경우는 거의 없어졌다. 그리고 어린이가 죽으면 그 이름을 다시 사용하는 경우도 더 이상 없었다. 이런 변화는 어린이와의 정서적 밀착성과 어린이의 개성에 대한 믿음이 점점 커져 가는 것을 의미했다. 유럽의 많은 지역에서 유아가 스스로 팔을 자유롭게 움직일 수 있게 하기 위해 포대기를 없앴다. 이는 관리의 부담을 증가시켰지만, 더 건강하게 자랄 수 있게 했다. 아이를 유모에게 보내는 관행에도 새로운 비판이 쏟아지기 시작했다. 그러나 실제로 줄어드는 속도는 느렸다. 어머니가 자신의 아이를 돌봐야 하고, 유모에게 맡김으로써 일어날 수 있는 더 큰 건강상의 위험을 피해야 한다고 개혁가들은 주장했다. 부모들은 아이에게 화를 내거나 공포심을 주는 훈육을 하지 말라고 권고를 받았다. 그렇지만 실제 행동 변화는 점진적이고 완전하지 못했다. 교육과 관련하여 어린이를 위한 새로운 구매 욕구가 높아졌다. 어린이를 위해 특별히 쓴 책이 가장 먼저 나타났다. 같은 이유로 즐거움을 더 높이기 위해 체계화되지 않은 놀이에 관여하려는 충동이 높아졌다.

성인들이 자신의 나이를 속이면서 점차 실제 나이보다 젊다고 주장하는 경향이 늘어남에 따라, 젊다는 것 자체가 대체로 새로운 호감을 얻었다. 그러나 젊은이를 대상으로 한 일부 규칙들도 정교해졌다. 상류 가정에서는 세심한 매너를 강조하여 식사 습관이나 옷차림을 통제하는 데 새로운 노력을 기울였다. 이는 변화의 양상이 복잡하게 뒤섞였음을 보여 준다. 그리고 아이들에게도 순전히 이점만이 있는 것은 결코 아니었다.

근대적 아동 지위의 핵심적 특징으로 점차 바뀌어 간다고 하더라도 핵심적 변화, 특히 아동노동과 관련된 변화는 1914년까지는 완성과는 거리가 멀었다. 일부 패턴은 지속되었다는 것이 수정론자들의 주장 가운데 하나였다. 그들은 필리프 아리에스가 서양의 전통과 근대성을 날카롭게 대비시킨 것을 둘러싸고 논쟁을 벌였다. 산업화의 물결이 거세지고 도시가 성장함에 따라, 지각 있는 관찰자의 눈에 들어온 것은 기본적인 변화가 아니라 새로운 고통이었다. 노동자계급 가정에서는 자녀를 위험한 공장에 일하러 보내야 하는 경우가 많았다. 노동의 경험은 고결한 것이 아니었으며, 새로운 상황은 고통스러웠다.

고용주에 의해 임신한 미혼모의 사례 등 적지 않은 노동자 가정에서는 아이를 고아원이나 업둥이로 다른 집에 보내야만 했다. 이들 어린이는 잘 되어도 힘든 일을 하고 도덕적 훈계를 들어야 했으며, 최악의 경우에는 학대를 받았다. 수많은 어린이가 길거리에서 생활을 했는데, 이들이 언제나 유기를 당한 것은 아니지만 위태로운 상황에 놓여 있음은 확실했다. 이들 가운데 적지 않은 수가 찰스 디킨스의 《올리버 트위스트》에 나오는 것처럼 경범죄에 처해졌다. 그러나 널리 퍼져 있는 두려움을 부인하기까지는 않더라도, 이러한 상황이 대체로 영구히 지속되지는 않았다. 아동 지위를 궁극적으로 새롭게 만든 것은 학교교육을 받으려는 경향이었다.

교육 시스템을 확대하고 재규정하는 데 대한 새로운 관심은 18세기 후반 이후 발전했다. 엘리트 교육을 위한 새로운 중등학교가 출현했다. 반면 정부는 머뭇거리면서 대중의 초등교육에 어느 정도 더 많은 관심을 가졌다. 학교교육을 장려하되 의무화하지는 않은 법이 프랑스에서 1833년 통과되었다. 많은 어린이들이 여전히 산발적으로 학교에 들어갔을 뿐이지만, 북아메리카 국가들은 더 빨리 움직여 1830년대 원칙적으로 학교 입학을 의무화하기 시작했다. 1860~1880년대에 미국 서부 지역에서는 실제적인 의무교육이 일반화되었다. 다만 남부의 주에서는 1900년 이후에야 그런 추세를 따랐다. 그래서 1890년대에 이르면 대부분의 어린이가 글을 읽고 쓸 수 있게 되었다. 이는 정부가 교육을 경제와 근대 시민의식에 똑같이 도움이 되는 것으로 증진시키는 데 주된 역할을 한 하나의 영역이었지만, 교육을 필수화하는 것 이상의 의미를 가지고 있다.

이에 따라 학교는 매우 강한 애국적 열정과 함께 읽고 쓰거나 계산하는 기초 자질을 강조했다. 농산물을 문해력이나 연산 능력에서 우위에 있는 도매업자에게 판매하게 됨에 따라, 1860년대에 이르면 프랑스의 농촌 가정은 교육을 어느 정도 받는 것이 자식들에게 좋다는 사실을 인식하기 시작했다. 이보다 조금 늦게 학교 교사 같은 새로운 직업을 구하는 데 도움이 될 수 있다는 희망에서 딸을 학교에 보내는 것도 자연스러워졌다. 교육과 더불어 주로 공장 노동을 대상으로 하는 것이었지만 아동노동을 제한하는 법들도 생겨났다. 효율적인 감시는 더 점진적으로 이루어졌지만, 입법은 1850년대까지는 서양 세계 전역에 걸쳐 성문화되었다. 수십 년 동안 많은 어린이가 일을 하면서 동시에 학교에 다녔다. 특히 농촌 지역과 노동자계급의 아이들이 그러했다. 그러나 이런 추세는 뚜렷했고, 노동으로부터 학교교육으로 아동 지위가 바뀌어야 한다는 주장은 확실히 자리를 잡았다.

또한 점차 많은 수의 중산층 부모들과 심지어 하층계급 부모들이 자녀를 적어도 1~2년 동안은 중등학교에 보내기 시작했다. 아메리카에서는 1840년대에 고등학교가 출현했다. 유럽의 나라들은 19세기 후반 엘리트 집단이 다니는 새로운 중등학교를 도입함으로써 늘어나는 수요에 대처했다.

출산율의 저하는 19세기의 대부분과 그 이후까지 확산되었다. 중산층, 그리고 미국에서는 지주계급이 1790년대 초부터 이런 방향을 택했다. 주로 1870년대부터는 농민을 비롯하여 노동계급이 뒤따랐다. 프랑스나 캐나다 같은 나라에서는 세속 지역이 종교 지역보다 더 빠르게 변화했다. 이 과정은 부모 지위와 아동 지위에 어떤 영향을 주었는지 재사고하는 것을 필요하게 만들었다. 출산통제 수단들을 신뢰하지도 선호하지 않은 것이 이 과정을 복잡하게 만들었다. 그래서 많은 가정이 오랫동안 기본적으로 성생활을 자제하는 데 의존했다. 그럼에도 20세기 초에 이르면 정말로 대가족이 일반적이지 않게 되었다. 특히 도시와 임시 체류 집단에서 그러했다. 농촌 지역에서 이주해 온 사람들과 남부와 동유럽 출신의 이주민들은 1900년 무렵까지도 출산율이 여전히 높았지만, 그들도 새로운 환경에 적응하기 시작했으며, 그 속도는 때로는 매우 빨랐다.

근대라는 퍼즐의 마지막 조각인 출산율의 감소는 서양 세계에서 더 갑자기 일어났다. 어린이의 죽음에 대한 비통함이 높아지고 이를 가족, 특히 엄마 탓으로 돌리는 경향의 증가는 19세기 중반에 이르면 표면화되었다. 이는 새로운 관행을 가져왔지만, 처음에는 그 영향이 그리 크지 않았다. 새로운 장르인 여성 잡지들은 유아를 돌돌 싸는 것과 같이 아이의 죽음을 가져올 수 있는 나쁜 관행을 엄마 탓이라고 비판했다. 그리고 이런 주장은 전통적인 사망률을 낮추어야 한다는 인식을 반영하고 있었다. 그러나 실제로 사망률은 변함없이 높았다. 사실 여전히 출산율이 높은 가난한 가정에서는 어느 정도의 사망에 의존해야 했다. 능력이 떨어지는 한 독일 노동자는 과도한 부담을 떠안고 있는 아내가 작은 아파트 살림을 어떻게 유지해 나가는지에 대해 썼는데, 아내는 "아이들이 죽어 주기만 한다면……" 하고 중얼거렸다고 한다. 출산을 할 때 위생적인 조치의 향상, 태아 검사, 그리고 우유와 이유식의 보급을 돕기 위해 마련된 농촌 센터 등은 1880년대 이후 인상적인 성과를 거두기 시작했다. 그 뒤로 40년 동안 대서양 양편에서 유아사망률은 25~30퍼센트에서 5퍼센트로 떨어졌다. 포대기 사용의 감소도 사망률을 낮추는 역할을 했다. 그 이상의 발전이 계속되었지만, 이로써 근대적 전환은 기본적으로 완성되었다. 이와 함께 차례로, 그리고 지역이나 계급에 따라 차이가 여전했지만 근대적 모델은 20세기 초까지 서양 사회 전반에 걸쳐 자리를 잡아 갔다.

이러한 변화는 모순되지 않는 몇 가지 다른 발전과 함께 일어났다. 그러나 어린이에 대한 근대 서양의 접근 방식을 더 엄격히 반영했다. 이 접근법은 전 세계 다른 지역의 근대적 모델에서는 나타날 수도 있고 나타나지 않을 수도 있는 것이었다. 이런 동반된 몇 가지 발전들은 근대적 모델을 향한 기본적인 움직임과의 관계뿐 아니라 기독교적 믿음이나 젊음과 노동에 대한 이전의 갈등을 비롯한 종전의 서양 전통과 대비된다는 점에서 흥미로웠다. 적어도 이론적으로 극적인 재개념화가 필요했을 것이다. 정확하게는 근대의 경향이 서양에서 이전에 지배적이던 명확한 패턴 중 일부와는 갈등을 빚었기 때문이었다.

가장 두드러진 특징은 18세기 지적 경향을 토대로 어린이를 이상화하는 것이었다. 중산층의 문헌에서 어린이는 경이로울 만큼 순수하고 사랑으로 충만했으며, 그 결과 사랑을 받을 만한 존재로 묘사되었다. 그림과 이야기는 이런 이미지를 확산시켰다. 어머니의 지위는 가족 사랑의 근원으로 새로운 신뢰를 얻었다. 그러나 형제자매는 깊은 애정을 가져야 결합되는 것으로 여겼다. 그리고 이제는 집 밖에서 일을 하지만, 아버지조차도 약간의 기쁨을 주는 존재로 받아들였다. 의심할 나위 없이 많은 가정이 가족 간의 사랑을 커다란 밑알로 새롭게 강조한 반면, 미국의 고전《작은 아씨들》(Little Women)[1] 같은 일기나 이야기는 어떤 어려운 가정이 이를 어떻게 실현하는지를 보여 주었다. 새로운 이미지에서는 애통해하는 것은 대부분 환영을 받았지만, 분노하는 것은 이 모델

---

1) 미국의 작가 루이자 메이 올컷이 1869년에 완성한 장편소설. 경제적으로 어려움을 겪는 집안의 네 딸이 아버지가 남북전쟁에 참전하고 있는 1년 동안 살아가는 이야기를 그렸다. 어머니의 가정교육과 아버지의 도덕심, 이웃의 따스한 정으로 소녀들이 자신의 장점을 살리고 단점을 극복하면서 성숙한 인격체로 성장하는 모습이 잘 나타나 있다. 미국 전역은 물론 전 세계 여러 나라 언어로 번역되었다.

에서 가족의 단란함으로부터 사라져야 했다. 중산층과 사회적으로 인정받는 예술가 사이에서 실제적인 가족 여가는 단란함이라는 같은 감정을 토대로 만들어졌다. 피아노는 가족이 함께 노래할 때 빠져서는 안될 악기로 1830년대 이후 반드시 갖추어야 할 가구가 되었다. 그리고 가족 휴가의 개념도 근거를 얻기 시작했다. 새로운 풍습인 어린이의 생일잔치는 가족의 애정과 어린이의 개성을 온전히 수용했음을 보여 주었다.

사랑스런 순수함은 또 다른 당연한 결과였다. 건강하지 못하거나 타락하는 것으로부터 어린이를 보호하는 데 부모, 특히 엄마의 책임이 증가했다. 많은 여성은 자녀가 쾌활한 성격을 유지해 나가도록 애썼다. 어린이 자신, 특히 소녀들이 중산층의 가정에서 불만을 표현하는 것은 어려워졌다. 화목한 가정에 문제를 일으켜서는 안 되었기 때문이었다. 1860년대에 이르면 소수 집단의 소녀들, 특히 중산층의 소녀들 사이에서 음식을 거부하는 새로운 현상이 주목을 받기 시작했다. 때로는 맹목적인 어머니가 준비한 음식을 거부하는 근대의 거식증(拒食症)은 외형적으로는 문제가 없는 부모의 억압에 저항하는 간접적 방식일 수도 있다. 이 병은 조금 뒤 가냘픈 몸매가 표준으로 널리 받아들여졌을 때 그이상의 근거를 얻을 수 있었다. 사내아이는 친구들과 거친 놀이를 하도록 허용되는 등 좀 더 많은 자유를 누렸으며 여자처럼 굴거나 새로운 단어인 '계집애 같은 사내'가 되지 말 것을 촉구 받았지만, 소년들 역시 공손한 태도와 조심스러운 행동거지를 하라는 제한을 비롯한 많은 새로운 규칙을 피할 수는 없었다.

성생활은 사랑스런 순수함이라는 커다란 이미지에 둘러싸여 있는 현실적인 문제였다. 중산층의 아이, 특히 남자아이들은 아주 어린 나이에는 결혼을 할 수 없었다. 가족에 대한 책임을 떠맡기에 앞서 학업을 다

마치고 직업을 얻어야 했기 때문이었다. 이와 함께 아이들이 너무 많은 가정을 떠맡지 않는 것은 매우 중요해졌다. 당연한 말이지만 사생아로 태어난 아이가 있는 가정의 경우는 더욱 그랬다. 자위행위에 대한 관심이 새롭게 커진 것은 섹스와 아동 지위에 대한 우려가 높아지고 있음을 밝혀 주었다. 그리고 많은 매우 현실적인 학문적 노력도 생겨나게 했다. 극단적으로 일부 어린이들에게는 고질적인 자위행위가 일상화되었는데, 이는 온갖 종류의 건강 이상과 정신적 문제를 불러일으켰다. 어린이는 매력적이어야 했으며, 소녀들은 교제를 할 때 남자의 관심을 끄는 데 신경이 곤두서면서 아름답게 보이는 온갖 기술 훈련을 받았다. 이제 결혼은 이론적으로는 사람을 기반으로 해야만 했기 때문이다. 새로운 서구적 기준은 성에 눈살을 찌푸리게 하는 복잡한 곡예 행위를 촉진시켰다. 그러나 성적 욕구를 만족시켜 주는 어느 정도의 성행위는 장려되었다. 일부 어린이, 실제로는 일부 성인들도 그 조화가 어렵다는 것을 발견했다.

사랑스런 순수함에 대한 강조, 성에 대한 통제라는 복잡한 신호와 더불어, 서양 사회는 19세기 어린이에 대한 최종적인 기본적 혁신을 도입했다. 청소년기(adolescence)라는 개념이 그것이었다. 이 용어는 1830년대 이후 사용되었다. 그러나 19세기 후반 미국의 그랜빌 스탠리 홀 같은 아동심리학자에 의해 인정을 받았을 때 실제적으로 통용되기 시작했다. 청소년기는 아동기의 특별한 한 부분을 의미하는데, 이런 개념은 이전에는 결코 확립되지 못한 채 더 일반적인 범주인 '청년기'에 포함되었다. 이 무렵 주로 중산층에 적용되었던 이 개념은 아동기의 경험과 어린이에 대한 관념의 몇 가지 핵심적 변화에서 나왔다. 그것은 무엇보다도 이제는 점점 노동을 하는 어린이보다는 중등학교에 다니는 어린이가 늘어나는 시대가 되어 가고 있음을 의미했다. 청소년기는 10대와 성인 사이의 구분을 높였다. 또한 청소년기는 권장할 만한 발산 수단을 가지지 못한 성적으로 성숙해 가는 시절이라고 볼 수도 있다. 영영 상태가 나아지고 도시 생활의 접촉이나 유혹이 늘어나는 가운데, 서양 사회의 어린이는 점점 더 어린 나이에 사춘기를 겪기 시작했다. 18세기 미국에서는 16세에 사춘기가 오는 것이 일반적이었던 반면에, 1860년대에 이르면 그 연령이 적어도 2년은 빨라졌다. 이런 매우 실제적인 변화는 일반적인 중산층에서 크게 의존하는 성에 대한 통제의 과제를 아주 복잡하게 만들었으며, 청소년기는 이런 갈등 관계를 표현하는 데 도움을 주었다. 여전히 더 광범하게는, 청소년기는 많은 어린이에게 정서적 혼란의 시기를 의미하는데, 이는 애정 어린 양육에도 불구하고 왜 몇 년 동안 관계가 점점 더 어려워지는지 부모들이 이해하는 데 도움을 주었다.

청소년기의 개념은 양날의 성격을 가진 더 넓은 사회적 변화에 부채질을 했다. 청소년은 성인과 매우 다르며 어린이의 순수성을 유지하고 회복하려는 희망 때문에 잘못을 저지른 청소년을 경찰관이나 법정이 별도로 처리할 필요가 있다. 그들은 범죄자로 성인 범인들과 함께 가두어서는 안 된다. 서양 사회 곳곳에서 개혁가들은 19세기 후반까지는 소년법원을 설치하고, 별도의 법정과 별도의 처벌 기구인 감화원을 두는 새로운 법령을 도입했다. 그러나 동시에 청소년 행동을 통제하는 법도 너무 급격히 강화되었다. 젊은이들은 사회규범에 과도하게 도전하지 않을 것이라는 믿음을 가졌던 전통적인 시기에는 관용적이었던 반달리즘 같은 행동들은, 성장하는 도시에 익명성이 더해지는 상황에서 이제는 불법이 되었다. 그래서 물론 성행위가 개방적이 되었다. 그리고 여성 청소년 범죄에 대한 조치도 특히 엄격해졌다. 청소년의 음주를 금하는 데 큰 노력을 기울였으며, 수십 년 동안은 담배를 피우는 것을 금지하는 데도 힘썼다. 상위 연령의 많은 아이들이 사회적 요구에 부합할 수 있을 만큼 행동하는 것은 더 어려워졌다. 스카우트 운동[2] 등 다양한 새로운 제도가 청소년들이 해롭거나 불법적인 선택에 빠지지 않고 어려운 상황을 헤쳐 나갈 수 있도록 돕기 위해서 생겨났다. 동시에 소년범죄의 증가에 대해 때때로 과장된 공포는 서양 사회가 19세기와 그 이후 청소년의 특징이라고 여겼던 애매모호함을 보여 주었다.

아동의 지위에 대한 새로운 접근법의 일부 갈등과 어린이 자체의 새로운 상황이 사회 계급과 젠더 요인에 의해 추가로 형성되었다. 사회적으로 존중 받는 중산층 사람들은 그들 자신의 청소년들을 통제하고자 했다. 그러나 이민 온 사람들이나 노동자계급에는 어떤 믿음도 없었다. 책임감 있는 부모의 자격에 대한 정의가 더 엄격해짐에 따라, 많은 부모들이 부적절하다는 믿음은 커졌다. 계급 차이는 미혼모 같은 특히 취약한 집단에 대한 도덕적 개별 지도를 비롯하여 노동자계급 부모들을 통제하기 위한 감시와 간섭에 의존하는 현상을 설명하는 데 도움을 준다. 노동자계급 젊은이들은 중산층들이 눈살을 찌푸렸던 오락적 관심, 예를 들어 놀이공원에 대한 관심이 높았다. 그리고 노동자계급의 문화에서는 임신을 하더라도 결혼으로 이어지기만 한다면 혼전 성관계에도 역시 너그러웠다. 실제로 19세기 초 10대와 낮은 연령의 성인들 사이에서 사생아 출산율이 증가한 것은 새로운 차원에서 중산층의 경계심을 자

---

2) 청소년들의 신체를 단련시키고 건전한 정신을 길러 사회에 기여할 수 있도록 하는 것을 목표로 하는 청소년 운동. 보이스카우트는 1908년, 걸스카우트는 1910년 영국에서 시작되었다. 한국에는 일본의 식민지 시절인 1922년 도입되었다.

극하게 했다. 어린이를 존중하는 문제를 둘러싼 충돌은 중산층의 기준과 19세기 서구 사회의 깊은 사회적 차별 사이의 조합을 보여 주었다.

남녀 사이에는 또 다른 구분이 나왔다. 소년과 소녀는 아주 다르다는 생각이 유지되었다. 소녀와 소년들은 다른 역할, 즉 아내와 어머니 대 생산 노동자와 직장인으로 계획되었다. 천박한 부모에 의해 타락하지만 않는다면 새로운 이미지는 모든 어린이가 사랑스런 순수성을 가지고 있음을 강조한 반면, 소녀들은 특히 더 순수해서 성적 욕구를 가지고 있는 청소년기의 소년들보다 본능적으로 화를 내지 않고 부담감도 훨씬 덜 느꼈다. 많은 사람들이 성공적이라고 평가했지만, 이런 기준은 소녀들에게 심각한 제약을 가했다. 실패, 특히 성(性)의 영역에서 잘못을 하면 심한 처벌을 받았다. 상당수의 소녀들은 그들 자신의 복합성에 직면했다. 가정에서는 얌전해야 했지만 밖에서는 활력 있는 행동을 할 수 있어야 했다. 중산층에서조차도 일부 실패로 돌아가는 경우도 있지만, 그들은 교제 기간에는 성적 제약을 존중해야 했다. 그러나 또한 남자는 본성에서 공격자라는 사실을 깨달아야 했다. 일부 후기 청소년기 남학생들은 하층계급 소녀들이나 매춘부와의 성행위를 통해 자신의 특별한 갈등을 줄일 수 있었으며, 중산층 소녀들과 비교하면 성의 이중 기준을 즐겼다. 성별을 엄격히 반영한 아동 지위는 근대 어린이에게 더 일반적으로 채택된 서양 세계의 특별한 또 하나의 유산이었다. 이런 경향은 20세기에 들어서 감소되었지만, 서구 자체와 다른 사회의 아동 지위에 대한 서구의 판단에 지속적으로 영향을 미쳤다.

19세기 서양 사회는 어린이의 근대적 모델을 창조하면서 이렇게 저렇게 윤색을 했다. 동시에 거의 불가능한 희망을 어린이에게 부담지우고 많은 새로운 제한과 통제를 만들어 냈다. 가장 명확한 제한은 덜 존중

받는 계급의 어린이를 겨냥하고 있는데, 새로운 법과 도덕적 비통함의 조합을 드러나지 않는 반면 왜 어린이다운 순수성이 순조롭게 유지될 수 없는지 설명할 수 있도록 설계되었다. 그러나 중산층 어린이 자신에 적용된 기준 역시 부담스러운 것이었다. 19세기 말 오스트리아 빈의 심리학자 지그문트 프로이트는 근본적으로 새로운 기준은 어린이의 자연스런 충동을 왜곡해서 좌절되고 심지어 정신적으로 악한 성인을 만들어 낸다고 주장했다. 더 일반적으로 말하자면, 청소년기라는 개념은 아동기를 이상화하는 생각을 깨지 않은 채 문제의 시기를 설명하는 것을 의미했다. 이런 특징이 모두 당시에는 인구 변화와 학교교육 수용에 핵심적인 문제는 아니었다. 그러나 당시에는 필수적인 것처럼 보였다. 일부는 근대적 모델이 성숙함에 따라 20세기에 줄어들었다. 서양의 권위와 주장의 영향력이 무엇이 본질적이지 않은지 구분하기 어렵게 만들었지만, 이 가운데 많은 특징은 자신의 근대적 아동 지위 변화를 추구하는 다른 사회에서는 무시되거나 수정되었을 수도 있다.

| 더 읽어 볼 책 |

비교적 최근에 나온 연구로는 다음과 같은 책들이 있다. Marianne N. Bloch, Devorah Kennedy, Theodora Lightfoot and Dar Weyenberg, eds, *The Child in the World, The World in the Child* (New York: Palgrave Macmillan, 2006); Hugh Cunningham, *Children and Childhood in Western Society Since 1500*, 2nd edn (New York: Longman, 2005); Anthony Krupp, *Reason's Children: Children in Early Modern Philosophy* (Lewisburg, PA: Bucknell

University Press, 2009); Alan Prout, series ed., *The Future of Childhood: Toward the Interdisciplinary Study of Children* (Abingdon, UK: Routledge Falmer Press, 2005).

기본적인 변화를 다룬 초기의 책으로는 다음과 같은 것들이 있다. John Gillis, *Youth and History: Tradition and Change in European Age Relations, 1770-Present* (New York: Academic Press, 1974); Philip Greven, *Protestant Temperament: Patterns of Childrearing, Religious Experience and the Self in Early America* (New York: Knopf, 1977); Rachel Fuchs, *Abandoned Children; Foundlings and Child Welfare in Nineteenth-Century France* (Albany: State University of New York Press, 1984); Stephen Humphries, *Hooligans of Rebels? An Oral History of Working-Class Childhood and Youth* (Oxford: Oxford University Press, 1981). 다음의 책들도 보도록 하라. Colin Heywood, *Childhood in Nineteenth Century France: Work, Health and Education among the "Classes Populaires"*(Cambridge: Cambridge University Press, 1988); Collin Heywood, *A History of Childhood: Children and Childhood in the West from Medieval to Modern Times* (Cambridge, UK: Polity Press, 2001); Lee Shai Weissbach, *Child Labor Reform in Nineteenth-Century France* (Baton Rouge: Louisiana State University Press, 1989); J. Robert Wegs, *Growing Up Working Class Continuity and Change among Viennese Youth, 1890-1938* (University Park, PA: Pennsylvania State University Press, 1989); Nancy Janovicek and Joy Parr, eds, *Histories of Canadian Children and Youth* (New York: Oxford University Press, 2003); Peter N. Stearns, *American Cool: Creating a Twentieth-century Emotional Style* (New York: New York University Press, 1988); Mary Jo Maynes, *Schooling in Western Europe, A Social History* (Albany: State University of New York Press, 1985).

다음 책들도 볼 만하다. Paula Fass, *Children of a New World: Society, Culture and Globalization* (New York: New York University Press, 2006); Paula Fass with Mary Ann Mason, eds, *Childhood in America* (New York: New York University Press, 2000).

인구 변화를 다룬 책으로는 다음의 것들이 있다. Ansley Coales and Susan Watkins, eds, *The Decline of Fertility in Europe* (Princeton, NJ: Princeton University Press, 1986); Michael Haines, *Fertility and Occupation: Population Patterns in Industrialization* (New York: Academic Press, 1989); Wally Seccombe, *Weathering the Storm: Working-class Families from the Industrial Revolution to the Fertility Decline* (London: Verso, 1993). 그리고 Steven Mintz, *Huck's Raft: A History of American Childhood* (Cambridge, MA: Harvard University Press, 2004)는 최근에 나온 중요한 연구이다.

06
노예제와
식민주의

어린이의 근대적 모델이 서유럽에서 형성되기 시작할 바로 그 무렵인 18~19세기에, 전혀 다른 일련의 변화가 전 세계 여러 다른 지역 어린이에게 영향을 주었다. 이러한 변화는 언제나 아동 지위를 근대적으로 재정의 하는 데 포함될 만큼 두드러졌던 것은 아니다. 그러나 노동이 줄어들기는커녕 오히려 늘어났으며, 출산율이 증가하고, 죽음과 질병이 확실한 수준으로 높아지는 등 여러 면에서 근대적 모델과는 완전히 반대 방향으로 움직였다.

서양에서 변화가 구체적 형태를 띠던 바로 그 무렵, 전 세계 다른 대부분 지역은 기본적으로 여전히 농업 사회의 패턴에 갇혀 있었으며, 때로는 변화도 상대적으로 거의 없었다는 사실을 반드시 기억해야 한다. 확실히 이는 오늘날에도 어느 정도 사실이다. 예를 들어 아동노동을 반대하거나 의무교육 운동 같은 발전에 아주 미미한 영향만을 받은 인도 농촌의 일부 지역이 그렇다. 근대적 모델의 방향으로 평탄하고 점진적으로 이행하는 것과 농업적 패턴 사이의 격차는 18~19세기에 훨씬 더 두드러졌다.

하지만 이게 전부는 아니다. 1500년 이후 새로운 형태의 식민주의가 시작되면서, 전 세계에 걸쳐 나타난 경제적·정치적 변화가 농업적 성격을 기본적으로 유지하는 지역에서조차도 아동 지위에 새로운 압력이 되었다. 직간접적으로 서구가 뒷받침하는 압력은 서구 자체에서는 개혁이 논의되고 있는 순간에 많은 어린이에 대한 착취를 높였다.

16세기 이후 세계사의 주요 경향이라고 할 수 있는 세 가지 관련된 발전이 많은 어린이에게 상당한 영향을 주었다. 첫째는 아프리카에서 아메리카로 사람들을 이동시킨 노예무역과 노예제 자체의 엄청난 팽창이다. 둘째는 유럽 식민주의의 성장이다. 특히 아메리카에서 그렇다. 셋째, 가장 일반적인 현상으로, 점차 증가하는 상업적 세계경제를 위한 생산 확대에 초점을 맞추는 것이었다.

이 세 가지 발전은 모두 어린이들에게 악영향을 끼쳤다. 바람직한 측면이라고는 거의 없었다. 일부 결과들은 농업 사회 하층계급 어린이들의 공통적인 특징을 강조하고 확대했다. 가장 명백한 사례로, 어린이들이 힘든 일을 하는 게 새로운 현상은 아니었지만, 때로는 훨씬 더 힘들어졌다. 그리고 일부 참신한 결과도 있었는데, 이는 어린이를 위한 새로운 도전과 어린이 자신에게는 새로운 수모로 이어졌다. 그 결과로 생겨난 패턴은 19세기까지 이어졌으며, 어떤 경우에는 그 이후까지도 지속되었다.

이 장에서는 몇몇 지역의 변화 사례를 활용한다. 특히 대서양 노예제와 라틴아메리카 아동 지위의 새로운 형태에 초점을 맞출 것이다. 라틴아메리카 지역에서는 유럽, 아프리카, 아메리카 원주민의 영향이 어린이들에게 복합적으로 작용했으며, 그것이 더 일반적으로 기존의 문명을 대체하였다.

일부 세계사 연구자들은 전 세계적으로 일을 더 열심히 하라는 압력이 16세기부터 19세기까지 증가했는데, 이 패턴은 일찍이 후고전기에 전조가 나타났다고 최근 주장했다. 여러 지역에서 일어난 인구 증가는 구성원을 유지하기 위해 더 많은 노동을 필요로 했다. 수출 시장의 확대는 상인과 농작물 경작자들에게 더 많은 노동력을 추출하는 것에도 큰 관심을 가지게끔 했다. 그 결과는 노인 노동이 늘어나고, 성인들 사이에 생산 노동의 강도가 높아지고, 아동노동에 대한 압력이 커지는 결과로 나타났다. 이런 주장은 신뢰할 만한 통계가 없어서 입증하기는 어렵지만, 일리가 있다. 분명한 것은 대서양 노예제와 같은 특별한 체제가 어린이나 그 밖의 다른 사람의 노동 상황을 변화시켰다는 사실이다. 그리고 그 영향 중 많은 부분은 1900년이나, 일부 지역에서는 그 후까지 지속되었다.

1756년, 올라우다 에퀴아노는 열한 살 나이에 나이지리아 자신의 마을에서 붙잡혀서 노예가 되었다. 어머니는 가족 중에서 가장 어린 에퀴아노의 응석을 받아주었으며, 여러 가지 스포츠와 군사 기능을 가르쳤다. 지역사회에서도 납치를 당할 가능성이 있음을 알고 있어서, 아이들이 함께 놀고 있을 때는 보통 어떤 사람에게 지켜보도록 했다. 그러나 에퀴아노의 부모가 들에서 일을 하고 있는 동안 두 남자와 한 여자가 어떤 방법을 써서 다가왔다. 이들은 곧 에퀴아노와 그의 누나를 붙잡아갔다. 두 아이는 공포와 슬픔에 휩싸였다. 그러나 이들은 곧 두 아이를 떼어 놓았다. 에퀴아노가 썼듯이, "우리는 곧 함께 눈물을 흘리는 작은 안락감마저 빼앗겼다." 말도 거의 알아들을 수 없는 붙잡힌 여러 다른 사람들과 함께, 에퀴아노는 마침내 노예선에 실렸다. 거기에서 에퀴아노는 아마도 백인 선원들이 자신을 잡아먹을 것이라고 생각했을 것이다. 음식을 거부하면 채찍으로 때려서 먹게 했으며, 끝내는 카리브 해의 동쪽 끄트머리 바베이도스에 있는 플랜테이션 농장에서 노동을 하게 되었다. 거기에서 그는 다시 아이들이 강제로 헤어지는 비극을 목격했다. 이번에는 매매된 것이었다. "이별을 할 때 그들의 울부짖음을 보고 듣는 것은 매우 가슴 뭉클한 일이었다." "왜 부모들은 자식과 형제자매들을 잃어야 하는가? …… 확실히 이는 잔인함이 새롭게 정교해진 것이다. …… 노예제의 비참함에 새로운 공포가 추가되었다."[1]

물론 노예제는 인류 역사에서 새로운 것은 아니었다. 그리고 이는 어린이에게는 언제나 잠재적인 트라우마였다. 노동력과 출산력 때문에 청소년 노예의 수요는 언제나 높았다. 그러나 논란의 여지없이 새로운 노예무역과 아메리카의 노예제는 대부분의 전통적인 노예제보다도 악화된 것이었다. 예를 들어 이슬람 사회에서는 노예 신분인 어머니를 어린 자식과 떼어 놓는 것을 금했다. 그리고 자유민의 자식을 가진 노예 어머니를 보호했다. 그리고 이슬람 노예제에서는 대부분 어린이에게 부과되는 과업이 새로운 대서양 경제의 경우보다 가벼웠다. 또한 아메리카 노예제는 에퀴아노의 사례에서 보듯이 아프리카에서 끌고 온 어린이를 통상적인 사례보다 훨씬 낯설고 멀리 떨어진 지역으로 옮겼다. 다만 노예가 된 아이의 뒤 세대들은 이런 정도로 자신의 뿌리를 박탈당하지는 않았을 것이다.

1) Olaudah Equiano, *The Interesting Narrative of The Life of Olaudah Equiano or Gustavus Vassa* (1789); 한국어판, 《에퀴아노의 흥미로운 이야기》, 윤철희 옮김(해례원, 2013).

아메리카 노예제의 실제 경험은 두 가지 요소를 가지고 있었다. 첫째, 어느 정도 강화되기는 했지만 낮은 계급의 어린이가 가지는 지위의 어떤 일반적인 특징이었다. 둘째, 단연코 친숙하지 않은 어떤 어려움이었다. 대부분의 아프리카 부모들은 이미 자식들에게 복종을 요구했다. 그들은 자녀를 키울 때 오랫동안 다른 친척에게 맡기는 등 이런저런 아프리카 관습을 유지했다. 백인 관찰자들은 "어린이가 부모에게 높임말을 사용하지 않는 것을 본 적이 없다"고 기록했다. 나이 많은 노예가 종종 아이들을 돌보고 부모들은 일을 나갔는데, 이 또한 드문 일은 아니었다. 그리고 노동 자체에서도 이런 특징을 찾을 수 있다. 노예 어린이는 매우 어린 나이부터 일을 시작해야 한다. "우리가 아장아장 걸을 수 있게 되자마자……," 한 노예는 회상을 하면서 이렇게 썼다. 어린아이는 땔감을 모았고 열 살이 되면 들에 나가 일을 했다. 일부 어린이, 특히 사내아이는 몇 가지 수공업 기능을 배웠다. 그러나 놀이와 공동체 파티를 위한 어느 정도의 시간도 있었다.

노예제의 더 가혹한 특징으로는, 어린이 자신이나 부모가 팔려서 가족과 이별하게 될 가능성을 들 수 있다. 노예 소유자는 명백히 상품 가치라는 관점에서 어린이를 바라보았다. "그 여자의 첫째 아들은 현금 1,250달러 가치가 있다. 그래서 나는 그것을 얻을 수 있다." 이별의 두려움은 사실 자체보다 훨씬 더 일반적이었다. 1808년 대서양 노예무역이 일단 폐지되었지만, 해안의 주(州)로부터 남쪽과 서쪽 내륙 깊숙한 곳으로 젊은 노예를 판매하는 것은 상당히 늘어났다. 또한 백인의 앞에서 맞닥뜨렸다가 모욕을 당하는 어린이들도 있었다. 노예 어린이는 아주 어릴 적에는 백인 어린이와 놀기도 했다. 하지만 곧 백인 어린이는 자신이 그들보다 높은 지위에 있음을 알고, '어린 주인'에게 복종할 것을 요구했다. 백인들은 때때로 노예 어린이가 가난과 노동 때문에 누더기 옷을 입고 더러운 모습을 하고 있는 것을 책망했다. 규칙을 어긴 어린이에게는 자주 가혹한 벌이 가해졌다. 주인은 '다루기 힘든' 여성 노예, 즉 '매우 위험한 인물'을 팔겠다고 이야기했다. 채찍질은 다반사였다. 노예의 부모들은 어린이에게 존중하는 마음을 불어넣기 위해 열심히 노력했다. 남자 아이들은 "안녕하세요, 주인님" 하면서, "몸을 앞으로 숙여 머리가 땅에 닿게 절을 하고, 몸을 왼발 위에 놓고 휴식을 취하고, 오른발을 뒤편으로 해서 땅을 긁는" 방법을 배웠다. 흑인 아이들도 모두 어린이로 여기고 연령에 상관없이 화를 내면서도 사랑스럽게 대하는 등 흑인들에게 동정심을 가지고 있는 백인 주인조차도, 어린이들이 알아차릴 수밖에 없는 깔보는 듯한 태도를 보였다. 마지막으로, 일반적인 거부감이 있었다. 대부분의 노예 소유자들은 오랫동안 노예 어린이를 위한 최소한의 교육조차 반대했다. 이는 사회의 다른 분야에서 학교교육을 점점 더 강조하던 때에 눈에 띄는 현상이었다. 에퀴아노 같은 많은 노예들이 원래 아프리카에 있는 가족으로부터 떨어져 왔으며, 아프리카에서 어떤 종류의 교육을 받았다는 점에서도 그랬다. 잔혹함과 노골적인 열등감, 상대적 박탈감 등이 결합해서 많은 사람이 경험한 아메리카의 독특한 아동 지위를 만들었다. 1859년이 되자 미국 전역의 모든 노예 가운데 56퍼센트가 20세 아래였다. 이런 상황은 그들의 자식 단계와 노예가 해방되고 오래 지난 후의 아프리카계 미국인 어린이까지 이어졌다.

17세기부터 19세기에 걸쳐 다양한 새로운 이민이 생겨났다. 이민의 경험은 딱히 새로운 것은 아니지만, 근대적 패턴은 어린이에 대한 여러 가지 시사점을 내포하고 있었다. 보내는 편이나 받는 편, 또는 양편 가족의 도움을 받는 경우가 더 일반적이지만, 일부 청소년들은 자기 스스로 이민을 왔다. 가족과 함께 여행을 할 때조차도, 어린이들은 때때로 자신의 부모와 새로운 가정 사이에서 중재자 입장에 서고는 했다. 종종 일어나는 명확하고 친숙한 이민의 사례를 보면, 새로운 언어를 겨우 익히는 부모들과 견주어 어린이들은 훨씬 더 잘 배웠다. 중재자 역할은 하는 것은 어린이들에게 새로운 기회를 주었다. 하지만 그 과정에서 부모의 기준과 갈등을 불러 일으켰으며, 어린이들 자신에게도 적지 않은 정체성 혼란이 생겨났다.

또한 수많은 어린이들이 자유의사가 아닌 상태에서 이민을 왔다. 18~19세기에 유럽의 많은 자선 기구들이 어린이를 식민지로 보냈다. 이 어린이들이 가정에서 제대로 양육되지 못했기 때문이었다. 고용계약 서비스도 때때로 소년들에게 적용되는 또 다른 수단이었는데, 이들은 독립적인 성인의 지위를 얻기 전까지 낯선 땅에서 몇 년 동안 일을 해야 했다. 19세기 후반에는 고용계약을 한 사람 가운데 아시아인이 많았는데, 이들은 확대된 새로운 영역에 필요한 노동력을 구하려는 하와이나 서인도제도로 보내졌다. 이들 중에는 성인들도 포함되었지만, 어린이의 참여는 필수적이었다. 아동노동이 일반적인 농업 사회의 기본적인 가정을 토대로 한 것이었다. 그리고 원칙적으로 말하면 어린이가 포함되는 고용계약은 협약에 의한 것으로, 일부 어린이들은 이주 노동자로 요긴하게 팔렸다. 이런 계약은 흔히 어린이 자신보다는 부모나 고아원이 했다.

다른 유형의 이민도 영향력을 발휘할 수 있었다. 유럽 남자들은 해외 여행을 하면서 지역 여자들과의 사이에서 아이를 낳는 경우가 많았다. 그런 다음에는 집으로 돌아갈 때 보통 이 아이들을 버렸다. 캐나다에 있는 허드슨베이컴퍼니(Hudson's Bay Company)는 뒤에 남겨진 아이들을 위해 얼마 안 되는 돈을 지급했다. 본디 사생아로 태어난 아이를 부정하는 것은 프로테스탄트 국가에서는 일반적이었으며, 특히 영국이 그랬다. 프랑스나 에스파냐 같은 가톨릭 국가의 상황은 더욱 복잡했다. 강제 이주 등 이민을 온 남자의 숫자가 늘어남에 따라, 유럽과 아프리카에서는 어머니가 가정을 주도하는 사례가 늘어났다. 또는 그 대책으로 어머니가 아버지를 따라서 이민을 갈 경우, 남겨진 자식들을 어머니의 친척들에게 맡기기도 했다.

라틴아메리카의 경험이 풍부하게 보여 주듯이, 이민 온 사람들 자신과 이민을 받아들인 사회에서 이민의 영향은 유럽 식민주의와 결합함에 따라 더 큰 결과를 가져올 수 있었다. 15세기 후반부터 에스파냐와 포르투갈이 라틴아메리카를 식민지화함에 따라, 그들은 여러 가지 방법으로 어린이에게 영향을 미쳤다. 강렬한 노동력 수요는 어린이를 노동 자원으로 명확히 강조하는 현상을 촉진시켰다. 이는 농업 사회의 일반적인 특징이었지만, 시급한 관심 때문이기도 했다. 원주민에 대한 전반적인 태도에는 이들 식민지인을 정복자가 결정한 문명화된 수준까지 끌어올리려면 어린이에 대한 인식을 개혁할 필요가 있다는 생각도 포함되었다. 자발적인 행위가 아닌 경우가 많았지만, 유럽인과 지역민 사이의 성적 결합은 많은 수의 아이가 적어도 엄밀한 의미에서는 사생아로 태어나는 문화를 만들어 냈다. 이에 따라 이 아이들을 활용하고 돌볼 수 있는 사회적 메커니즘이 필요하게 되었다. 그러나 그 결과가 식민지 엘리트들의 공식적인 반대를 추가로 받은 것은 당연했다.

노동의 필요성은 명확했으며 어린이들을 브라질이나 서인도제도의 사탕수수 플랜테이션에 노예로 활용하는 현상을 가져왔다. 수많은 아메리카 원주민 어린이들이 부모와 함께 라틴아메리카의 플랜테이션 농장,

특히 엔코미엔다[2]에서 강제로 일을 했는데, 노동의 강요는 특히 광범위하게 진행되었다. 노동은 정복 이전 아메리카에서 아동 지위의 한 부분이었다. 그러나 강요와 지역 공동체가 아닌 유럽인 소유자를 위한 봉사라는 새로운 구성 요소가 추가되었다.

잉카와 아스테카에서 농업경제가 오랫동안 지속되었기 때문에, 어린이 대한 이들의 접근 방식이 사실상 유럽인들과 언제나 크게 다른 것은 아니었다. 우리가 이미 살펴보았듯이, 그들 또한 노동뿐 아니라 복종을 강조했다. 유럽인이 도착하기 이전, 특히 잉카와 아스테카에서는 어떤 혹독한 훈련 활동을 시켰음을 암시하는 징후가 있다. 아스테카는 8세가 지난 어린이를 대상으로 손바닥으로 때리거나 극단적으로는 고추를 태우는 연기 앞에 서 있게 하는 등 다양한 벌을 주었다는 사실이 특징적이었다. 이 벌은 고춧가루 최루가스 같은 효과를 냈는데, 벌을 받는 어린이 중 일부는 실제로 죽을 수도 있었다. 그들은 또한 성별 차이를 강조했다. 그렇지만 유럽인들도 신체에 고통을 주는 훈육 방식을 사용했다는 점에서는 마찬가지였다. 그런데도 유럽인들은 흔히 원주민들의 교육 방식을 조롱했다. 유럽인들은 원주민 어린이들이 잘못된 행동을 하는 것을 곧잘 발견했다. 그리고 때때로 어린이는 개별 가족보다 지역사회 전체에 의무를 가지고 있다는 원주민들의 믿음에 간섭했다. 선교사들을 비롯한 유럽인 지도자들은 어린이를 종교 희생물로 바치는 것과 같은 전통 행위를 중단시키기 위해 열심히 노력했다. 그들은 또한 선교에 기반을 둔 교육을 소수의 어린이들에게 실시함으로써, 지역의

---

2) encomienda, 에스파냐 정복자나 식민지 개척자가 공을 세운 대가로 국왕에게서 받는 마을이나 땅. 여기에서 생활하는 원주민의 노동력을 함께 받아서 활용하는 형식이었다. 1503년 에스파냐령 아메리카 식민지에서 제정되었다.

관례에도 개입했다. 유럽인 정착자들은 아동 양육에 극적인 새로운 접근 방식을 도입하지는 않았다. 그렇지만 가능한 종교적 변화를 받아들이게 하려고 했다. 그리고 그들 자신의 실천 행위가 우월하다는 가정 위에, 명확히 관대하게 대하건 벌이라는 특정 방식이건 간에, 구체적인 차이에 초점을 맞추었다.

　가장 놀라운 것은, 라틴아메리카의 식민지 경험이 비정상적으로 높은 비율의 사생아를 만들었으며, 이것이 결과적으로 이 사회에서 아동 지위의 지속적인 특징이 되었다는 사실이다. 높은 비율의 사생아는 몇 가지 이유 때문에 식민지 시대에 발달했다. 가장 명확한 사실은 많은 유럽인 남자들이 지역 여성과 성적 접촉을 했다는 것이다. 그렇지만 그 결과로 생겨난 어떤 자식도 공식적으로 인정하는 경우는 드물었다. 그러나 예컨대 유럽인과 인디언이나 아프리카계 사람 사이에서 태어난 메스티소나 혼혈 등 낮은 계급 사람들은 스스로도 공식적 결혼을 하지 않은 채 종종 성관계를 했다. 그래서 법적으로 인정받지 못하는 아이와 엄마 중심의 가족이 자주 생겨났다. 사생아가 태어나는 비율은 상당히 높았다. 1740년대 상파울로 지역에서는 모든 아이 가운데 무려 23퍼센트가 사생아였는데, 주로 다른 인종 집단 간의 성관계 결과였다. 19세기에는 그 비율이 훨씬 높아져, 어떤 경우에는 30~50퍼센트에 달하기도 했다.

　어린이들 자신에게 이 결과는 상당히 다양한 결과를 가져왔다. 일부 아버지들은 그 결과를 공식적으로 인정하지 않더라도 자식들과 애정 어린 접촉을 유지했다. 한 농장주는 사생아로 태어난 아들이 "내가 자는 침대 아래에서 자야 한다. …… 나의 셔츠와 흰 바지 네 벌을 받아야 한다"고 자신의 뜻을 표현했다. 실제적이고 사적인 애정을 표현할 수 있는 중요한 선물이었다. 어떤 아버지들은 자식을 아예 모른 채했다. 자신의 힘으로 아이를 기르는 어머니들은 종종 다른 가정에서 많은 도움을 받았는데, 일부 가정에서는 아이를 직접 데려갔다. 유모에게 의존하는 것은 일반적이었다. 다만 흥미롭게도 상류계급은 예외였는데, 유럽과는 대조적으로 이 계급에서는 어머니가 직접 아이를 돌보고는 했다. 라틴아메리카에서 엄청난 수의 어린이들이 '순환'되었다. 즉, 자식이 없거나 추가적인 노동력을 필요로 하는 가정에 보내졌다. 거기에서 어린이 자신이 하는 노동 업무에는 결정적 차이가 있을 수 있었다. 노동은 핵심적인 구성 요소였다. 때때로 극도로 혹독한 훈련이 시행되었다. 엄청난 학대를 받는 경우도 있었다. 그러나 어떤 어른들은 자신의 아동노동자들을 따뜻하게 대했다. 심지어 그 아이들을 근본적으로 가족관계로 끌어안기도 했으며, 어린이 자신의 의지에 따라 생활할 수 있도록 준비시켰다. 역설적으로 라틴아메리카의 법률은 법적 입양을 허용하지 않았다. 이런 상황은 20세기가 되어서야 바뀌었지만, 사실상의 입양은 흔하게 일어났다. 칠레의 한 도시에서는 1880년 무렵 어느 시점에서 전체 어린이의 17퍼센트가 자신을 낳은 부모가 아닌 다른 성인의 집에서 살고 있었다. 대규모 고아원이 아동 순환의 이런 체제를 보완해서, 종종 수유를 위해 유아를 받아들인 다음, 대여섯 살이 되면 다른 가정에서 노동을 하도록 배정을 했다. 노예제가 폐지된 후 상당 기간 동안 브라질의 농장주들은 대체(代替) 노예제와 별로 차이가 없는 고아들의 노동력을 활용했다.

상류계급 남자들이 하녀나 하층계급 여성들과의 사이에서 자주 자식을 낳았지만, 라틴아메리카의 엘리트와 중간계급은 이러한 특징을 가진 하층계급의 어린이들을 대단히 못마땅하게 생각했다. 이 사람들에게는 유럽의 아동 양육 기준은 충분히 적용할 수 있는 것이었다. 그리고 이는 전통적인 양부모 가정을 의미했다. 그래서 보고서들은 사생아를 '외설적이고 부끄러운 자취'를 남기는 '오명'이라고 적고 있다. 유럽의 기준이 문명화 자체의 필수적인 신호로 여겨짐에 따라, 이런 격분은 19세기 후반 이래 늘어났다. 그래서 1928년 칠레의 한 정치가는 유럽의 가정생활을 자기 나라 하층계급과 대비하면서 칭찬했다. "이 나라는 사생아가 통치하고, 사람들은 원시 상태에 가깝다. …… 그리고 후진성이 만연되어 있다." 하층계급의 어린이들은 "인구를 완전히 파괴하는 전염병을 옮긴다"고 생각해서 보건 위생에 특별한 관심을 두었다.

19세기 후반에 이르면 확실히 라틴아메리카의 상류계급과 정부는 근대적 모델로 옮아가고 있었다. 적어도 그들 자신의 가정과 사고방식에서는 그러했다. 학교교육은 발전했다. 비행소년 특별법이 제정되었다. 높은 비율의 유아 사망과 살해에 대처하기 위한 프로그램이 추진되었다. 그러나 여러 종류의 아동 지위를 만들어 냈던 전통과 상황은 변동성 있는 가족제도 가운데서 노동에 전념했는데, 이는 종종 매우 효율적이었다.

라틴아메리카의 식민주의 유산은 두 갈래로 나뉜 아동 지위를 만들어 냈는데, 저마다 서로 다른 방식에서 기능적이다. 하나는 유럽식으로 규정된 근대성을 추구하는 것이고, 다른 하나는 식민주의에 의해 도입된 약간의 특별한 변형을 제외하면 기본적으로 농업적 기준에 바탕을 둔 것이었다. 이러한 패턴은 여러 라틴아메리카 국가에게 오늘날까지도 영향을 미치고 있다.

식민주의의 모든 해석이 라틴아메리카의 경험을 따른 것은 아니었다. 그러나 원주민 어린이를 향한 식민주의적 태도, 특히 원주민 어린이 특별히 문제가 있다고 여기는 태도는 어느 정도 큰 영향력을 가졌다. 유럽인의 성관계는 반드시 같은 수준의 사생아는 아닐지라도 언제나 새로운 범주의 어린이들을 생산했다. 언제나 아동노동을 유지하고 심지어 어린이가 가내노예나 농업 생산자로서 식민지 주인 자신을 위한 노동에 쓸모가 있다는 것을 확인하는 데 관심이 있었다. 1900년까지는 언제나, 유럽인에 의해서건 지역 개혁가에 의해서간 간에 학교 같은 어린이를 위한 새로운 기관을 도입하려는 노력과 대중의 실제적 상황 사이에 어느 정도 갈등이 일어났다.

노예제와 식민주의, 새로운 경제적 관계에서 비롯된 발전은 어떤 종류의 어린이를 지향하는 새로운 형태의 아동노동과 새로운 태도를 촉진시켰다. 그 발전은 근대적 모델의 출현과 함께 일어났다. 여기에 라틴 아메리카 같은 특별한 사회 내부뿐 아니라 세계 전체에서도 구분을 하게 만드는 결정적인 원천이 있었다. 두 가지 패턴은 모두 중요했다. 그러나 둘 사이에 조화를 이룰 수 없다는 것이 무엇보다도 가장 중요한 문제였다. 21세기 초 세계는 여전히 그 결과를 다루고 있다.

식민주의와 노예제는 근대 초와 19세기 동안 서양 세계 바깥에서는 아동 지위를 형성한 유일한 힘이 아니었다. 다양해지고 변화했지만, 중국의 아동 지위는 고전기와 후고전기에 확립된 온갖 패턴에 변함없이 영향을 주었다. 이는 여러 면에서 근대 모델과는 명백히 대비되었다. 가장 놀랄 만한 것은 복종과 힘든 일에 대한 끊임없는 강조였다. 중국이 더 도시화되면서, 1600~1900년에 생산 노동을 위한 훈련을 크게 강조하는 것과 함께 노동의 책무도 증가했다. 세계 다른 지역 패턴과의 연계성이 여기에 있었다. 많은 어린이들이 자기 자신을 위한 어느 정도의 공간을 얻는 데 노력하고 부모들은 엄격함에서 서로 달랐지만, 다수의 가정이 어린이에게 상당한 통제를 가했다. 심지어 일이나 철저한 학교교육을 위해서 놀이를 금하려고까지 했다. 혹독한 신체 훈련은 일반적이었다. 모범적인 어린이는 여전히 본질적으로 성인의 자질을 가졌다고 묘사되었다. 한 어린이는 "거의 어른과 같은 근엄함을 갖추었다"고 칭찬을 받았다. 반면에 결국은 성공적인 지식인이 된 다른 어린이는 "태어날 때부터 진지하고 근엄한 인상을 가졌으며 놀이를 결코 하지 않았다"고 기술되었다. 변화의 조짐은 19세기 후반이 되어야 나타났다. 정부는 분명히 새로운 형태의 학교교육을 고려하기 시작하고, 일부 청소년과 청년들을 해외로 유학까지 보냈다. 선교사들도 변화를 도입했는데, 여기에는 전족을 반대하는 새로운 움직임도 포함되었다. 방문을 할 때 조카의 창의적 사고를 육성하는 것을 좋아한 아저씨의 경우처럼, 일부 어른들은 새롭고 상상력이 있는 아이디어를 어린이가 가지게 하는 데 아마도 신기한 즐거움을 느끼기 시작했을 것이다. 그러나 라틴아메리카 같은 농업 사회에서 아동 지위의 기본적인 동인은 여전히 증가하는 노동력 수요에 의해 좌우되고 수정되었다.

| 더 읽어 볼 책 |

다음 책들이 읽어 볼 만하다. William A. Corsaro, *The Sociology of Childhood* (Thousand Oaks, CA: Sage, 2005); Ernest Bartell and Alejandro O' Donnell, eds, *The Child in Latin America* (Notre Dame, IN: Notre Dame University Press, 2001)는 현대에 초점을 맞추고 있지만, 역사적 상황도 고려하고 있다. Tobias Hecht, ed., *Minor Omissions: Children in Latin American History and Society* (Madison: University of Wisconsin Press, 2002); Dirk

Hoerder, *Cultures in Contact: World Migrations in the Second Millennium* (Durham, NC: Duke University Press, 2002); Wilma King, *Stolen Childhood: Slave Youth in Nineteenth-century America* (Bloomington: Indiana University Press, 1991); Ping-chen Hsiung, *A Tender Voyage: Children and Childhood in Late Imperial China* (Stanford, CA: Stanford University Press, 2005).

07

새로운 모델을
채택한 일본

1984년, 일본 정부는 학생들의 젓가락 사용이 줄어드는 문제를 연구
하라고 지시했다. 더 빨리 먹기를 원하고, 국제적 패턴에 더 친숙한 어린
이들 사이에서 나이프와 포크의 사용이 급속히 확산되고 있었다. 정부
는 아이들을 근대적이면서도 일본답게 만드는 데 뒤따라야 하는 감각
의 한 부분으로 전통을 육성하고자 했다. 중요한 역사적 순간은 아니지
만, 근대 세계사에서 가장 역동적인 사회 중 하나에서 변화와 반대 압
력이 맞부딪히는 흥미로운 순간이었다.

1860년대 이후 전례 없는 서구 열강의 압력에 대한 일본의 급속한
적응은 국제적 상황에서 놀랄 만한 발전이었다. 미국과 영국 함대가
1953년과 1954년 에도(江戶) 만에 출현해서 일본에게 쇄국을 끝내고
서양에 통상을 허용하라고 요구했다. 계속되는 서양의 간섭을 겪는 가
운데 일본 지도자들이 어떻게 대응할 것인지 논쟁을 벌임에 따라, 10년
이 넘도록 갈등이 뒤따랐으며 때로는 거의 내전 상태에 접어들기도 했

다. 마침내 1868년 결정을 내렸다. 거대한 개혁(메이지유신)이 그 답이었다. 이 모든 것은 중요할 뿐 아니라 친숙하다. 이제 추가되어야 하는 것은 어린이를 다시 자리매김하는 것이 이 과정의 기본적인 부분을 형성하는 데 어느 정도 역할을 하는가 하는 점이었다.

학교교육에서 가장 앞서 있던 서유럽과 미국을 두루 시찰함으로써 일본의 개혁가들은 근대적 모델의 핵심을 재빨리 파악했다. 일본 지도자들은 이를 도입하는 데 어느 정도 준비가 되어 있었다. 왜냐하면, 일본에서는 19세기 초에 서양에 필적할 만큼 유학자들과 불교 사찰에서 세운 학교가 급속히 확산되어 읽고 쓸 수 있는 사람의 비율이 전 세계에서 가장 높았기 때문이었다. 무려 3만 개가 넘는 사립학교가 1800년에서 1868년 사이에 설립되어, 상당수의 일반인들이 초등교육을 접할 수 있었다. 그러나 대중 교육으로의 전환과, 당연하겠지만 이런 교육 확대에 정부가 새롭게 전념하는 것이 주요 흐름이 되었다. 그리고 놀랄 만한 추가적인 변화가 그 뒤를 이었다. 일본의 사례는 적어도 근대적 모델이 서양으로부터 직접적으로 도입되고, 때로는 여기에 열정이 더해졌을 때 얼마나 많은 영향을 줄 수 있는지 보여 준다.

하지만 일본의 아동 지위가 곧 서양 국가들처럼 되지는 않았다. 지도자들은 진정한 서양 모델을 만드는 데 노력했지만, 그럼에도 전통적이건 민족주의의 특별한 해석과 같은 새로운 발명을 통해서건 간에 아동 지위의 독특한 일본식 가치가 유지되었다. 여기에서도 역시 자기 방식의 독자성을 가진 일본의 사례는 근대적 사고의 단순한 적용과 대비되는 교육적으로 매우 유의해야 할 사실이다.

1920년대에 이미, 그리고 제2차 세계대전 이후가 되면 확실히 일본은 전 세계 다른 지역의 어린이에게 영향을 미칠 수 있었음이 판명되었다. 특히 소비 상품 수출을 통해서 그러했다. 어린이에게 상품을 팔 수 있는 새로운 기회를 포착하는 속도는 아동 지위의 변화와 관련된 이야기 중에 무척 흥미로운 대목이다. 궁극적으로는 아동 지위의 세계화에서 의미 있는 요소가 될 수 있다. 그리고 일본이 뒷받침한 변화는 엄밀하게 서구적 의미에서 보면 근대 세계사에서 어린이의 어떤 이미지를 복잡하게 만들었다. 패턴은 1860년대부터 태평양전쟁 후 미국 점령 기간을 거쳐 1940년대 후반에 뚜렷하게 형성되었다.

일본에서 어린이에 대한 인식은 근대적 모델을 충분히 고려하기 이전에도 변하고 있었다. 19세기 초에는 남자아이에게 치우쳐 있기는 했지만, 학교교육이 여러 소수 집단 어린이들에게 확대되었다. 유학자나 불교 사찰이 세운 사립학교에 다니는 어린이가 늘어나고 있었다. 이들 학교는 이전 몇 세기 동안 중국에서 받은 영향을 기반으로 세워졌으나, 변화하고 있었다. 이런 발전은 두말할 나위 없이 일본이 1868년에 시작된 개혁 시대에서 훗날 교육에 기초한 아동 지위로 충분히 이행하기 위한 준비를 하는 데 도움이 되었다. 그러나 그 밖의 면에서는 농업 사회의 조건들이 널리 퍼져 있었다. 대부분의 어린이는 상당히 이른 나이에 노동을 했다. 이를테면 죄인을 벌주는 데 어린이와 성인을 뒤섞었던 것에서 입증되듯이, 아동기를 인생의 독자적 단계로 여기는 충분한 개념은 발전하지 않았다. 지배적인 유교 원리는 위계질서와 훈육을 강조했다.

학교 개혁을 둘러싼 토론은 1860년대에 달아올랐다. 정부의 지원을 받은 해외 시찰단은 돌아와서 서양 교육의 장점을 보고했다. 시찰단 일행 가운데 상당수가 나중에 문부성을 구성하게 된다. 과학 교육을 더많이 도입하고, 지식 원천의 혁신보다는 전통을 유지하려는 유교적 관습을 타파하는 데 각별한 관심을 쏟았다. 이런 주장을 경고하는 목소리도 상당했다. 왜냐하면 거의 한 사람도 완전한 서구화를 지지하지는 않았기 때문이다. 1868년 한 지도자가 말했듯이, "외국 교육은 일본의 이해관계에 도움이 되기 위해 도입되어야 한다"는 것이었다.

개혁 운동은 정부로 하여금 일본을 위한 혁신의 하나로 어린이를 재규정하게 했다. 여러 전통 사회가 그렇듯이, 그때까지 일본에서는 아동의 지위를 주로 개인의 문제로 여겨 왔다. 이제는 어린이의 건강을 증진시키는 데 국가가 깊이 관여하고 부모에게 권고를 하는 등, 국가가 직접 아이들을 성장시키는 데 관여했다. 정부의 추진이 너무 급하기는 했지만, 이는 서양에서 나타난 과정과 다를 바 없었다. 그러나 학생들이 근대 교육뿐 아니라 민족주의에 새롭게 전념하는 것과 조화를 이룰 수 있는 일련의 독자적인 일본식 가치를 배운다는 것을 확인할 수 있는 학교교육의 기준에 정부가 동의하기까지는 수십 년이 걸렸다.

1871년 문부성이 설치되고 이듬해 야심찬 새로운 교육법이 도입됨으로써 몇 가지 중요한 변화가 강조되었다. 첫째는 과학과 근대 외국어, 그 중에서도 특히 영어를 비롯한 새로운 과목에 새로운 관심을 기울였다. 학교교육을 이미 받은 가정에서조차도, 이는 부모가 알지 못하는 많은 것들을 아이들이 배우기 시작했음을 의미했다. 이제까지 중시되던 몇몇 과목은 무시되었다. 이는 오랫동안 연령별 위계가 존중받던 사회의 흥미로운 발전이었다. 특히 1870년대 동안 많은 해외 도서와 전문가들이 환영을 받으면서 일본 사회에 들어왔다. 둘째, 모든 수준의 교육이 사회적 지위와 상관없이 자질 있는 시민에게 개방되었다. "교육을 더 이상 상류계급의 전유물로 여겨서는 안 된다." 셋째, 정부의 통제를 받는 5만 4천 개의 초등학교 설립 목표와 함께 보편적인 초등교육이 의무가 되었다는 사실이다. 일반적으로 일본의 아동 지위에 가장 중요한 지점이다.

이런 사실들에서 알 수 있듯이, 개혁 과정에서 놀랍도록 일찍 매우 광범위하게 근대적 아동 지위의 핵심이 도입되었다. 즉 학교교육이 아동 지위의 핵심 책무라는 주장이 나왔다. 개혁 지도자들은 명확하게 주장했다. "보통 사람들이 가난하고 글을 읽고 쓰지 못한다면, 나라 전체의 부국강병을 가져올 수 없다." 아동 지위에 외적으로 관심을 드러낸 것은 아니지만, 분명하게 더 큰 사회적 목적이 이런 변화를 좌우했다. 그러나 이런 현상은 어느 정도 서양의 사례에서도 일찍이 있었다. 그러나 그것은 아동 지위에 미치는 학교교육의 영향을 사회적 스펙트럼을 넘어설 만큼 바꾸지는 않았다.

이러한 정책이 소년뿐 아니라 소녀까지 포함했다는 사실이 결정적으로 중요하다. 이는 성차별 의식이 팽배한 사회에서 놀랄 만한 혁신이었으며, 그 자체로 아동 지위의 중요한 변화를 의미했다. 여성 교육에 대한 관심은 서양을 모방하려는 마음에서 나왔는데, 서양 국가들에서는 적어도 여성을 위한 기본적인 교육이 급속히 근거를 획득하고 있었다. 그것은 또한 근대사회에서 자녀를 올바로 키우려면 우선 어머니가 교육을 받아야 한다는 믿음에서 나왔다. 달리 말하면, 기본적인 관심은 여전히 소년 교육에 있었지만, 읽고 쓸 수 있는 능력을 가진 어머니의 필요성도 불가피해 보였다.

놀랄 만한 일은 아니지만, 실제적인 변화는 개혁 초기의 선언들이 내세웠던 것보다 더뎠고 머뭇거렸다. 여전히 가난했던 사회에서 필요한 초등학교의 절반만이 1900년까지 설립되었다. 그럼에도 변화의 속도가 엄청났다는 점은 별로 놀랄 만한 일이 아니지만, 훨씬 흥미로운 것은 상당한 정도로 대중의 저항이 나타났다는 점이다. 많은 농민들은 학교가 단지 신병 모집의 통로라고 믿었다. 그래서 어떤 경우에는 진짜 그야말로 어린이에 대한 정부의 통제 확대에 맞서 반란을 일으켰다. 서양에서처럼 아이들이 기본적으로 읽고 쓸 수 있는 능력과 계산 능력을 갖추는 것이 교사가 되는 것과 같이 사회적 지위의 상층 이동 기회를 제공하는 등 상당한 이점이 있다는 사실을 일본 농민이 깨닫는 데는 상당한 시간이 걸렸다. 여성에게 너무 많이 개방하는 것을 늦추는 일도 있었다. 새로운 수준의 학교교육이 시행되는 가운데서도, 1870년대 후반까지 바느질 같은 가사 기능을 더 강조함으로써 아동 지위에서 성별 차이의 중요성을 재확인했다.

여러 제약이 따랐지만 1900년에 이르면 기본적으로 일본의 모든 아이들은 초등학교에 들어갔고 글을 읽고 쓸 수 있었다. 초등학교는 때로는 혼잡한 장소가 되었다. 아동 지위의 거대한 방향 전환이었다. 또한 일본은 연간 200일이라는 유별나게 긴 수업일수를 장려하고 있었다. 이는 아동노동에서 탈피한다는 명확한 조짐이었고, 한정된 자원을 가진 사회에서는 두드러진 모습이었다. 그러나 이 시점에서 청소년을 대상으로 하는 변화는 훨씬 작았다. 많은 아이들, 심지어 초등학생 연령의 어린이들도 여전히 시간제로 일하러 나갔다. 그래서 공장 노동력의 15퍼센트를 이들이 담당했다. 12세 이후를 대상으로 하는 교육에서는 변칙적인 방법이 늘어났다. 확실히 중등교육과 대학교육은 확대되었으며, 여성을 위한 교육도 일부 생겨났다. 그러나 산업사회가 필요로 하는 전문 기술자 교육을 받을 수 있는 재능 있는 아이들을 확인하는 데 중점을 두었다. 급속히 팽창하던 기술공학 같은 남학생을 위한 분야가 그런 사례였다.

대부분의 10대에게 노동은 앞으로 수십 년간 살아야 할 동안 삶 그 자체였다. 실제로 어린 노동자, 특히 여성에게 의존하는 것은 일본 산업화 과정의 중심이었다. 비싼 수입 장비와 연료의 대금을 지불하기 위해 값싼 수출품이 필요했으며 수출을 위한 의미 있는 원자재가 없으므로, 일본은 비단 옷감의 생산을 급속히 확대해서 중국으로부터 세계적인 주도권을 넘겨받았다. 노동력을 착취하는 작업장들은 보통 수작업 방식을 사용했으며, 어린 여성들을 시골에서 열심히 모집했다. 때로는 필연적으로 가족한테서 그들을 사들이기도 했다. 그 결과로 생겨난 긴 노동 시간, 작업장을 떠날 자유의 결여, 낮은 임금 등의 조건이 변화에 뒤따랐다. 그러나 이는 뒷날 일어난 아동 지위의 근본적인 재정립 방향은 아니었다. 그럼에도 1930년대에 이르면 중등학교에 다니는 아동의 수는 급속히 늘어났다.

결국 아동 지위의 근대적 모델을 향한 일본의 변화 과정에서 가장 의미 있는 것은 일본이 서양에서 보았던 것과는 다른 원리, 특히 유럽과 미국의 더 개별화된 접근법과는 대비되는 어린이 집단의 충성심과 복종심을 학교교육에 불어넣으려는 성공적인 시도였다. 서양의 권력자들도 국가적 충성심을 강조함으로써 개인주의를 제한하고자 했다. 그러나 교실 수업에서는 집단적 연대감보다는 개인적 성취를 더 강조했다. 아동 지위에서 나타나는 변화에 균형을 잡는 것은 일본의 정체성을 둘러싼 결정적 쟁점이었다. 너무 심한 서양의 영향에 대한 보수주의자들의 반격은 1879년 천황의 선언에서 확고해졌다. 그 이듬해 나온 '교육칙어'는 이렇게 명시하고 있다. "황실에 대한 충성, 나라 사랑, 부모에 대한 효도, 상급자 존중, 친구에 대한 믿음은 …… 도덕성을 가진 인간이 되는 큰 길이다." 마찬가지로 중등학교에서도 "수백 년 동안 육성되어 온 충성의 미덕, 효도, 명예, 의무"를 되찾아야 한다고 촉구했다. 과학과 새로운 지식에 대한 관심은 기술 분야에서 두드러졌다. 그러나 그것은 일본 마을들에서 훨씬 일찍 발달해 온 아이들 간의 공동체를 강조하는 등,

이런 더 전통적인 도덕주의와 균형을 맞추어야 했다.

이런 접근 방법에서는 여학생들에게 여성에 맞는 특정 교육을 소리 높여 강조했다. 초등교육 이상을 받을 수 있는 기회가 꾸준히 확대되고 있었던 그때, 고등학교에 다니는 상류계급 여학생들에게까지 '현모양처'가 되어야 한다고 설득했다. 과학 과목의 경우, 적어도 저학년에서는 암기 학습을 계속 강조해서 교사를 앵무새처럼 따라 했다. 반면에 학교교육은 정교한 규정과 행동 수칙 속에 더 일반적으로 집어넣었다. 여기에서도 역시 일본은 어린이들 사이에 하나의 문화를 만들었다. 서양만큼 근대적이면서도 정말로 독특했다. 또한 중요한 점은 학생들에게 집단 결속력을 높여서 서로 간에 긴밀한 유대감을 형성하도록 권장했다는 사실이다. 어른에 대한 복종보다도 이를 더 우선시하였는데, 19세기 후반까지도 이러한 성격은 변함없이 일본 저학년 교육의 특징이었다고 할 수 있다.

이처럼 또래 집단을 강조하는 현상은 일본의 교사들로 하여금 가르치는 전략으로 수치심을 상당히 사용하게끔 했다. 하지만 그 무렵 서양, 특히 미국에서는 어린이의 자기존중에 대한 관심 때문에 이런 전략이 쇠퇴하고 있었다. 21세기 초 수학에 자신 없어 하는 일본 학생들은 여전히 학급 친구들에게 공개적으로 확인되었다. 이는 개인정보 보호를 근거로 미국에서는 불법시되는 행위였다. 그 밖의 다른 결점이 무엇이건 간에, 일본식 접근 방식이 학문적 성취를 촉진시켰다는 점에서는 더 성공적이었다.

오래된 것이건 새로운 것이건 간에, 그 수준에 따라 나중에 직장을 얻는 것을 결정한다는 측면에서는 교육은 서양보다 일본 사회에서 더 중요해졌다. 서유럽과 마찬가지로, 그리고 미국과는 대조적으로, 일본의 체제는 시험에 통과하는 데 커다란 비중을 두었는데, 이는 궁극적으로 소수의 성공하는 학생들에게 대학에 들어가는 길을 열어 주는 것이었다. 따라서 자녀의 성공을 열망하는 부모들은 학업 성취를 높이기 위해 열심히 노력을 필요성을 자식에 대한 책임에 추가했는데, 입시 준비로 심한 압박감을 받는 아이들에게 오락의 기회를 제공하고 기분을 풀어 주는 것도 포함되었다.

이 과정에서 교육은 또 다른 변화를 가져왔는데, 이 중 다수는 의도하지 않게 근대의 아동 지위를 서양식으로 해석하게 만들었다. 그 변화 중 두 가지는 충분히 예측할 수 있었다. 출산율은 19세기 동안 급속히 떨어지기 시작했는데, 논리적으로 가족이 어린 자식의 노동에 의존하는 것을 줄이고 어린이를 학교에 보낼 준비를 해야 하는 등 비용의 증가로부터 이어지는 것이었다. 이런 패턴은 1868년 이전부터 학교가 늘어나면서 나타나기 시작했는데, 이후 가속화되었다. 줄어들기는 했지만 일본의 출산율은 1930년대까지 서양 사회보다 여전히 높았다. 1950년대 이후 일본은 훨씬 더 급속히 변화해서, 1950년 여성 1인당 2.7명이던 출산율이 1995년에는 겨우 1.4명밖에 안 되었다. 이는 기존 인구를 유지하는 데 필요한 수준을 밑도는 것이었다. 서양의 모방에서 가장 일찍 관심을 둔 것 가운데 하나인 정부가 지원하는 공적 건강진단도 이 기간 동안 전통적인 아동사망률을 급속히 낮추었다. 1920년에 16퍼센트이던 유아사망률은 1939년 들어 10퍼센트로 떨어졌다. 서양 세계가 1920년에 유지하던 수준인 5퍼센트에는 1950년에 도달했다. 그리고 이런 추세는 계속 진행되어 1995년까지는 0.04퍼센트로 전 세계에서 가장 낮은 비율 중 하나가 되었다. 서양에서 일찍이 일어났던 것처럼, 이런 상당히 급속한 아동 인구의 변화는 어린이 개개인을 가족 내에서 더욱 소중한 존재로 만들었다.

다른 변화도 뒤따랐다. 일본은 19세기 후반 이전까지만 해도 아동기를 인생의 독립적인 단계로 보거나, 어린이를 사회의 독립적인 존재로 특별히 명확하게 정의하지 않았다. 광범위한 전근대 학교 네트워크를 가지고 있었지만, 그저 하나의 시스템이라고 생각했지, 어린이를 별도로 규정한 것은 아니었다. 사립학교 이외에 어린이를 위한 어떤 별개의 기관, 특히 공공기관 같은 것도 없었다. 예를 들어 어린 범죄자들은 성인 범죄자들과 같은 감옥에 수용되었다. 학교 개혁이 강력하게 실시되었지만, 정부 지도자들은 어린이 자체에 대해서는 거의 언급하지 않았다. 국가의 목적이 가장 중요했던 것이다. 그러나 학교교육에 전념했다는 사실이 주는 시사점과 서양 사회와의 추가적인 접촉은 어린이 자체에 대한 더 명확한 관점을 만들기 시작했다.

일찍이 1874년에 미쓰쿠리 슈헤이(箕作秋坪)라는 개혁가는 성공적인 교육을 위해 어린 아동을 보호해야 한다고 주장한 바 있다. 다음과 같은 말은 서양의 사상가를 떠올리게 한다.

유아부터 6~7세가 될 때까지 어린이의 마음은 깨끗하고 조그만 티도 없으며, 그들의 성격은 순수하고 완전한 진주처럼 다른 아무 것도 섞여 있지 않다. 그리고 어린이의 눈과 귀에 손을 대어 보면 좋건 나쁘건 간에 죽을 때까지 지워지지 않는 깊은 인상을 받는다. 그러므로 이 연령은 본성을 훈련하고 몸가짐을 교육시킬 수 있는 가장 좋은 기회가 된다. 교육 방법이 좋으면 어린이는 박식하고 도덕적이 된다. 반면 방법이 나쁘면 편협해진다.

비슷한 생각이 개혁가들로 하여금, 부모들은 자신의 순진한 자식들을 돌보고 계몽시킬 특별한 책임이 있다고 주장하게끔 만들었다. 그러나 적어도 일본의 전통을 고려해 볼 때, 대부분의 부모들은 이를 적절히 실천할 방법을 알지 못했다. 교사와 교육 전문가들에게는 어린이를 교육시키는 것뿐 아니라 더 일반적으로 적절한 보살핌을 증진시키는 것이 필수적이었다. 서구에서와 마찬가지로, 그리고 어느 정도는 서구의 사례 때문에, 아동 양육 지침서나 권장 사항을 담은 책들이 급증하기 시작했다. 급속히 도시화되어 많은 부모들이 마을에서 어린이를 돌보는 데 도움을 주던 확대가족에서 벗어남에 따라 새로운 생각들이 힘을 얻기 시작했다. 더구나 남편과 아내가 맞벌이를 해야 하는 경우가 많아지면서 어린이를 돌보는 문제는 더 심각해졌다. 어린이들이 도시를 제 맘대로 돌아다니고 독립적으로 도시 생활을 맛보는 것에 대한 우려는 어린 아이를 보살필 수 있는 특별한 방법을 강구해야 한다는 새로운 관념을 명확히 가지게 했다. 어린이는 전문 서적뿐 아니라 대중 신문에서도 점차 일반적인 토론 주제가 되었다. 《가족 매거진》 같은 많은 새로운 잡지에서도 어린이에 대한 세심한 관심뿐 아니라 어린이를 보는 새로운 생각을 전달하고자 했다. 어린이를 문제가 있는 존재보다는 '보물 같은 어린이'로 보는 사고방식으로 전환해야 한다는 근대적 믿음을 촉구한 것이다.

많은 개혁가들은 사랑하는 자식들에게 때로는 적절한 관심을 쏟을 수단을 갖지 못한 가난한 사람들에게 초점을 맞추었다. 이런 정서는 일본에서 최초의 보육원을 만드는 데 도움을 주었는데, 때로는 기독교 선교사의 후원을 받았다. 1912년까지 전국적으로 15개의 보육원이 주로 대도시에 설립되었다. 1926년에는 그 수가 273개로 늘어났다. 신체적 보살핌뿐 아니라 어린이의 건강을 증진시키고 정신적 도움을 주는 방법을 가난한 집 부모들에게 조언했다. 직원들은 "모든 가족이 함께할 때 무한한 기쁨이 표현된다"고 믿게 하려는 희망에서 때로는 모든 가족을 데리고 도심 공원 같은 곳으로 나들이를 갔다.

어린이에 대한 분명한 관심과 서양의 사례에서 나온 또 다른 일련의 발전은 특별소년법정과 소년원이었는데, 이는 일탈을 하는 어린이라고 하더라도 성인들과 무분별하게 접촉하지 않도록 떼어 놓았다. 정부는 1900년의 입법에서 각 지방에 소년원을 의무적으로 두게 했다. 1911년 제정된 또 다른 법률에서는 12세 이하 어린이를 공장에 채용하는 것을 금지하기에 이른다. 대부분의 서양 국가들에서 실제로 시행된 것보다 일본의 공업화 과정에서 훨씬 일찍 취해진 결정적 조치였다. 추가적인 보호 노력으로 아동 흡연의 불법화를 들 수 있는데, 이 조치는 수십 년 동안 지속되었다. 정부와 민간단체들은 고아원, 유치원, 아동 병원, 청년 직업 상담소 설립을 밀고 나갔다. 1920년까지 어린이를 위한 프로그램에 내무성 예산의 무려 60퍼센트가 사용되었다.

중간계급 사람들이 가지고 있는 똑같은 기본적 충동이 어린이를 위해 특별히 생산되는 장난감의 범위를 점차 늘어나게 했는데, 이들 장난감은 "흥미와 호기심을 자유롭게 탐색할 수 있도록 어린이를 해방시킬 수 있게" 고안되었다. 반면에 놀이터는 어린이를 위한 새로운 공공 공간을 만들었다. 1917년 한 아동심리학자가 만든 놀이터에는 동물원, 어린이 풀장, 식물원, 시소, 미끄럼틀, 스모 경기장까지 설치되었다.

1920년대에 이르면 어린이를 바라보는 새로운 관념과 전 세계적인 경제적 기회가 결합되어 일본은 장난감 주요 수출국으로 떠오르기 시작했다. 일본은 개혁의 초기 단계에서는 유럽에서 장난감을 수입했다.

그러나 제1차 세계대전으로 서양의 공장이 여기저기로 흩어지자, 세계 시장에 참여할 기회가 뚜렷해졌다. 일본의 장난감 수출은 전쟁 중에 3 배가 되었으며, 1920년에는 여기에서 다시 3배로 늘어났다. 이 시점에서 유럽의 경쟁이 다시 시작되었으며, 이는 일본 산업에 혁신을 요구하는 새로운 압력으로 작용했다. 개혁가들은 단순한 모방과 암기 학습을 당연하게 여기는 국가적 경향을 보완하는 데 도움이 되는 더 큰 상상력을 촉구하고 있었다. 이런 방향을 이끈 한 기업은 원래 1889년 설립된 닌텐도였다. 더 혁신적인 미국의 노력을 닮았지만, 서유럽 장난감 제조사와는 구별되는 일본식 접근 방식의 절정은 어린이를 축소된 성인이 아니라 어린이 그 자체로 다루는 자각된 의지였다. 군인 모형 같은 유럽의 장난감은 품질이 좋았을 뿐 아니라 대중적이고 영향력이 있었다. 그러나 이런 장난감은 전쟁을 비롯한 성인들의 활동을 준비하는 방향으로 어린이를 유도하였다. 1920년대 이후 일본은 어린이 소비자에게 더 직접적으로 접근해서, 그들의 판타지 라이프(fantasy life)에 호소했다. 대중 만화책인《쇼짱의 모험》(正チャンの冒険)[1]은 1924년 출판된 이래 놀이용 카드나 모자 같은 상품 생산으로 이어졌다. 인형들 역시 만화책의 주제와 관련된 것이었다. 상업적인 판타지에 기반을 둔 장난감들은 성인들의 기대와는 동떨어졌다.

그리고 제2차 세계대전 후에 일본의 장난감 제조업이 부활하자, 이런 추세는 계속되어 일본을 전 세계 수출 시장과 어린이들의 기호를 밝히는 데 지배적인 위치로 이끌었다. 실제 제조업이 중국을 비롯한 값싼 노

---

1) 가바시마 가쓰이치(樺島勝一)가 1924년 그린 만화. 모자를 쓴 쇼짱이라는 소년이 일본과 세계 여행을 하면서 겪는 모험을 그렸다.

동력 중심지로 옮겨 가는 그 순간에도, 일본은 미국과 더불어 상상력이 풍부한(어떤 사람들은 착취한다고 말할 수도 있다) 장난감 디자인과 아동용 상품의 주도자라는 위상을 쉽게 유지했다.

많은 다른 주제와 마찬가지로, 근대 일본이 보인 아동 지위의 극적인 변화 과정에 대해서는 몇 가지 합리적이고도 예리한 분석이 필요하다. 각계각층의 일본인이 과거 서양의 사례보다 훨씬 빠른 겨우 수십 년 안에 출산율을 낮추는 가운데, 아동 지위를 학교교육과 양호한 건강에 두었다는 점에서 변화는 근본적이었다. 서양 사회보다는 낙태에 더 많이 의존하기는 했지만, 더 확고한 정부의 장려로 1950년대에 이르면 일본의 출산율은 서양 수준으로 떨어졌다는 사실을 우리는 보았다.

마찬가지로 중요한 것은 서양에서와 같은 근대적 아동 지위가 자리를 잡은 것은 아동 지위의 폭넓은 재개념화를 촉진시켰으며, 이는 다양한 새로운 제도와 실천으로 이어졌다는 사실이다. 서양의 여러 특징을 흡수함으로써 일본도 마찬가지로 바야흐로 국경을 넘어 영향력을 행사할 수 있게 되었다. 이와 동시에 변화는 아동의 지위를 충분히 서양식으로 바꾸지는 않았다. 어린이에게 원하고 증진시켰던 자질은 독자적인 가치를 유지했다.

어느 정도는 차별화된 모방의 결과로 또 어느 정도는 국내의 충동 때문에, 일본은 미국과 가까운 아동 지위의 일부 측면들과 서유럽에 가까운 일부 측면들을 생겨나게 했다는 데 유념할 필요가 있다. 대학 입학 이전의 강렬한 학문적 성취와 세심한 진로 모색을 교육과 시험 시스템은 프랑스나 독일과 유사하며, 이들 나라에서 받아들인 것이었다. 하지만 초등학교에 다니는 모든 어린이의 교육적 성취 수준을 높이려는 희망과 어린이를 고객으로 하는 장난감 생산은 미국 쪽에 더 가깝다. 물론 이런 복잡한 조합은 일본의 독특한 성격을 한층 더 인상 깊게 한다.

이러한 복합성은 또한 일본의 사회집단들 간에, 그리고 지도층 내부에서 어린이를 둘러싼 적극적인 논쟁이 있었고 지금도 있으며, 변화의 흐름은 계속되고 있다는 사실을 의미한다. 암기 학습과 집단 충성심은 서양의 여러 나라에서 강조되는 것과는 얼마간 다르지만, 일본의 많은 개혁가들은 더 많은 개성과 창조성을 권장했으며 지금도 그렇게 하고 있다.

1945년부터 1952년까지 미국의 일본 점령은 필연적으로 외부로부터 일본의 어린이에게 추가로 영향을 미쳤다. 민족주의, 특히 천황 숭배는 학교교육에서 경시된 반면에 개인주의는 크게 고양되었다. 사회적 차이가 더 줄어듦에 따라, 중등학교와 대학교는 급속히 늘어났다. 중학교까지 9년제 학교교육이 법적으로 의무가 된 것은 이 시점, 즉 1947년이었다. 그러나 1960년대 보수주의자들이 미국인이 촉진시킨 개인주의적 시민 관념을 성토하면서 "윤리 의식의 육성"을 부활시켜야 한다고 주장함에 따라 논쟁도 계속되었다.

그렇지만 1980년대에 또 다른 개혁 주장이 분출하면서 암기 학습이 터무니없이 강조되고 있다고 공격하고, 글로벌 경제와 정보화 시대에 일본이 성공할 수 있는 필수 요건으로서 사고 능력과 혁신에 대한 새로운 관심을 촉구했다. 문부대신은 "획일성과 동질성으로부터 더 많은 다양성과 선택 자유의 확대" 같은 어구를 사용하면서 "개성, 능력, 개인의 소질을 확인하고 개발할" 필요성을 강조했다. 동시에 일본은 국제적 학문 경쟁 속에서 특히 잘 대처할 수 있는 어린이를 길러 내고 있었다. 놀라운 일은 아니지만, 이제 따라잡아야 할 것을 가지고 있는 쪽은 일본이 아닌 나머지 세계라고 주장하는 일부 민족주의자들도 있었다. 어떤 보수주의자가 "전통이 좋든 그르든 간에, 당신은 아이들에게 전통을 가르쳐야 합니다"라고 말했듯이, "적절한 민족의식"이나 "고유한 문화와 전통"과 관련된 특별한 도덕 교육 주제들도 사라지지 않았다. 다른 측면들과 마찬가지로 이 점에서 일본은 근대적 아동 지위의 기준들을 설정하는 데 참여해서 몇 가지 핵심 쟁점을 많은 다른 사회와 공유했다. 그러나 일부 독자적인 어휘를 사용했으며 몇 가지 특별한 주제들도 존재했다.

| 더 읽어 볼 책 |

최근의 연구로는 다음과 같은 책들이 있다. Paula S. Fass, *Children of a New World: Society, Culture and Globalization* (New York: New York University Press, 2007); Kathy E. Ferguson and Monique Mironesco, *Gender and Globalization in Asia and th Pacific* (Honolulu: University of Hawaii Press, 2008); M. Gutman and N. D. Coninck-Smith, *Designing Modern Childhood: History, Space and the Material Culture of Children* (Piscataway, NJ: Rutgers University Press, 2008); Jyotsna Pattnaik, *Childhood in South Asia: A Critical Look at Issues, Policies and Programs* (Charlotte, NC: Information Age Publishing, 2005).

다음의 연구도 참고하라. Brian Platt, "Japanese Childhood, Modern Childhood," *Journal of Social History* 38: 965-85 (2005); Gary Cross and Gregory Smits, "Japan, the U.S., and the Globalization of Children's Consumer Culture," *Journal of Social History* 38: 873-90 (2005);

Kathleen Uno, *Passages to Modernity: Childhood and Social Reform in Early Twentieth Century Japan* (Honolulu: University of Hawaii Press, 1999); Mark Lincicome, *Principles, Praxis and the Politics of Educational Reform in Meiji Japan* (Honolulu: University of Hawaii Press, 1995); Joseph Tobin, ed., *Re-Made in Japan: Everyday Life and Consumer Taste in a Changing Society* (New Haven, CT: Yale University Press, 1992); Michael Stephens, *Japan and Education* (New York: Macmillan, 1991); Donald Roden, *Schooldays in Imperial Japan: A Study of the culture of a Student Elite* (Berkeley: University of California Press, 1980); Helen Hopper, *Fukuzawa Yukichi: From Samurai to Capitalist* (New York: Longman, 2004); Peter N. Stearns, *Schools and Students in Industrial Society: Japan and the West 1870-1940* (Boston: Bedford, 1998); John Traphagan and John Knight, eds, *Demographic Change and the Family in Japan's Aging Society* (Albany: State University of New York Press, 2003).

08
혁명과
어린이

식민주의의 유산과 경제적 의존, 심지어 지난날 노예제의 경험이 전 세계적 변화를 복잡하게 만들었지만, 근대적 아동 지위의 모델이 보급되는 과정은 전 세계 곳곳에서 20세기까지 계속되었다. 서양과 일본은 여전히 새로운 패턴에 변함없이 적응했다. 라틴아메리카의 도시들은 어린이들이 교육을 더 많이 받을 수 있게 하려고 노력했지만 사회적 차이는 이 과정을 복잡하게 만들었다. 그러나 20세기 전반기 아동 지위의 변화에서 가장 놀랄 만한 새로운 힘은 정치적·사회적 혁명의 새로운 폭발에서 왔는데, 이는 이 세기의 모습 중 가장 중요한 부분이 되었다.

주요 혁명들은 여러 면에서 20세기 세계사의 특징을 만들어 냈다. 러시아, 중국, 쿠바, 베트남 혁명에 이르기까지 실제로 중요한 대부분의 혁명들은 공산주의의 자극을 받아서 일어났다. 모든 20세기 혁명은 서양의 영향력을 비판했으며, 공산주의자인 지도자들은 자본주의의 지배를 받는 부르주아 서구와는 엄청나게 다른 처리 방식을 도입하는 것을 심사숙고했다. 그러나 전반적으로 혁명은 근대적 아동 지위 모델의 주요 요소들을 발전시켰다. 혁명은 참으로 20세기 동안 이 모델의 확산을 위한 주요 수단의 하나를 제공했다. 러시아와 중국, 그리고 이런 나라의 엄청난 인구를 다룰 때 문제가 되는 것은 기본적인 근대적 특징, 즉 변화에도 살아남은 어떤 특별한 전통들뿐 아니라 독특한 공산주의 아동 지위를 만들어 내려는 계획적인 시도를 알아내는 것이다.

혁명이 일어나기에 앞서 러시아와 중국에서는 간헐적인 개혁이 확산되기 시작했는데, 이는 왜 혁명가들이 체제 변화를 위한 노력 가운데서 근대적 패턴이 논리적이며, 특히 학교교육이 더욱 그렇다는 것을 발견했는지 설명하는 데 도움을 준다. 혁명 지도자들 또한 교육이 공산주의의 미래를 위해 특히 도움이 될 수는 있지만, 그렇다고 특별히 서양의 모델을 따라야만 하는 것은 아니라고 믿었다. 공산 정권은 또한 어린이와 관련하여 몇 가지 다른 혁신을 도입했다. 예를 들어 변화에 힘을 보태는 젊은이 집단을 더 크게 강조했다. 어린이와 관련해 오랜 전통을 가지고 있는 중국 사회와 같은 상황에서 근대적 모델을 그대로 도입하려 한다고 하더라도 때로는 서구에 존재하는 것과는 매우 다른 요인들이 개재될 수 있다는 사실에 유념하는 것도 중요하다. 혁명 경험의 감격적인 열정에 의해 고양된 독특한 종류의 단절과 기회가 생겨날 수도 있다.

어린이에 대한 공산주의의 접근 방식에서는 확실히 서구와 일본에서 발전해 온 것 이상으로 국가의 역할을 훨씬 더 명확하게 인식했다. 학교뿐 아니라 청년 조직 같은 메커니즘을 통해 어린이를 정부가 실질적으로 통제하는 것은, 어린이를 더 좋은 노동자와 때로는 군인, 그리고 명백한 것은 충성스런 시민이 되게 하는 것을 목적으로 했다. 어린이를 충성스런 시민으로 만들려는 목적은 다른 근대국가들도 마찬가지였다. 그러나

이는 또한 가치관과 성격을 공산주의 목적에 맞게 더 적절하게 발달시키기 위해 어린이를 부모들과는 다르게 만들려는 것이기도 했다. 적어도 원론적으로 보면 어린이는 다시 만들어져야 했다. 물론 실제로는 공산주의에 맞게 바꾸는 것이 언제나 성공적으로 이루어지는 것은 아니었다. 어린이의 독서를 통제하려는 노력조차도 의도한 효과를 거두지 못할 수도 있었다. 그리고 실질적인 커다란 변화는 특별한 공산주의 성격보다는 학교교육과 낮은 출산율 및 사망률로 이행하는 데 더 초점이 맞춰졌다. 그런데도 국가의 역할은 그 이상의 의미 있는 단계를 밟아 나갔다.

다음으로 우리는 많은 점에서 서구 및 일본의 경험과 겹치면서도 별개의 전통 및 혁명적 열정의 힘에 의해 구분되는 또 다른 근본적 변화의 사례들을 다룰 것이다. 청년과 젊은 성인들은 혁명 그 자체를 중요하게 여겼기 때문에, 인구 구성에서 젊은 층의 비중이 매우 높은 사회에서는 기존 구조를 파괴하기 위해 폭력을 무릅쓰려고 한다. 공산주의 가치에 맞는 새로운 종류의 사람들을 만들어 내려는 이데올로기 및 근대적 모델 자체의 명백한 힘과 더불어, 이런 사실은 극적인 변화를 뒷받침했다. 친숙한 근대적 패턴은 새로운 혁명 시대의 특별한 환경과 결합되었다.

러시아 공산당은 1917년 혁명 이전에는 특별한 청년 집단을 만들지 않았다. 이는 부분적으로는 정당 전체가 비밀리에 운영되었기 때문이었다. 차르 러시아는 교육의 점진적 확대 말고는 어린이에게 별다른 관심을 보이지 않았다. 20세기 이전 아동 지위에 관한 러시아의 연구는 사실상 전무했다. 전형적인 농업 국가로서, 어린이에 대한 잦은 가혹한 훈련을 비롯한 농업 사회의 기본적 상황이 크게 만연했다.

그러나 1917년 혁명이 일어나고 곧바로 공산주의 혁명가들이 권력을 장악하여 유지하는 바로 그 순간에 어린이에 대한 새로운 관심이 표면화되었다. 예를 들어 청년 조직의 첫 번째 의회가 1918년에 열렸다. 이보다 1년 전 실제로 잘 집행되지는 않았지만 14세 미만 어린이의 노동을 금하는 새로운 법이 공포되었다. 1919년 문맹퇴치법이 그 뒤를 따랐다. 일부는 선전을 위해 계획된 것이었다. 러시아 공산주의를 다루는 데 핵심적인 문제는 어린이를 자비롭게 대한다고 자기 나라 사람들이나 국제적으로 자랑하고자 했다는 사실이지만, 공산 정권은 초기부터 유아원과 유치원 네트워크를 포함하여 새로운 학교를 세우기 시작했다. 어린이의 건강을 향상시키고 체벌을 폐지하려는 노력 역시 일찍 시작되었다. 체벌 폐지는 혁명 이전 러시아 학교와 사회의 일반적 패턴을 정반대로 바꾸려는 정말로 흥미로운 노력이었다. 혁명 초기에 직면한 갖가지 문제들과 러시아 사회의 현실적인 빈곤을 고려해 볼 때, 어린이 문제에 집중하는 현상은 전체적으로 두드러진 것이었다.

선전 목적 이외에 왜 이처럼 광범한 관심을 보였을까? 학교교육은 차르 러시아에서 이미 확대되고 있었다. 그러므로 완전히 새로운 방식이기는 하지만, 그런 노력을 확장하는 것이 아마로 논리적인 것처럼 보였을 것이다. 새로운 정권은 또한 몇 년 동안 어린이들 사이에 나타난 실제적인 위기에 직면했다. 영양실조를 비롯한 제1차 세계대전의 결과들과, 광범위한 기근을 비롯한 혁명 시기와 내전의 결과는 아이들의 사망을 크게 증가시켰다. 아동사망률은 1914년에는 30퍼센트 정도였으나, 1921년에는 50퍼센트 이상으로 급증했다. 신생아의 90퍼센트가 사망한다고까지 주장하는 평가도 있었다. 어린이에 대한 새로운 관심은 부분적으로는 정말로 위협적인 문제들에 의해 촉진되었다.

세계 다른 나라들 중 다수는 소련에 반대했지만, 새로운 정권이 국제적 지지를 받기를 원했던 것은 사실이었다. 그리고 아동 지위의 근대적 모델에 더 집중한 것은 이런 이유로 호소를 하는 것이었다. 그러나 무엇보다도 이데올로기로서 공산주의는 아동은 선하고 순진하고 향상될 수 있으며, 어린이의 문제들은 불완전한 사회계약과 빈곤, 계급 간 불평등에서 비롯된다는 믿음으로 채워져 있었다. 결과적으로 새로운 러시아는 어린이를 보호하고 교육시키려는 크게 강화된 노력의 장점을 기반으로 세워져야 한다. 이러한 믿음은 서구 근대 모델의 초기 국면에 영향을 미친 동일한 기본적인 계몽주의 이데올로기에서 생겨났지만, 혁명적 열정과 정책을 강하게 만들어 냈다. 이는 근대적 모델을 밀쳐내고, 자본주의에 의해 치명적으로 타락한 서구에서 통용되는 강조점과는 다른 종류의 어린이를 만들어 내기 위한 일치된 노력을 했다.

어린이는 순진하지만 자본주의 사회나 러시아 내부에서도 혁명 이전의 어린이는 결함을 가지고 있다는 공산주의의 믿음은, 당연히 몇 가지 흥미로운 결과를 가져왔다. 한 가지는 간단히 말해서 혁명 전문가들은 어린이가 무엇을 필요로 하는지에 대해 자신들이 부모보다 더 많이 알고 있다고 믿었다는 점이다. 이는 서구의 전문가들도 가지고 있는 믿음이다. 그러나 이런 경향은 러시아에서 훨씬 더 강렬했다. 아동의 지위를 향상시키기 위해 부모들을 지도하고 어린이에 대한 그들의 권한을 제한할 필요가 있다고 생각했다. 심지어 혁명가들은, 잘 훈련된 어린이를 육성하려면 핵심적인 점에서 뒤떨어진 부모를 교육해야 하는 과제를 우선 해결해야 한다고 믿었다. 국가는 어린이를 양육하는 데 적극적으로 관여해야 했다. 이는 물론 학교에서 근대적 모델이 더 일반화되어야 하고 그 밖의 추가 조치도 필요함을 의미했다. "어린이는 국가가 육성해야 하는 존재이다"라고 한 정당 지도자는 주장했다. 그리고 가족은 여전히 매우 중요했지만, 국가의 역할 또한 크게 느껴졌다. 어린이는 순진하며 공산주의는 어린이를 잘 길러 내야 할 임무를 가지고 있다는 믿음은 또한 열렬한 선전을 설명하는 데 도움이 되었다. 어린이의 삶을 향상시키는 것은 혁명 이념의 근본이어서, 여기에 깔려 있는 기본적 문제를 인정하는 것은 종교를 비롯한 혁명 이전의 잔재 때문에 비판을 받을 수 있는 경우를 제외하고는 거의 불가능했다. 결과적으로 청소년 범죄 같은 문제들은 거의 감춰졌다.

공산주의 체제에서 아동 지위의 재조정에는 네 가지 요소가 담겨 있었다. 첫째는 통상적인 양상의 근대적 모델 자체이다. 그러나 이 중 하나는 뜨거운 논쟁의 대상이었다. 둘째, 특별한 공산주의적 장치가 근대적 모델에 추가되었다. 셋째, 지도력에 대한 상당한 반발에도 불구하고 유지되었던 이전 러시아 상황의 지속성이다. 그리고 마지막으로, 비슷한 정도의 공식적 반대에도 불구하고 1950년대 이후 나타나기 시작한, 특히 더 소비 지상주의적 아동 지위를 향한 일부 변화들이다.

이미 살펴본 것처럼, 정권은 적어도 원론적으로는 확대된 학교교육과 사망률을 떨어뜨리려는 노력을 비롯한 아동 건강의 향상을 신속히 해결했다. 혁명 지도자들은 한정된 재원과 계속 씨름하면서 학교교육을 참으로 두드러지게 향상시켰다. 그 열정은 깊었다. 1914년 문자해득률이 겨우 28퍼센트에 지나지 않았던 사회에서 초등학교는 급속히 확대되었다. 중등학교와 대학교의 확대가 신속히 뒤따랐다. 1929년과 1939년 사이에 초등학생은 곱절로 늘어났다. 중학교 입학생은 8배가 되었으며, 중등학교의 수는 11배가 되었다. 대학 정원은 1939년에 5배로 늘어났으며, 1951년까지는 다시 그보다 2배 이상으로 늘어나 130만 명이 되었다. 정부도 교육에 대한 광범위한 연구에 투자해서, 공산주의 목적에 부합하면서도 학생들의 학습 능력을 최고 수준으로 높일 수 있는 새로운 교수 방법을 찾고자 했다. 가능한 사심 없이 말한다면, 사회주의 국가에서는 학습이 즐겁고 자발적일 수 있다는 실제적인 희망이 있었다. 훌륭한 학생들에게 상을 주는 방식이 확립되었다. 어린이의 장래를 위해 교육이 중요하다는 사실을 깨달아서, 가족들은 점차 성공적인 학교교육을 뒷받침하기 위해 일을 했다. 특히 점차 늘어나는 도시에서는 그러했다. 이는 진정한 변화였다. 이제 아동의 지위는 다른 무엇보다도 학교교육을 의미했다.

이러한 발전 가운데 많은 부분은 상당히 표준적인 근대적 모델의 실례였다. 그러나 일부 뚜렷한 차이가 있었다. 정권은 학교가 옛 체제의 자취에 맞서 싸워 새로운 사회가 올 준비를 하게 만들기를 원했다. 그만큼의 노력이 과학에 대한 강조와 더불어 종교를 '미신'이라고 공격하고 마르크스주의 이론을 주입시키는 데 투여되었다. 마르크스주의를 향한 열정은 이따금 매우 어린아이들의 암기 활동을 포함했는데, 이 어린이들은 머릿속에 주입하라고 들은 것을 아마도 거의 이해하지 못했을 것이다. 1950년대까지는 초등학교 상급 학년 이후의 학생들을 위한 마르크스주의 교육이 더 세심하게 연령 단계에 맞춰 시행되었다. 가장 흥미로운 것은 유아원과 유치원의 확대를 위한 야심찬 시도였다. 이는 어린이에 대한 준비를 일찍 시작해서 가족의 영향을 줄이기 위한 것이었다. 이는 또한 일을 하는 많은 어머니들과 그 결과로 생겨난 육아 지원의 필요성에 따른 대책이기도 했다.

재원(財源)의 제약 탓에 때때로 그런 노력이 장애에 부닥치기도 했지만, 유치원은 급속히 확대되었다. 다른 교육기구가 어느 정도 프로그램에 추가되었지만, 1929년에 이르면 해당 연령 아동의 10퍼센트 가량이 유치원에 들어갔다. 농촌 지역에서는 전통적인 가족 양육을 더 선호해서 유치원을 더디게 받아들였다. 그래서 이런 변화 과정은 시골 지역에서 훨씬 더 지체되었다.

제2차 세계대전 당시 독일의 침공과 같은 사건들이 지연을 시켰을 수도 있지만, 어린이의 사망을 줄이려는 노력은 인상적이었다. 1918년 법령은 새로운 목적을 강조하면서, "억압받는 대중의 무지와 무책임, 차르 계급 국가의 정체와 무관심의 결과로" 너무 많은 어린이가 죽어 갔다고 주장했다. 정부는 병원과 태아 진료를 급속히 확대했다. 그리고 소아과 의사들도 늘리려고 했다. 점차 병원은 아이의 건강진단을 받지 않는 부모에게 적극적으로 다가가서 할 일을 상기시키는 연락을 하고, 심지어 개별 방문까지 했다. 이는 서구보다 훨씬 더 간섭주의적인 접근 방식이었다. 또한 국가는 일련의 권고 내용을 담은 지침서를 발간했는데, 이 또한 부모를 충분히 신뢰할 수 없다는 생각을 바탕으로 하는 것이었다. 한 권위자는 일찍이 이렇게 말했다. "가족 양육에는 추가적인 안내가 필요하다." 또 어떤 전문가는 어린이를 위한 기본적인 주거 환경과 음식 기준을 제시했다. "이조차도 대부분의 부모들은 잘 하지 못한다." 가정과 그 밖의 곳에서 위생이 크게 강조되었는데, 이는 또한 서양이나 일본과 매우 비슷한 패턴이었다. 1960년에 이르면 유아사망률이 1918년보다 900퍼센트 떨어져 3.8퍼센트가 되었으며, 1989년에는 2.5퍼센트가 되었다. 이러한 비율은 여전히 서구보다는 조금 높아서, 전반적으로 낮은 생활수준과 열악한 의료 시설을 반영하고 있었다. 그럼에도 변화는 극적이어서, 이런 중요한 측면에서는 소련에 아동 지위의 서구적 모델을 가져왔다. 어린이가 적어도 가족경제를 위해 일을 하는 대신에 학교에 가게 되고, 사망률은 낮아지고, 고질적인 주거 부족이나 아동 양육과 같은 다른 쟁점들이 부각되면서, 소련이 근대적 변화의 제3영역, 즉 출산율의 저하에 참여하기 시작했다는 것은 별로 놀랄 만한 사실이 아니었다. 또한 의도적이지는 않았을지라도 종교에 대한 공격은 출산 통제를 가로막는 전통적 장벽을 얼마간 낮추었다. 그리고 소련 땅의 종교적인 소수자, 특히 무슬림이 평균보다 높은 출산율을 유지했다는 점은 흥미로운 사실이다. 그러나 정부 정책은 자주 바뀌었다. 1920년대 동안 출생률의 감소와 여러 가지 방법의 실험을 둘러싼 공개 토론이 벌어졌다. 그러나 스탈린은 공식적으로 국가의 정책을 출산 촉진으로 되돌려, 경제적·군사적 목적을 위해 인구를 늘리고자 했다. 국가는 1926년 낙태를 불법화했지만 출산율은 계속해서 떨어졌다. 어느 정도는 널리 퍼져 있던 불법 낙태 때문이었다. 여기에는 정부의 목적에 대한 가정과 여성들의 조용한 저항 행위도 들어 있었다. 국가는 불법 낙태의 나쁜 영향을 인지하고, 이에 1951년 정책을 되돌렸다. 1980년대까지는 대부분의 러시아 여성이 적어도 한 차례 낙태를 경험하고 있었다. 몇 가지 흥미 있는 내적 변수와 함께, 소련은 출산율이 낮은 사회가 되었다. 자식의 성공적인 학교 공부를 위해 뒷받침을 하는 등 어린이 개개인이 대한 부모의 관심이 커지는 것은 일반적인 현상으로, 이런 사회는 일본과 서구의 근대적 패턴에 해당하는 것이었다.

공산주의가 근대적 어린이에 빠져 들어간 것은 적어도 근대적 아동 지위로 전환된 것 자체만큼이나 흥미롭다. 마르크스주의자가 소비에트 어린이에게 행한 주입과 선전 주장은 중요하지 않은 것은 아니지만 상당히 명확했다. 소련은 어린이를 위한 국제 인권 운동을 강력하게 지지했다. 부분적으로는 적어도 그 자신의 특별한 미덕을 보여 주는 하나의 수단이었다. 예를 들어 제2차 세계대전에서 어린이들이 겪은 엄청난 어려움을 인용하면서, 소련의 대변인은 군국주의를 증진시키려는 서구의 노력을 반대하는 하나의 수단으로 사용했다. "어린이를 사랑하는 사람이라면 군비확장 경쟁의 영향에 주목해야 한다." 소련의 어린이들이 겪은 더 실제적인 발전으로는 부모의 독자적인 통제를 제한하는 한편 학교교육의 보조 수단과 어린이에 대한 공산당의 영향을 높이는 수단으로 설립된 광범위한 소년 집단의 조직을 포함되었다. 서유럽이나 미국의 보이스카우트 같은 프로그램을 필두로 한 소년단은 근대 세계사에서 보편적으로 발전한 중요한 현상이었다. 이런 프로그램은 젊은이들의 훈련을 돕고 사회적으로 쓸모있는 사람이 되게 하는 데 도움을 주려는 목적을 가지고 있었다. 파시스트 정권은 교화와 준군사 조직 훈련을 위해 '히틀러유겐트' 같은 소년단을 창설한 바 있다. 그러나 소련 체제는 훨씬 더 광범위한 자극을 주는 방식을 택했다.

대부분의 어린이가 아홉 살이 될 때까지는 소년 공산당 조직에 들어갔다. 이 조직은 무용 교습, 스포츠 훈련, 여름 캠프 등 다양한 활동과 집단적인 노동 동원을 주관했다. 14살에 소년 공산당 활동을 마친 뒤에 많은 사람들은 콤소몰(Komsomol, 공산청년동맹)에 가입했는데, 거기에서 당의 통제는 더욱 두드러졌으며 명백한 정치적 주입이 더욱 강해졌다.

청년 조직, 학교, 공식적인 권고 사항은 모두 어린이와 그 집단적 힘의 중요성에 초점을 맞추었다. 어린이는 여전히 조용히 약간의 일을 할 수 있는 존재를 의미했다. 학교는 연령 수준에 적합한 다양한 생산 활동을 조직했다. 그리고 소년 조직은 곡물을 수확하거나 노인들을 돌보거나 장난감을 만들거나, 그 밖의 폭넓은 활동에서 어린이가 봉사할 것을 요구했다. 그 목적은 가족경제가 아닌 국가를 돕는 것이었다. 반면 기본적인 교육 임무는 방해하지 않았으며, 어린이에게 적절한 기능과 노동의 고귀함을 가르쳤다. 소년 조직은 놀이 활동도 제공했으며, 학교에서 '사회적 노동'을 요구받았을 때 어린이들은 노동보다는 사회적이라는 낱말에 더 비중을 두었다. 그러나 국가 자신은 놀이에는 별다른 관심을 두지 않았으며, 오히려 어린이에게 성인의 자격을 갖추게 하는 데 관심이 있었다. 이는 공산주의적 신념과 농업 전통의 일부 강력한 잔재가 혼합되었음을 의미하는데, 양자는 모두 근대적 모델에 흥미로운 변수가 되었다. 1984년 교육 법령은 정직이나 용기 같은 것뿐 아니라 '상호간의 엄격함,' 즉 공동 이익의 의무를 어린이가 갖추어야 할 자질로 제시했는데, 이는 서구의 매뉴얼에서 찾아볼 수 있는 조합은 아니었다. 소년 조직은 극도로 도덕적이었는데, 이는 아동의 지위와 사회적 책임감을 진지하게 생각했다는 또 하나의 징표였다. 한 콤소몰은 이혼한 아버지를 찾으러 떠나겠다고 하는 소녀를 책망했다. "그러나 갈레나(Galena)는 한 명의 콤소몰 동맹원이다. 그녀는 용기와 정직함을 가지고 자신이 어떤 종류의 삶을 살아가려고 하는지 동료에게 말해야 한다." 재능 있는 어린이들이 무용 아카데미나 스포츠 훈련 기구에 대거 들어가는 것은 어린이를 사회적으로 활용하고 성인과 같은 진지함을 심어 주려는 노력의 또 다른 사례였다.

소비에트 체제는 또한 남성과 여성이 평등하다는 공산주의 사회의 공식적 믿음을 토대로 하는 성별 구분의 일부 변화를 만지작거렸다. 전통적으로 여성을 낮추어 보는 것을 여러 교육을 통해 공격했다. 그러나 학교 교복은 성에 따른 구분을 강조해서 중등학교 여학생들은 매우 여성스러운 느낌이 나는 옷을 입었다 국가 자신은 모성을 비롯하여 가정에서 여성의 의무를 강조했다. 그리고 여학생에게 좀 더 잘 대하라는 말을 들었을 때 한 소년이 "레닌은 남자였어요"라고 말한 것에서 알 수 있듯이, 어린이들 자신은 성별 역할을 채택했다. 교육의 확산은 성별에 따른 어린이 차별을 줄인 건 틀림없지만 완전한 해결책은 없었다.

어린이에 대한 공산주의적 접근 방식은 결코 완전한 성공은 아니었다. 부분적으로는 전쟁과 혼란 때문에 수많은 어린이가 학대와 빈곤에 시달렸다. 집 없는 아이와 고아가 많이 생겨났다. 이혼율도 높아져, 많은 어린이가 여성이 가장인 가정에서 살아갔다. 공적으로는 비밀이어서 규모는 감춰졌지만, 청소년 범죄와 1980년대에 이르면 약물 복용이 의심할 여지없는 문제가 되었다. 공산주의 체제는 가족 통제와 전통적인 활동을 의도한 만큼 확실히 무너뜨리는 데 실패했다. 많은 러시아 어린이는 계속해서 전통 게임을 했으며, 미신을 비롯한 전통 이야기를 들었다. 부모들은 자녀를 당시 널리 유행하던 꼭두각시 쇼나 서커스에 데려갔다. 많은 성인들은 가족과 함께 숲이나 시골을 다녀온 짧은 여행을 회상했다. 어린이와 관련된 가족 축제가 계속되고 있음을 공적 캠페인은 밝혔다. 예를 들어 "우리는 낡은 생활 방식과 싸워야 한다"면서 크리스마스트리를 없애려는 주요 노력들이 진행되었다는 사실은 옛 관습이 널리 퍼져 있음을 반증한다.

마지막으로, 1950년대에 이르자 새로운 종류의 반항, 특히 청소년들의 반항이 나타났는데, 이는 근대적 모델에 대한 저항이라기보다는 과도하게 엄숙하고 설교조로 시작되는 공산주의의 요구 사항, 그리고 콤소몰 운동이 점차 융통성 없이 관료화되어 가는 것에 대한 저항이었다. 이미 1955년에 콤소몰은 단호하게 말했다. "우리는 쓰레기 같은 외국 '유행'을 흉내 내는 이런 놈팡이들과 단호한 전투를 벌이기 시작했다." 소비자와 같은 마음의 젊은이들은 "소비에트 젊은이들이 살아온 다양하고, 충분하고 아름다운 노동 생활이나 낭만과 완전히 결별했다." 서양 음악과 청바지를 비롯한 패션 스타일, 그 밖에도 글로벌한 청년 문화의 빠른 정보에 대한 관심의 증가는 정부에게는 막아야 할 싸움의 대상이 었지만, 스탈린의 죽음으로부터 1991년의 소련 붕괴에 이르기까지 공산주의 체제의 장악력이 약해짐에 따라 젊은이들에게는 점점 더 많은 관심을 끌었다.

러시아혁명이 모든 전통을 완전히 뒤엎은 것은 아니지만 아동의 지위는 혁명적으로 바뀌었다. 어린이의 활동과 본분은 극적으로 달라졌다. 소련 체제가 최종적으로 막을 내림에 따라, 근대적 모델이 힘을 유지할 것이라는 사실은 분명해 보였다. 실제적인 문제는 소련 어린이에게 그렇게 깊은 영향을 끼쳐 오던 공산주의 조직과 신념이 갑자기 사라져 버린 것이다. 많은 어린이들이 그 체제를 충분히 받아들여 온 것은 아닐지라도, 어떤 종류의 대안이 가능할 것인지는 명확하지 않았다.

1949년 중국 본토를 완전히 장악할 것으로 예측되면서, 중국 공산당은 초기 소련 공산당보다 훨씬 더 철저하게 근대 서구 모델과는 완전히 다른 사회를 건설하기로 결정했다. 중국 공산당은 또한 강력한 유교적 전통 및 그것이 어린이에게 미치는 영향과 맞서 싸워야 했다. 정권이 간헐적으로 예컨대 학교교육이나 넓은 사회 속에서 청년의 역할에 대한 몇몇 단적인 실험을 도입한 것은 이런 맥락에서 보면 놀라운 일이 아니었다. 또한 세계의 나머지 지역에 맞선 전투 상태라는 일부 인식과 어린이의 수는 많을수록 좋다는 전통적인 사고방식의 징표로서, 대가족을 경제적·군사적 장점의 원천으로 삼으려는 충동이 소련보다 훨씬 더 강했다. 그러나 결국 새로운 정권은 근대적 모델의 주요 특징을 받아들이는 방향으로 정책을 펼치게 되었는데, 여기에는 특히 극단적 출산통제 정책이 포함되었다. 청년 집단과 사회 서비스에 대한 강한 강조는 소비에트가 발전시켰던 특징과 유사했다.

소비에트와 비슷한 두 가지 생각이 어린이에 대한 정책을 이끌었다. 첫째는 어린이는 순수하며 올바른 지도를 받으면 발전할 수 있다는 낙관적 믿음이었다. 둘째는 유교 전통이나 엄격한 부모의 통제를 비롯한 과거의 어린이 정책은 커다란 결함을 가지고 있으며, 과거 중국사회가 가지고 있는 결정적인 문제의 책임이 여기에 있다는 깊은 확신이었다. 결과적으로 가정의 영향은 적절한 교육을 위해서 축소되어야 했다.

학교 개혁은 중국에서 새삼스런 문제가 아니었다. 중국 개혁가들과 서양 선교사들은 1900년 이후 근대 학교를 더 많이 세우고, 어린이에게는 순종심을 주입시켜야 한다는 유교적 전제에서 탈피하여 일반적으로 과학적 주체와 지적인 탐구에 더 개방적이 되도록 만들려고 노력했다. 부분적으로는 러시아의 연구에서 빌려온 공산주의 전문가들은 개성을 확인하고 창의성을 육성할 필요성을 강조했다. 이것이 학교교육에 실제로 얼마나 많은 영향을 끼쳤는지는 논란의 여지가 있다. 외부의 연구에 따르면, 중국의 교사들은 계속해서 어린이는 각 연령에 맞춰서 설정된 기준에 도달해야 한다고 생각했다. 개인적 발달보다는 기준에 더 강조점을 두어졌다. 하급 학년에서 부분적으로는 개인적 충동을 통제하는 수단으로서 어린이에게 모두 암기를 하게 하는 것은 일반적인 교육 방식으로, 유교가 주는 시사점 이상의 것을 보여 준다. 더구나 마르크주의적 교화에 대한 새로운 강조는 많은 어린이에게 또 다른 층위의 기억된 순응을 더했다. 어린이들은 마오쩌둥 주석을 비롯한 공산주의 영웅과 공산주의를 위한 투쟁에 자신의 삶을 바칠 필요성에 대해 배웠다. 그러나 학창 시절을 떠올리게 하는 한 인터뷰는, "사실을 말하자면, 우리는 공산주의가 무엇인지 전혀 알지 못했다"고 기록하고 있다.

그러나 학교교육 자체가 급속히 확산되었다는 사실에는 의문의 여지가 없다. 1950년대 동안 초등학생의 수는 3배가 되어 9천만 명에 달했는데, 이는 아직 가난한 국가로서는 엄청난 투자였다. 중등학교 학생 수의 증가 비율은 이보다 훨씬 컸다. 이러한 팽창 과정은 지금도 계속되고 있다. 2003년, 중국 정부는 해당 연령 학생의 15퍼센트를 대학에서 교육받게 하는 데 전력을 다했다. 이는 일본이나 서구보다는 낮은 비율이었다. 그러나 인구 규모를 생각한다면 엄청난 과제로, 새로운 캠퍼스에서 벌어지는 거대한 빌딩 건축 붐을 이끌었다. 어린이 자신과 그들의 부모에게 학교교육은 점차 노동을 대체하는 가장 핵심적인 방식이 되었다.

소련에서와 마찬가지로, 부모들이 가정 밖에서 일을 하는 경우가 늘어남에 따라 유아원과 유치원의 설립에 막대한 노력을 쏟았다. 이는 어린이를 교화시킬 수 있는 기회가 되었다. 다양한 소년 단체도 같은 목적에 기여했다. 공산주의자들은 혁명 투쟁의 시기 동안 소년 홍군(紅軍)을 창설했는데, 아이들을 보초나 다른 임무에 활용했다. 이 단체는 초등학생으로 이어졌는데, 소년단이나 공산청년동맹으로 대치되었다. 아이들로 하여금 수치심을 느껴서 가입하지 않을 수 없게끔 엄청난 압력이 가해졌다. 예를 들어 소년단은 독특한 스카프를 목에 둘렀는데, 어떤 어린이가 6학년이 되도록 스카프를 매지 않으면 동료에게 따돌림 당했다.

노동의 의무는 학교교육 및 소년 집단과 결합되었는데, 이 또한 국가 주도 경제를 돕는 중요한 생산이자 적절한 가치 훈련을 위한 것이었다. 중학교 학생들은 학교 작업장에서 한 달 정도를 보낼 수 있었는데, 거기에서 자동차나 트럭의 전기회로 같은 제품을 만들었다. 그리고 학생들은 또한 때때로 시골로 보내져서 노동에 종사하였다. 일부 어린이를 활용한 대단히 흥미로운 업무는 어른들이 공공장소에서 침을 뱉는 것을 방지하기 위해 거리 순찰에 동원한 것이었다. 이는 학교에서 위생을 특히 강조한 것과 일치했다. 그러나 더 의미 있는 것은 어린이들로 하여금 다루기 힘든 나이 많은 사람들을 감시하게 함으로써 유교 윤리를 거꾸로 뒤집어 버렸다는 점이다. 1966~1967년 문화대혁명 기간에 마오쩌둥은 너무 많은 학생들이 부르주아 가치를 받아들이고 있는 것을 우려해서 교육 자체에 거의 등을 돌렸다. 수백만 명의 중등학교 학생과 대학생들을 농촌에 보내 농사일에 종사하게 했다. 이런 충격은 일시적이었다. 그리고 교육 성과에 대한 강조는 1970년대에 재개되었다. 그러나 이 시기는 흥미로운 기간이었다. 문화대혁명은 또한 예컨대 전통적 사고방식을 가진 교사를 비롯한 성인을 위협하는 데 공산주의 소년 집단을 활용하였는데, 이 또한 유교적 위계질서를 고의적으로 뒤엎어 버린 또 하나의 행위였다. 이런 활동에서 소년들은 종종 학교 시스템 자체의 훈련과 경쟁에 대한 저항심의 발산 수단을 발견했다.

새로운 정권은 학교교육과 더불어 어린이의 건강을 향상시키는 데 힘을 쏟았다. 도시에는 근린 병원들이 세워졌다. 반면 농촌에는 근대 의학과 전통 의학을 결합한 '맨발의 의사들'(赤脚醫生)이 어린이의 주요 질병을 막는 예방접종을 비롯한 의료 활동을 벌였다. 1950년대 이후 아동사망률은 급격히 떨어졌다. 1955~1960년 무렵에 연평균 18퍼센트였던 유아사망률은 2003년에는 3.7퍼센트로 낮아졌다.

주석 마오쩌둥은 근대적 아동 지위 모델의 최종적 요소에 대해 몇 가지 의문을 제기하면서, 높은 출산율이 중국의 자산으로 필요한 노동력을 제공해 준다고 1950년대에 주장했다. 그리고 중국 같은 나라에게 인구를 줄이라고 촉구한 서양의 인구 전문가들을 공격했다. 그러나 1960년대가 되면 인구를 통제하는 방향으로 전환이 시작되고 국가가 나서 정책을 강력하게 시행되었다. 그러나 가정경제에서 아동노동 비중의 축소와 가정 밖에서 부모가 일을 하는 데 따른 압박 등으로 부모의 반응도 마찬가지였다. 1960년대 중반까지는 병원과 '맨발의 의사들'이 피임약과 자궁 내 피임 기구 같은 출산조절 장치를 보급했으며, 낙태도 행해지고 있었다. 도시를 중심으로 출산율은 급격히 떨어지기 시작했다. 일부 지역에서는 1960년대 중반 2년 사이에 50퍼센트가 감소하기도 했다. 마오쩌둥 이후 1980년대 정부는 정책을 더욱 강화해서 25세가 되기 전에 결혼을 금하고, 두 명 이상의 자녀를 가진 부부에게 벌금을 매겼다. 이는 국가의 지나친 권력 행사였으며, 마찬가지로 어린이에 대한 중국 관습으로부터도 엄청나게 벗어나는 것이었다.

사실상 혁명적 혁신은 전통과 선택적으로 결합했다. 그리고 모든 혁신이 실제로 공산주의 시나리오를 따른 것은 아니었다. 부모든 어린이든 가족을 중요하게 생각하지 말아야 하며, 어린이는 "인민의 이해관계와 국가의 이익에 관심을 가져야 한다"는 말을 들었다. 구체적인 정책은 부모의 통제를 공격했다. 예를 들어 1950년의 결혼법은 젊은이들이 부모의 동의 없이 배우자를 선택할 수 있게 했다. 그러나 가족의 영향력은 여전히 강했다. 1970년대에 이르면 특히 도시에서는 아이들 가운데 30퍼센트가 유치원에 다녔지만, 훨씬 많은 아이들을 할머니 할아버지가 돌보았다. 전통 또한 새로운 인구정책에 반작용을 보였다. 가족당 한 자녀만을 허용하자, 많은 농촌 사람들은 여지없이 여아를 살해하는 행위로 돌아갔고 그들에게 '한 자녀'는 아들이었다. 그리고 고아원의 여자아이와 남자아이 비율은 9:1에 이르렀다. 결과적으로 너무 심한 남아 초과 현상으로 이어졌다. 한 자녀 정책은 또한 어린이에 대한 새로운 차원의 투자하려는 마음과 물질적 너그러움을 촉진시켜, 어떤 면에서는 끈끈한 부모자식 간의 유대감을 만들었다. 이는 근대 어린이의 역사에서 친숙하게 나타나는 발전적 현상이지만, 공산주의의 목적과 일치하는 것은 아니었다. 2000년에 이르면, 학교의 책임자들은 사랑하는 유일한 자녀를 잘 대하는지 확인하려는 '4-2-1 집단'으로부터 받는 엄청난 압박을 보고하고 있다. 4는 조부모 2명과 부모 2명을 합친 것이다. 이들은 한 명의 자녀가 성공하는 데 모든 돈을 쏟아 붙고 학교의 활동 자체에 중요한 새로운 요소를 도입했다.

더구나 1978년 공산 정권이 시장경제 정책을 도입하고 급속한 경제성장이 뒤따르면서, 중국의 도시 어린이들은 그 밖에도 여러 면에서 사실상 많은 다른 사회의 어린이들과 중첩되기 시작했다. 공동 연구로 진행된 몇몇 실험은 학교교육의 성공과 대학 발전에 대한 전면적인 강조를 뚜렷이 지지했다. 실제로 대학에 들어가고자 하는 사람은 정원을 초과했다. 어린이와 부모는 똑같은 입장에서 새로운 소비자가 가지는 관심을 보였다. 예를 들어 1980년대에는 수입된 아기 용품이 유행했는데, 여기에는 장난감이나 기저귀, 좀 더 성장한 소녀들을 위한 화장품 등이 포함되었다. 많은 도시의 중국 어린이들이 세계의 젊은이 문화에 참여하기 시작했다.

공산주의가 20세기 어린이의 성격 변화에 미친 영향은 커다란 의미를 담고 있다. 공산주의가 장악한 지역은 어디이건 간에, 어린이의 개념이 달라지고 정부가 어린이에게 주도적으로 관여하는 방향으로 변화가 빠르게 뒤따랐다. 공산주의의 사례는 근대적 모델의 요소를 밀어냈다는 점에서 세계 다른 지역에도 영향을 줄 수 있었다. 청소년 집단을 조직하고 정치의식을 일깨우는 데 전념함에 따라, 공산주의 자체가 도입한 특별한 주안점은 반세기가 넘도록 많은 어린이에게 매우 흥미롭고 활력이 있었다. 1980년대 중반 이후 중국에서조차도 공산주의가 퇴조하고 시장경제로 선회함에 따라, 이러한 주안점이 지속될 것인지 여부에는 상당한 의문이 제기되고 있다. 그리고 이와 함께 서구의 기준으로는 정의할 수 없는 근대적 아동 지위의 선택 범위도 의문시되었다.

| 더 읽어 볼 책 |

소련과 러시아의 최근 발전에 관해서는 다음 책들을 참고하라. Marina Balina and Evgeny Dobrenko, *Petrified Utopia: Happiness Soviet Style* (London, UK, Anthem Press, 2009); Catriona Kelly, *Children's World: Growing Up in Russia, 1890-1991* (New Haven, CT: Yale University Press, 2007); Christina Kiaer and Eric Naiman, *Everyday Life in Early Soviet Russia: Taking the Revolution Inside* (Bloomington: Indiana University Press, 2006); Clementine Creuziger, *Childhood in Russia: Representation and Reality* (Lanham, MD: University Press of America, 1996); Lisa Kirschenbaum, *Small Comrades: Revolutionizing Childhood in Soviet Russia 1917-1932* (New York: Routledge, 2001); Landon Pearson, *Children of Glasnost: Growing up Soviet* (Seattle: University of Washinton Press, 1990); Jim Riordan, ed., Soviet *Youth Culture* (Bloomington: Indiana University Press, 1989); N. Vishneva-Sarafanova, *The Privileged Generation: Children in the Soviet Union:* (Moscow: Progress Publishers, 1984); Kitty Weaver, *Bushels of Rubles: Soviet Youth in Transition* (Westport, CT: Praeger, 1992).

중국에 관해서는 다음 책들을 참고하라. Brian Power, *The Ford of Heaven: A Cosmopolitan Childhood in Tientsin, China* (Oxford: Signal Books, 2005); E. Stuart Kirby, ed., *Youth in China* (Hong Kong: Dragonfly Books, 1966); Anita Chan, *Children of Mao: Personality Development and Political Activism in the Red Guard Generation* (Seattle: University of Washington Press, 1985); Jon Saari, *Legacies of Childhood: Growing up Chinese in a Time of Crisis, 1890-1920* (Cambridge, MA: Harvard University Press, 1990); Ni Nan, *Hometowns and Childhood* (San Francisco: Long River Press, 2006); Sing Lau, ed., *Growing Up the Chinese Way* (Hong Kong: Chinese University Press, 1996); Thomas Bernstein, *Up to the Mountains and Down to the Villages: The Transfer of Youth from Urban to Rural China* (New Haven, CT: Yale University Press, 1977); Luo Xu, *Searching for Life's Meaning: Changes and Tensions in the Worldviews of Chinese Youth in the 1980s* (Ann Arbor: University of Michigan Press, 2002); Beverley Hooper, *Youth in China* (Harmondsworth, UK: Penguin Books, 1985); Ann-Ping Chin, *Children of China: Voices from Recent Years* (Ithaca, NY: Cornell University Press, 1988).

09

풍요로운 사회와 소비주의

20세기 동안 발전하는 산업사회에서 어린이는 중요한 변화를 겪었다. 두 가지 패턴이 지배적이었고 당연한 말이지만 서로 상호작용을 했다.

첫째는 미국, 일본, 서유럽 사회는 계속해서 우리가 근대적 아동 지위의 특징이라고 말해 왔던 것을 더 충분히 구현해 나갔다. 이들 사회는 학교교육에 더욱더 힘을 기울이고 적어도 더 전통적 형태의 아동노동을 최소한으로 줄이려고 한층 더 애썼다. 그리하여 19세기 후반 시작된 아동사망률의 극적인 감소를 이루어 냈다. 그리고 약간 왔다 갔다 하기는 했지만, 낮은 출산율로 충분한 전환을 이루었다. 일본은 대체로 제2차 세계대전 이후 정부의 장려 속에서 이런 특별한 대열에 참여했는데, 다른 형태의 출산 통제로 전환하기에 앞서 처음에는 주로 낙태에 의존했다. 원칙은 일찍이 확립되어 왔지만, 충분한 실행에 포함된 실제적인 변화가 이때 일어났다.

둘째로, 발전한 산업사회는 또한 어린이를 대하는 데 그 이상의 혁신을 이루었다. 전통적인 훈련 방법을 재검토하고 어린이를 소비자로 대하는 문제에 관심과 우려가 높아졌다. 미국은 이 영역에서 일찍이 1920년대에 변화를 도입했다. 일반적으로 보면 같은 방향이지만, 서유럽에서 더 극적인 변화는 1950년대 후반 이후에 일어났다.

아동 지위를 체계화하는 데 정부가 하는 역할 역시 한층 확대되어 교육의 필요성과 제공, 노동의 조정 같은 이전의 주된 요소들을 뛰어넘었다. 제2차 세계대전이 끝나고 10년 사이에 많은 정부들은 갖가지 새로운 보호 정책을 시행했다. 미국의 여러 주는 자전거를 탈 때 어린이가 헬멧을 써야 한다고 규정했으며, 오토바이를 탈 때 지켜야 할 안전 규정을 점차 강화했다. 이탈리아 정부는 어린이 혼자서 엘리베이터를 탈 수 있는 나이까지 규제하려고 했다. 20세기 초까지는 많은 정부가 어린이 비만을 줄이는 데 관여하고자 했다. 어린이를 겨냥한 상업 요금을 통제하기 위한 노력은 또 다른 커다란 범주였으며, 미디어의 지나친 폭력과 외설물에 어린이가 접근하는 것을 제한하는 방향으로 정책을 펴 나갔다. 지난날의 아동보호 노력에 이어서, 많은 정부는 국가가 부적절해 보이는 부모로부터 어린이를 보살펴야 하는 상황을 논의했다. 학대와 폭력뿐 아니라 부모가 과도한 술과 마약을 하는 경우, 또한 21세기에는 폭식을 통제하지 못하는 것 등이 이런 상황에 해당한다.

모든 규정이 완전히 강제를 띤 것은 아니었다. 그리고 이 중 일부는 어린이뿐 아니라 어른에게도 비슷하게 해당하는 방법이었다. 그러나 어린이를 정부가 감독하는 것에 대한 신뢰는 상당히 지속적으로 확대되었다. 그럼에도 동시에 제2차 세계대전 이후 나온 연설이나 선언들 역시 더 일반적으로 인권의 한 범주로서 아동권에 대해서 이야기했다. 이러한 논의 중 다수는 발전도상국에 초점을 맞추었는데, 이들 국가에서는 어린이가 학교교육을 받을 기회를 보장하기 위해 과도한 노동으로부터 보호하려는 노력이 특히 시급한 것처럼 보였다. 인권에 대한 노력은 또한 서구에서조차도 학대로부터의 자유나, 더 잠정적으로는 학교의 지나친 검열 프로그램에 맞서는 표현의 자유에 적용되었다.

미국이나 서유럽 같은 곳에서 사회적 변화를 더 일반적으로 다룰 때, 몇몇 학자들은 '탈산업'이나 '포스트모던' 같은 용어를 사용하기 시작했다. 이 말은 19세기나 20세기 초 산업의 패턴과는 완전히 다른 차원의 변화를 의미한다. 이런 눈길을 끄는 명칭은 화이트칼라 직업이 많아지고 공장 노동은 상대적으로 줄어드는 추세와 같은 어떤 중요한 변화를 포착한 것일 수도 있다. 그러나 이런 변화가 아동의 지위를 확립하는 데 도움이 되는지는 의문이다. 결과적으로 전 세계의 대부분은 여전히 산업 시대로 이동하고 있었다. 선진 산업국가들에서도 근대적인 아동 지위를 규정하는 데 많은 발전적 변화가 나타났다. 예를 들어 안전 규정의 확대와 같은 새로운 조치는 어린이의 사망을 훨씬 더 줄이려는 노력이었다. 아동 소비의 확대와 같은 일부 명확한 변화도 부분적으로는 낮은 출산율에 대한 부모의 대응을 반영하는데, 이는 평균적으로 한 가정당 1~3명인 자녀들에게 자신들이 얼마나 존중받는지를 보여 주기 위해 애쓰는 것이었다. 새로운 요소들은 중요했다. 그러나 그것들은 더 일찍 진행된 기본적인 변화에 지속적으로 적응하는 맥락에서 작동했다. 물론 이런 주장은 논쟁의 대상이 될 수 있고, 또 논쟁을 벌여야 한다. 그러나 근대적 모델이 새로운 포스트모던 변수라는 어떤 브랜드에 의해 자리를 잃어버리고 있음을 암시하는 용어를 사용할 이유는 없을 것 같다.

어린이가 점점 더 많은 성인용품에 노출되고 어린이는 순진하다는 관념이 조금씩 약화됨에 따라, 특히 서양 세계의 일부 지도자들은 최근의 역사에서 마침내 '아동 지위의 종착점'을 발견해 왔다. 1950년대 이후 형성되어 온 여성 생활의 변화는 아이들이 어렸을 때부터 가정 바깥에서 더 많은 일을 하고자 함으로써, 이전 10년 동안 그렇게 낭만적으로 여겨지던 아동 양육의 패턴을 중단시켜 버렸다. 그러나 어린이는 순수하다는 것 자체가 상당히 새로운 발상으로, 전통적인 관념이 아니라는 사실을 기억할 필요가 있다. 그리고 이는 부분적으로는 원죄라는 옛 관념에 대한 반작용으로 주로 서양에서 표면화되었다. 다른 말로 하면, 어린이의 순진함이 사라진 것이 명확한 전 세계적 현상은 아니었다. 그러나 서구에서조차 적어도 청소년 이전의 어린이가 순수하며 확실히 보호받아야 한다는 관념이 일부에서 여전히 남아 있다. 그리고 사실상 21세기 초의 연구들은 자녀들과 함께할 시간이 없어 보이는 일하는 어머니들이 실제로는 1950년대 가정주부들보다도 더 많은 시간을 함께 보낸다는 사실을 보여 주고 있다.

두말할 나위 없이 변화하는 조건들은 어떤 의미 있는 발상의 전환을 촉진시켰다. 학교교육, 낮은 출산율, 낮은 사망률이라는 삼위일체를 뛰어넘는 변화의 과정에서, 서양 사회는 기본적인 근대적 모델에서 벗어나 19세기 동안 아동 지위에 대한 접근법의 특징을 이루던 일부 강조점들을 수정했다. 태도는 더 융통성이 있게 바뀌었다. 1940년대 무렵에는 자식의 행동거지에 대한 부모의 명령권이 폐지되었다. 소비자 운동에 적합한 더 비공식적인 스타일을 비롯한 다른 쟁점들이 더욱 중요해졌다. 성에 대한 관심은 특히 미국에서는 별다른 변화가 없었다. 그러나 성 문화와 실제 행위 모두 허용의 폭을 크게 넓히는 방향으로 바뀌어 나갔다. 하층계급 사람들이나 이민자에 반대하는 등에서 보이는 품위에 대한 강한 우려는 완전히 사라지지는 않았지만 이러한 변화 속에서 줄어들었다. 귀엽고 사랑스런 어린이의 이미지는 강화되었다. 어린이의 이미지는 관련 상품의 광고와 영화 관객으로서 매우 효율성이 높다는 점이 인정되었다. 그러나 더 복잡해졌다. 청소년에 대한 관심은 19세기에는 하나의 혁신이었지만, 이제는 많은 어른들에게 반복적이고 근심 가득한 강박관념이 되었다.

여러 차이들이 발전된 산업사회 내에서도 지속되었다. 예를 들어 서유럽과 일본은 나중에 대학에 들어가는 데 적합한 자격을 확보할 뿐아니라 어린이를 다른 수준의 중등교육으로 이끌기 위해 경쟁시험을 미국보다 더 강조했다. 아동기의 마지막 단계에 들어가는 미국의 대학은 통상 수업료를 받는데, 때로는 상당한 금액에 달했다. 반면 일본과 서유럽에서는 입학 자격을 갖춘 학생들 대부분이 기본적으로는 무료로 공부할 수 있게 되었다. 여기에서 젊은이들을 위하는 것뿐 아니라 가족 책임의 규정에서 엄청난 차이가 있었다. 비슷한 경향이 보이기는 하지만, 아동 소비는 서유럽보다도 미국과 20세기 후반의 일본에서 더 진전되었고 빨랐다. 영양 상태와 식생활은 달랐다. 1950년에서 2004년 사이에 유럽 어린이의 키는 급속히 커졌다. 독일인은 전 세계에서 평균 신장이 가장 큰 사람들이 되었다. 그러나 미국 어린이의 키는 상승 폭이 크지 않았다. 아마도 새로운 이민 인구와 더 큰 사회적 불평등 때문이겠지만, 어쩌면 키 크는 것을 가로막는 정크푸드에 친숙한 식습관 때문이기도 했다.

학교교육에서 어린이의 성취도를 높이는 것과 같은 공통적인 관심이 있지만, 단적인 차이는 1950년대 이후 보육에서 나타났다. 서유럽과 미국에서는 점점 더 많은 어머니가 집 밖에서 일을 하기 시작했다. 이는 아이를 돌보는 문제를 둘러싼 명백한 쟁점을 불러일으켰다. 모든 곳에서 여성들은 새로운 역할에 대해 처음에는 불편함을 표현하면서, 자신들은 일하러 나가지만 엄마라면 실제로 가정을 지켜야 한다고 주장했다. 서유럽에서는 낮 시간동안 아이를 돌보아 주는 탁아소가 점차 일반화되었다. 대부분의 부모들은 이런 기관에 익숙해졌다. 미국에서는 엄마들이 어린이를 기관에 맡기는 것보다는 친척이나 나눠서 맡기는 데 의존하는 것을 선호함에 따라 보육에 대한 우려가 커졌다. 일본에서는 일하러 나가는 엄마가 많지 않았고 어린 아이를 돌보는 데 훨씬 더 직접적인 역할을 유지하였으며, 성실하게 학교에 다니는 보상으로 아이들의 응석을 받아주었다. 물론 이 세 지역 모두 출산율 저하라는 공통적인 현상은 이런 차이를 관심에서 벗어나게 했고 보육 문제를 완화시켰다.

역사적 사건이 미치는 영향이 서로 달랐다는 사실을 기억하는 것도 중요하다. 독일이나 프랑스 같은 서유럽 국가의 어린이들은 아버지의 부재나 때로는 사망뿐 아니라 식량과 생활 기준의 제약 때문에 제1차 세계대전 동안 커다란 어려움을 겪었다. 이런 경험은 제2차 세계대전에서 훨씬 더 널리 되풀이되었다. 미국의 어린이도 영향을 받기는 했지만 혼란은 훨씬 적었다. 제2차 세계대전 시기 서유럽과 일본에서 벌어진 폭격은 어린이에게 그 자체로 그리고 심리적으로 상처를 남겼다. 미국 어린이들은 심화되는 냉전의 일환으로 1950년대 개발된 핵무기 경쟁을 우려하는 짧은 시대를 경험했다. 그리고 일부 분석가들은 1950년대 후반까지 늘어나는 소비 지상주의를 지지하면서 미국인들이 대체로 종말론적 우려를 벗어던지는 것처럼 보인 이후까지도 청소년들 사이에 파괴에 대한 깊은 공포가 도사리고 있다고 주장했다. 그러나 확실히 미국 어린이들은 서유럽에서는 적어도 두 세대의 어린이들에게, 일본에서는 한 성년 세대에게 영향을 미친 근대의 전쟁을 그대로 겪은 것은 아니었다.

지리적 차이에 더해서 사회적 차이와 성별 차이 또한 변함없이 문제가 되었다. 입학에 관한 법이 충분히 강제적 효력을 발휘함에 따라, 1920년대에 이르면 노동계급의 자녀들은 어렵지 않게 학교에 들어갔다. 그러나 이들이 고등학교를 마치거나 대학에 들어가는 경우는 중산계급의 경우보다 상대적으로 적었는데, 이는 청소년기 또한 달랐다는 사실을 의미했다. 소수자 어린이, 특히 사회복지가 충분히 발달하지 못한 미국과 같은 사회의 소수자 어린이에게는 가난과 영양실조가 이어졌다. 미국에서는 1980년대까지 빈곤선 아래의 어린이 수가 급속히 팽창했다. 특히 홀어머니가 꾸려 나가는 가정에서 그러했다. 줄어드는 정부의 관심과 무너지는 가정생활도 마찬가지 결과를 가져왔다. 미국뿐 아니라 제2차 세계대전 이후 새로운 이민의 결과로 유럽에서 확대된 인종적으로 소수자에 속하는 사람들에게도 역시, 편견과 취업 기회의 부족, 독자적 범죄 집단의 잦은 조직, 음악 스타일 등에 대한 대응이라는 특징적인 상황이 나타났다. 성별의 중요성이 줄어든 것은 거의 틀림없지만, 교육 형태의 선택, 옷과 다른 소비품의 선택, 그리고 가정의 의무에 여전히 영향을 미쳤다. 1920년대 미국에서처럼 어떤 종류의 성별 구분은 오히려 확대되었는데, 이 시기에는 분홍색과 파란색이 어린아이의 성별을 확인하기 위해 선택되었으며 과외 활동을 대체로 분리하여 저마다 남성성과 여성성의 부각을 강조했다.

　이런 모든 현상들과 함께 부유한 어린이를 위한 일반적 경향들이 여전히 나타났다. 그런 경향은 근대적 아동 지위가 완전히 자리 잡게 한 것을 시작으로, 국가의 울타리를 넘어서 어린이가 무엇이며 어떻게 대할 것인가 하는 방식에서 많은 중요한 변화를 보여 주었다. 또한 국가의 울타리를 넘어서 의도적으로 공유되는 활동들을 생겨나게 했는데, 옷

스타일, 갖가지 장난감, 레크리에이션, 대중음악 등이 여기에 포함되었다. 이런 경향이 가져온 것은 여러 가지 세심한 모방으로, 예컨대 널리 번역된 미국 벤저민 스폭 박사의《아기와 아이 돌보기》(Baby and Child Care, 1946)와 같은 동일한 육아 지침서의 활용을 들 수 있다. 그리고 부(富)의 조건과 점점 더 많은 어린이에게 성인으로 노동을 할 준비를 시킬 필요성을 공유했는데, 그 방법으로 실용 교육에 의존했다.

디즈니 테마파크가 이 세 영역에서 공히 성공을 거둔 것은 우연이 아니라 특별히 눈에 띄는 상징물을 어린이를 위한 레저와 소비에 전념하는 가족 상징물로 채택했기 때문이었다. 테마파크 건설은 미국에서 1950년대에 시작되었다. 도쿄에 만들어진 디즈니랜드는 더 빨리 성공을 거두었다. 유럽에서는 조금 더뎠다. 왜냐하면 일반적으로 어린이의 상업적 문화나 미국식 식사와 스낵을 먹는 습관을 비롯한 '미국화'에 저항감이 있었기 때문이었다. 그러나 어느 정도의 조정을 거쳐 유럽의 디즈니랜드 역시 성공을 거두었다. 급기야 프랑스에서 가장 많은 사람이 방문하는 관광지로, 노트르담이나 루브르박물관 같이 어린이 중심의 성격이 덜한 명소를 따돌렸다.

아동 지위의 근대적 모델은 일부 사항들이 더 정교해지고 많은 결과가 추가됨으로써 완성되었다. 영국이나 미국 같은 나라에서조차도 근대적 아동 지위의 외견상 명백한 몇 가지 특징들이 얼마나 최근에야 자리를 잡았는지 기억할 필요가 있다.

남은 문제는 명확하다. 값싼 노동자라는 이런 자원을 이용하려는 일부 사업의 오랜 의지와 더불어, 노동계급에서 오랫동안 지속된 가족 부양을 어린이에게 의존하는 현상에 대한 특별한 관심이었다. 기본적인 아동노동법은 산업국가에서 19세기 동안 통과되었다. 그러나 해야 할 많은 것이 아직 남아 있었다. 예를 들어 순전히 숫자로만 보면 1900년 무렵의 수십 년은 미국에서 아동노동이 절정을 이룬 시기였다. 1890년에는 10~15세 어린이 가운데 약 100만 명(전체의 12퍼센트)이 노동을 했다. 그리고 1910년에는 절정에 다다라 공식적으로 거의 200만 명(전체의 18퍼센트)이 고용되었는데, 여기에는 여전히 이어지고 있던 농장 노동은 포함되지 않았다. 중산층의 의견은 노동과 어린이는 뒤섞여서는 안 된다는 데 이미 일치했다. 그래서 예상되는 것이지만, 이런 수치가 널리 알려지자 많은 개혁 계획이 새롭게 쏟아져 나왔다. 미국아동노동개혁위원회(National Child Labor Reform Committee)가 1904년 출범했다. 그리고 신문들은 20년이 넘도록 반복해서 학대 이야기를 보도했다. 노동력 착취 현장이나 화학물질 따위를 다루는 공장이 어린이 건강에 미치는 해독, 적절한 학교교육을 받는 데 주는 장애 등에 똑같이 초점을 맞췄다. 노동에 종사하는 어린이는 성적 착취와 거리에서 범죄행위의 미끼에 노출되어 있어서, 도덕적 위험성도 커 보였다. 어린 시절 노동을 했던 많은 사람들이 자신이 견디어 냈던 학대에 대해 스스로 증언했다. 개혁가들에 따르면, 어린이는 농장에서도 노동으로부터 보호를 받을 권리를 누려야 한다. 그 권리는 어린이에게 이런 일을 하게끔 하는 부모의 힘보다 큰 것이었다.

물론 논쟁이 뒤따랐다. 사업이나 농업적 이해관계가 있는 사람들은 이따금 아동노동을 옹호했다. 이들은 가정에도 도움이 되며, 훈련이 되고, 게으름이라는 해악으로부터 어린이 스스로를 보호해 주는 이점이 있다고 주장했다. 그러나 점차 산업의 변화, 학교 입학을 비롯한 법, 부모 자신의 결정 등이 결합되어 아동노동은 줄어들기 시작했다. 기술 발전 또한 여기에 기여했다. 예를 들어 도시의 우편배달 소년들은 점차 전

화로 대체되었다. 반면 가정용 전자제품들은 10대 가정부의 필요성을 줄였다. 공식적으로 고용된 10~15세 어린이의 비율은 1920년대까지는 8퍼센트로 낮아졌다. 그리고 1940년대까지는 1퍼센트까지 떨어졌다.

약간의 흥미로운 예외는 있었다. 예를 들어 신문사 사주들은 배달 소년이 여전히 필요하다고 주장했다. 어린이 보호 운동에서 신문사가 맡았던 시끌벅적한 역할을 생각해 볼 때 역설적인 풍경이다. 그들은 노동과 직업 기능을 위한 아동 훈련이라는 관점을 내세워 자신들의 메시지를 홍보했다. 그리고 중산층 부모를 포함한 많은 부모들은 이런 직업이 성인의 배달 서비스로 폐지될 때까지 수십 년을 더 여기에 동의했다. 그리고 이주 노동자들이 아동 노동을 활용하는 것은 제대로 통제되지 않았는데, 이들 어린이는 거의 모두 소수 인종이거나 외국인이었다. 2001년에 미국에서 수십만 명의 어린이가 농업 노동에 종사하고 있었다. 그리고 이주민 노동자 어린이 가운데 55퍼센트만이 고등학교 교육과정을 완전히 마치고 있었다. 그러나 대체로 1930년대에 이르면 미국과 서유럽에서, 그리고 1950년대가 되면 일본에서 어린이와 공식적 노동은 뒤섞이지 않았다. 학교의 수업일수와 학업 연한이 늘어난 반면, 적어도 고등학교를 졸업할 때까지 대부분의 아이들에게 노동의 기회는 줄어들었다.

이러한 변화는 결과적으로 아동 지위의 경제적 정의를 새롭게 완성했다. 어린이는 자산이 아니라 부채였다. 이를 이전에 깨닫지 못했던 가족은 20세기 2분기까지 이런 결론을 피할 수 없었다. 그리고 출산율 감소에 그 이상의 원동력을 제공했다. 잘 알려져 있듯이 1930년대 대공황으로 임금 하락과 심각한 성인의 실업이 나타났음을 고려할 때, 아동노동에 더 많이 의존하는 현상을 촉진시켰을 수도 있어서 정반대의 효과를 가져왔다. 현대사회에서 어린이를 한두 가지 형태 이상으로 활용할 수 없다는 것을 가족들이 깨닫게 됨으로써 출산율은 역대 가장 낮은 수준으로 떨어졌다. 이런 추세들과 관련된 다른 변화들도 있었다. 1930년대에서 1950년대 사이에 대부분의 산업사회는 새로운 연금 기금을 개발했다. 미국에서 이것은 사회안전망 시스템으로 이어져 1940년대에 은퇴한 사람들에게 도움을 주었다. 이는 나이 든 사람들이 생계의 원천을 자식들에게 의지하는 것을 줄이는 효과를 가져왔다. 또한 미국에서는 1930년대까지 노인들이 어린이를 자신의 주된 희망으로 생각한 반면, 1940년대에는 정부에 의존하는 것으로 바뀌었다. 출산율이 떨어지고 어린이를 새롭게 인식하게 되었으며, 어린 청소년까지도 노동을 하지 않게 만든 또 다른 동기가 여기에 있었다.

몇 가지 이례적인 경우와 머뭇거림도 있었다. 1960년대까지 프랑스를 비롯한 몇몇 유럽 국가들은 15세 이후의 일부 아이들을 위해 일과 학업을 병행하는 경험을 제공하기 시작했다. 그 논거는 학업성취도 검사에서 가장 낮은 점수를 받는 전체 어린이의 약 4분의 1은 일부 지속적인 학교교육과 함께 숙련된 육체노동을 지향하는 실습 교육을 받는 것이 경제적으로 성공할 수 있는 미래를 준비하는 가장 바람직한 청소년기를 보장한다는 것이었다. 본디 가족이 아닌 개인의 이익을 위한 것이지만, 본질적으로 이런 종류의 프로그램은 도제제도의 이념을 부활시켰다. 다른 말로 하면, 단지 중기 청소년기에만 해당하는 것이지만 그 이상의 학교교육을 받을 수 있는 능력에 대한 판단을 확실히 하는 것이 가능할 때 아동 지위의 근대적 모델은 소수를 위해 수정될 수 있었다. 물론 16세가 되어 학교를 완전히 떠나는 것이 법적으로 가능해졌을 때, 소수의 아이들이나 그들의 부모는 이런 결정을 스스로 할 수 있다. 다만 적어도 고등학교 입학이 점점 사회적으로 인정받는 일반적 기준이 되고, 고등학교 졸업이나 그 이상의 학력을 갖추는 것이 성인이 되어 기회를 얻는 데 크게 도움이 된다는 점이 명백해짐에 따라 이 숫자는 점차 줄어들었다.

1980년대에 이르면 점점 더 많은 미국 어린이들이 17살 이전에 방과 후 파트타임이나 방학 기간에 아르바이트로 일을 하기 시작했다. 원론적으로 말하자면, 학업에 초점이 맞춰 있고 일은 부차적이었다. 그러나 일과 다른 활동 때문에 학업과 집안일에서 멀어지고 청소년들이 피곤해서 공부에 열중하지 못함으로써 실제로 갈등이 자주 일어났다. 학업과 일을 병행하는 실험적인 프로그램보다는 훨씬 덜 했지만, 이것은 일에 기반을 둔 지난날의 아동 지위가 부활한 것이었다. 물론 예외가 있기는 했지만, 학교가 끝난 다음 일을 하는 것은 가족이 아니라 주로 자기 자신, 예컨대 자동차 같은 소비 상품을 사거나, 미국에서는 특히 마련하기 힘들었던 대학 공부에 들어가는 비용에 보태려는 목적이었다. 또한 대체로 어른이 되어 가질 직업을 준비할 수 있게 해주는 일을 하는 것이 아니라 주로 낮은 수준의 서비스 업무에 종사했다. 그럼에도 이런 변화들은 근대적 아동 지위를 정의하는 것이 언제나 쉽지는 않으며, 중기 청소년기까지는 특히 그렇다는 흥미로운 암시를 남겼다.

그렇지만 어린이와 노동에 대해 남아 있는 가장 흥미로운 논의는 가정을 둘러싼 어린이의 일에 초점이 맞춰져 있다. 1920년대 동안 많은 미국 비평가들은 어린이가 버는 소득이 적더라도 가사일 때문에 가족에게 계속해서 필요할 수 있으며, 이는 어린이가 일을 하는 것을 윤리적으로 만들 수 있다고 생각했다. 그렇지만 현실적으로 가사 노동은 점차 줄어들었다. 여기에서도 기계가 어린이의 일을 대체했다. 예를 들어 가스스토브는 난로에 석탄을 넣는 일을 없앴으며 식기세척기는 그릇을

닦는 일을 줄여 주고, 규모가 작아진 가정에서는 어린아이를 돌보아야 할 필요성이 적어졌다. 그러나 더 많은 문제들이 관련되었다. 부모, 특히 엄마는 일을 시작하면서 자식을 가르치고 보살피는 것보다는 자신이 집안일을 하는 것이 더 쉽다는 사실을 발견하곤 했다. 그리고 학업 성취의 압박감으로 부모가 자식에게 너무 많은 일을 하라고 요구하는 것이 부담스러워졌다. 부모를 향한 새로운 종류의 권고는 착취를 하지 말라는 것이었다. 누군가 말했듯이, "어린이에게 지나친 책임감을 지우지 않도록 유념하라"는 것이었다. 그리고 어린이 스스로도 더 저항적으로 바뀌어 갔다. 특히 10~12세 이후에는 더욱 그랬다. 소녀들은 여전히 소년들보다 일을 더 많이 했다. 한 부모 가정의 어린이는 책임을 적게 맡았다. 그러나 부모 가운데 한 사람만이 생존해 있는 가정의 어린이가 일을 가장 적게 했다. 그리고 어린이의 노동은 빠르게 줄었다. 1976년 모든 미국 고등학생 중에 41퍼센트가 날마다 집안에서 어떤 일을 한다고 말했다. 반면에 1999년에 이르면 이 수치는 24퍼센트로 떨어졌다. 많은 가정에서 아버지는 어린이를 어머니의 기본적인 집안일 도우미 자격으로 바꾸었다. 여기에서도 역시 예상치 않게 일과 어린이는 훨씬 더 분리되었다.

이런 변화의 어떤 것도 심각한 문제를 일으키지는 않았지만 일부 혼란은 있었다. 어린이의 본분이 학교 공부라는 사실을 받아들였음에도, 많은 부모들은 자식들이 너무 일을 적게 한다는 것에 약간은 괴로워했다. 그리고 가족에게 헌신한다는 것이 무엇인지 우려했다. 어린이의 처지에서 보면, 일을 하지 않는다는 것은 성인의 지위에서도 멀어진다는 것을 의미했다. 학교교육에서 쉽게 정체성을 느끼는 사람들은 이것을 깨닫지 못하고 지나갈 수도 있다. 그러나 어떤 어린이들은 자신의 목적이 무엇인지에 대해 스스로 우려했다. 이는 결국 풍요로운 사회에서 살아가는 현대 어린이에 대한 비판에 포함되기도 하는 정체성과 의미의 문제를 일으킬 수 있었다.

줄어드는 일과 가장 명확한 대응 관계에 있는 것은 높아지는 학교교육이었다. 우리는 학교교육이 이제 보편적 경험이 되었으며, 나중에는 청소년기까지 확대되었고 성인의 자격으로 여겨지고는 했다는 것까지 살펴보았다. 1950년대 산업화된 국가에서 소수이지만 주목할 만한 수의 어린이들이 여전히 졸업 이전에 고등학교 학업을 중단했다. 특히 소년들이 그러했는데, 이들은 소녀들보다 직업을 구하는 것이 쉬웠으며 그들의 문화는 적어도 어떤 경우에는 학교교육에 어쨌든 더 저항적이었다. 그러나 1960년대 이르면 고등학교를 마치지 못하는 어린이의 수는 가파르게 떨어졌다. 학교교육을 받는 것은 이제 아동기뿐 아니라 청소년기에도 마찬가지였다.

마지막으로, 산업화된 세계의 모든 곳에서 중등학교를 마친 이후 상급 학교에 진학하는 비율도 폭발적으로 늘어났다. 이런 추세를 이끌던 미국에서 해당 연령 집단 중 절반을 훨씬 넘는 인원이 1970년대까지는 적어도 어떤 대학에 들어갔다. 1990년대까지는 비슷한 경향이 서유럽, 캐나다, 일본에 영향을 주었는데, 그곳들에서는 고등교육이 더 이상 엘리트 지위를 유지시켜 주지 않았다. 해당 연령 집단의 40~50퍼센트가 대학이나 상급 기술학교에 들어갔다. 이전의 고등학교처럼, 여성의 수가 남성보다 많아서 55:45나 그 이상의 비율이었다. 주목할 만한 점으로, 남성과 여성 모두에게 대학에 들어갈 수 있는 기회와 경험이 확대된 것은 젊은이들을 20대까지는 가족이나 국가 또는 양편 모두에 어느 정도 훨씬 더 경제적으로 의존하게끔 했다. 따라서 충분한 성인의 지위를 얻는 것도 연기될 수밖에 없었다. '어린이의 본분은 곧 학교교육'이라는 근대적 방정식은 새로운 변화를 맞게 되었다.

더욱이 학교교육의 강화 또한 여러 차원에서 바뀌었다. 어느 정도는 학교교육 자체의 팽창 때문이었다. 예를 들어 미국 학교에서 성적표와 통지표가 일반적인 관례가 된 것은 20세기가 되어서였다. 이전에는 느슨한 '합격-불합격'(pass-fail)이라는 방법이 일반적이었다. 새로운 시험이 도입되고 예전 시험은 확대되었다. 대학위원회의 시험은 엘리트 대학에 들어갈 고등학생을 가려내기 위한 수단으로 20세기 초에 도입되었다. 그 범위와 영향은 점차 확대되어 21세기 초가 되면 대부분의 중등학교 학생들에게 통과의례가 되었다. 이들 학생들 중 일부는 점수를 높이기 위한 노력으로 집중 보충수업을 받고 몇 차례 시험에 응시했다. 시험은 유럽과 중국에서 훨씬 중요하게 여겨졌다. 시험과 교사의 보고서는 11세 무렵 어린이가 중등학교 여러 진로를 선택하는 데 도움을 주었다. 그리고 대학 예비과정으로 진로를 잡지 못한 학생은 다시 지정을 받는 것이 어렵다는 사실을 발견하고는 했다. 다른 일련의 시험들은 고등학교 졸업자를 대상으로 대학 입학과 배정의 기초로 시행되었다. 그 이름은 다양하다. 영국에서는 'A와 O 레벨,' 프랑스에서는 '바칼로레아'라고 한다. 입시의 압박감은 엄청났다. 당연히 시험이 끝나면 흔히 큰 규모로 젊은이들의 기념행사가 벌어졌다. 거리에서 시위를 벌이거나 심지어 프랑스 파리에서는 폭동까지 일어났다. 소련 붕괴 이후의 러시아에서는 술에 취해 흥청대거나 특별한 복장을 갖춰 입고 돌아다니기도 했다.

여기에서 생겨난 변화 중에는 또한 어린이와 성인의 경험에 대한 인식과 우려가 포함되었다. 학업 성취를 권장하는 것은 보육의 필수적 측면이 되었다. 이는 여름 활동을 증진시키는 적절한 선택이나 일본 가정에서 아이가 울분을 터뜨리면 어머니가 애지중지 받아들이는 것을 의미할 수도 있다. 잠재력을 발견하고 이룰 수 있는 개선 방안을 결정하기 위해 어린 아이에게 지능검사를 실시하는 것은 자신의 자녀를 평가하는 또 다른 새로운 방법이었다. 불임 부모의 인공수정 수술이 확대되면서, 학교교육을 얼마나 받았는가 하는 것은 키와 용모, 그리고 일반적이지는 않지만 종교적 배경 등과 함께 기증자를 선택하는 기준이 되기 시작했다. 높은 지능지수와 일류 대학 학위를 가진 사람이 정자와 난자 기증자로 선호되었다. 모든 사회가 어린이의 지능을 어느 정도 파악하는 것을 중요하게 여겼다. 그러나 이제 그것은 일부 성인에게는 거의 강박관념이 되었으며, 어린이 스스로의 인식 또한 그러했다.

이러한 변화를 고려할 때 일부 망설임이 표면화된 것은 어쩌면 당연한 일이었다. 영국의 노동계급 부모들은 보통 자신의 자녀가 의사나 변호사가 되는 것을 상상하면서 학교교육을 성공적으로 이수했으면 하는 희망을 이야기했다. 그러나 이는 실제로 자녀들에게 거의 도움이 되지 못했다. 때로는 학업 결과나 활동에는 별다른 관심을 보이지 않았다. 다른 말로 하면, 계급의 차이는 학교와 어린이 간의 방정식에 영향을 끼쳤다. 지식 중심주의에 대한 회의가 오랜 역사를 가지고 있는 미국의 중산층조차도, 과도한 학교교육이 어린이의 행복에 미치는 영향을 우려했다. 20세기 전반기 동안 많은 부모 단체가 지나친 스트레스를 준다는 이유로 숙제를 제한하거나 심지어 금지하라고 정부에 압력을 가해서 성공했다. 20세기 말에는 평균적인 학업 수준의 향상과 더불어 어린이에게 더 큰 자존감을 주자는 운동이 비슷한 관심을 보였다. 학교 성적을 공개적으로 발송하는 것과 같이 부끄러움을 줄 수 있는 전통적인 방법은 사실상 불법화되었다. 많은 학교들은 여러 종류의 아이들에게 보상을 받는다는 느낌을 제공하는 데 상당히 긴 시간을 들였다. 예를 들어 고등학교들은 감정에 상처를 받는 것을 줄이기 위해 졸업생 대표를 여러 명으로 하기 시작했다. 캘리포니아 주의 경우 16명이었다. 참여와 시민권의 보상은 또 다른 범주의 학생들을 증가시켰다. "나는 크레스트뷰 초등학교에서 우등상을 받았다"고 적혀 있는 자동차 범퍼의 스티커는 자아존중 운동이 한층 더 겉으로 드러난 것이었다. 미국이 자아존중 운동의 진원지였던 반면, 영국과 그 밖의 지역 시스템은 몇 가지 비슷한 말과 정책을 채택하기 시작했다. 어린이와 그들의 부모가 학교교육에 초점을 맞추는 현상을 바꾸는 작업이 진행되었다.

낮은 출산율의 확산은 산업사회의 어쩔 수 없는 현실로 자리 잡았다. 근대적 모델에서는 모든 곳에서 가난한 가정의 가족 수가 중산층 가족보다 보다 더 많은 경향이 있었다. 이는 전근대적 패턴이 뒤바뀐 것인데, 출산 통제에 대한 지식의 차이와 그리고 아마도 최하층의 사회 계급에는 어린이가 경제적으로 보탬이 될 수 있다는 오래된 믿음을 반영한 것이었다. 동시에 정부 역시 더 큰 규모의 가정을 장려했다. 예를 들어 프랑스는 1930년대에, 그리고 제2차 세계대전 이후에 다시 출산율을 높이는 방향으로 정책을 폈는데, 그 이유는 여러 가지 중에서도 국방력에 영향을 미칠 수 있는 낮은 인구 수준에 대한 우려 때문이었다. 프랑스의 사회복지에는 두 자녀 이상을 둔 부모들에게 주는 보조금이 포함되었다. 몇몇 다른 유럽 국가들도 규모가 작기는 하지만 비슷한 프로그램을 제공했다. 그 결과가 출산율의 감소 추세를 늦출 수도 있다. 그러나 그런 경향이 중단되지는 않았다. 적어도 산업사회의 국가들이 가족 규모에 대한 결정을 실제로 통제할 수는 없었다.

낮은 출산율 패턴에서 가장 흥미로운 이례적인 현상은 1940년대 후반부터 1960년대 초까지 진행된 '베이비붐'이다. 이 현상은 미국이 주도했으며, 서유럽에서는 좀 더 완화된 양상을 띠었다. 10년이 넘도록 중산층 가정은 서너 명의 아이를 낳기 시작했는데, 때로는 현실 감각을 거의 잃었다. 반면에 노동계급 가정에서는 출산율 저하 경향이 완화되었다. 더 많은 아이를 낳으려는 이런 열정 중 일부는 대공황으로 억눌린 수요를 반영했는데, 가족들은 자신이 바라는 목적을 충족시킬 수 없었다. 일부는 제2차 세계대전에 대한 대응에서 비롯되었다. 전후 번영의 확대는 많은 가정에서 더 많은 아이를 낳는 것에 대해 생각할 수 있게 했다. 이런 현상은 교외화(suburbanization)[1] 붐을 부채질했으며, 이는 결과적으로 다시 대규모 가족의 이념을 뒷받침했다. 미디어의 보도는 안정적 가정과 집중적인 보육의 중요성을 권장했다. 그리고 많은 여성들은 자기 자신의 자녀를 돌보는 것뿐 아니라 학교위원회와 아이들을 도와주도기 위해 설계된 다른 기관에서 봉사하는 데 에너지를 쏟았다. 결국 베이비붐은 학교를 복잡하게 만들고 또 다른 갈등을 불러왔다. 1960년대 동안 미국과 서유럽에서 일어난 학생 저항의 폭발에 일정한 역할을 한 것이었다.

그러나 베이비붐 자체는 15년 이내에 막을 내리게 된다. 늘어난 어린이의 양육비는 다른 소비 목적과 갈등을 빚었다. 많은 여성은 이런 부모의 의무와 교외화된 어머니 역할의 외로움에 확실히 싫증을 느꼈다. 미국 페미니즘 부활을 주도한 여성인 베티 프리단의 책《여성의 신비》(Femine mystique)는 1950년대 가족 모델이 여성의 삶을 왜곡했다고

---

1) 도시 중심 지역의 기능이 도시 주변으로 확대되는 현상. 여기에서는 가정의 중심 역할이 어머니에게서 다른 가족 구성원에게로 확대됨에 따라 어머니가 가정 안에서 느끼는 박탈감을 비유적으로 표현하고 있다.

직접적으로 공격했다. 노동인구에 여성이 유입되는 것은 출산율과 직접적으로 상충되었으며, 일이 우선이 되었다. 출산율은 다시 하락하기 시작했다. 2000년까지 에스파냐와 그리스를 비롯한 몇몇 유럽 국가에서는 출산율이 낮아져 이민이 없으면 총인구 자체까지 낮아지기 시작했다. 흥미로운 중단 기간이 있었음에도, 근대적 모델은 확고해 보였다.

물론 낮은 출산율은 그 자체로 19세기 인구 변화에서 이미 나타났던 영향을 확대하는 결과를 가져왔다. 많은 부모들은 적어도 선물이나 학업의 성공을 촉진하기 위한 세심한 준비를 하는 등 자녀에 대한 추가적인 관심을 아끼지 않았다. 이런 점에서 낮은 출산율은 풍요 사회의 아동 지위를 자리매김하는 더 명백한 몇 가지 메커니즘을 촉진시켰다. 더 작은 가족 규모는 아이들이 상호작용을 할 수 있는 형제자매를 가지는 경우가 거의 없음을 의미했다. 이는 어린 시절에 성인, 즉 부모나 다른 돌봐 주는 사람과의 더 많은 접촉을 촉진시킬 수 있었다. 그리고 확실히 대부분 학교에서 만나는 또래 친구들에 대한 의존을 높였다. 가족당 평균 2명의 자녀가 부모의 관심을 놓고 다툼으로써 형제자매 간에 경쟁심이 생기는 것을 우려하는 부모들도 많아졌다. 그러나 그 걱정은 실제 문제보다 과도할 수도 있다. 더욱 명백한 것은 단지 형제자매가 별로 없기 때문에, 아이들의 일상에서 형제자매의 중요성이 줄어들었다는 사실이다.

가장 일반적인 현상으로, 낮은 출산율은 어린이에 대한 사회의 접근 방식에 영향을 줌으로써 연령 구조의 재정립을 촉진시켰다. 베이비붐이라는 짧은 예외 기간을 제외하고, 산업사회의 전체 인구 중에서 어린이의 비율은 급격히 낮아졌다. 동시에 높아진 기대수명으로 노인의 비중은 높아졌다. 너무 당연하게도 노인들에게 사회보험과 의료 프로그램

등 새로운 차원의 관심이 집중되었다. 이것이 반드시 어린이가 정책적 관심에서 멀어지는 것은 아니지만, 그런 효과를 가져올 수도 있었다. 예를 들어 미국에서 20세기의 지난 30년 동안 빈곤선 이하의 노인 비율은 무엇보다도 연금 프로그램 덕택에 낮아졌다. 반면에 이 범주에 속하는 어린이의 비율은 높아졌다. 관련된 패턴으로, 노인들은 높은 비율의 투표 참여로 정치 절차를 활용하기 시작했다. 대조적으로 젊은 층 시민들은 점차 투표를 하지 않게 되었다. 아마도 주도적인 정치 쟁점이 자신들에게 영향을 줄 것 같지 않았기 때문이다. 그러나 이러한 투표 참가율 차이는 성인과 젊은이들 사이의 정책 격차를 더 크게 만드는 결과를 가져왔다.

낮은 출산율은 아동 사회 전반에 사용할 수 있는 재원과 정책적 관심을 줄어들게 하지만, 역설적으로 개별 어린이에 대한 부모의 관심을 높였다. 여기에 20세기 산업사회에 대한 명백한 도전이 있었다.

마지막으로 근대적 모델의 시행을 완성함으로써, 모든 산업화된 사회는 계속해서 아동사망률, 특히 유아사망률의 급속한 감소를 경험했다. 전쟁에 적극 개입하거나 그 밖의 재앙만이 이러한 양상을 잠시 저지했다. 나아가 여기에 사회적 책무가 강하게 남아 있는 영역이 하나 있었다. 어린이는 죽지 말아야 한다는 생각이었다. 그래서 산업사회는 어린이의 생존을 지키기 위해 막대한 자금을 쏟아 부었다. 풍요로움의 확대와 새로운 정부 프로그램은 어린이의 죽음을 없애려는 노력을 훨씬 넘어서 어린이의 건강에 대한 노력을 확대했다. 구체적인 프로그램에서는 차이가 있었다. 그리고 미국은 이와는 어느 정도 거리를 두었다. 그러나 발전한 산업사회의 정부는 대부분 어린이들이 활용할 수 있는 의료 서비스를 포함한 종합적인 건강관리 보험을 개발했다. 또한 특별한 필요에 따라 어린이들에게 막대한 투자로 의료 지원을 했으며 여러 가지 어려움을 겪는 어린이를 위해 학업을 보조했다.

놀랄 만한 일은 아니지만, 거의 모든 사람이 받아들일 수 있는 경향까지도 이례적인 경우와 문제들이 생겨났다. 사망률은 모든 집단에서 낮아졌지만, 사회적 불평등은 명확히 나타났다. 아프리카계 미국인의 아동사망률은 빈곤과 의료 접근성의 부족, 그리고 더 많은 위험성을 가진 10대의 임신 때문에 종종 백인 어린이 사망률의 3배 수준이었다. 아프리카계 미국인들은 또한 10대 시절 폭력에 의한 높은 사망률로 비정상적으로 어려움을 겪었다. 다른 한편으로 몇몇 관찰자들은 일부 어린이가 지나치게 많은 비용을 쏟아 부으면서도 성인이 되었을 때 건강이 좋지 못할 것이라는 명백한 전망을 가진 채 삶을 유지하고 있다고 우려했다. 어린이를 생존시켜야 한다는 광범위하게 퍼져 있는 집념은 당연히 일어난 죽음을 받아들이는 것을 더 어렵게 했다. 미국에서는 슬픔이 가족을 하나로 묶는 데 도움을 줄 것으로 기대되었던 19세기와는 대조적으로, 결혼을 통해 자식의 죽음을 극복하는 경우는 거의 없었다. 어떤 사람이 어린이의 죽음에 책임이 있다는 생각은 견디기 힘든 고통이 되었다. 예를 들어 학교 친구가 죽은 경우처럼 죽음을 가까이에서 접한 어린이의 슬픔을 달래 주기 위한 상담이 널리 퍼졌다.

어린이와 죽음 사이의 관계에 대한 전체적인 쟁점은 새로운 관심의 대상으로 떠올랐다. 1920년대 동안 미국의 많은 전문가들은 어린이가 장례식과 슬픔을 멀리해야 한다고 주장했다. 이런 태도는 1970년대에 이르면 조금 줄어들었지만, 관심은 유지되었다. 심지어 유아원은 어린이들이 정신적 외상을 입지 않도록, 부활절 달걀에 '색칠하다'(coloring)라고 말하는 것은 괜찮지만 '염색하다'(dying)라고 말하는 것은 금지했다.

그리고 많은 전문가들은 현대의 어린이들이 더 이상 죽음을 이해하지 않도록 해야 한다고 주장했다. 직접적으로 경험할 것 같지 않기 때문이라는 것이었다. 어린이를 위한 심리학적 함의는 아주 흥미로웠다.

물론 약간의 새로운 문제들이 있었다. 근대의 장비들은 어린이를 새로운 사고 위험에 노출시켰다. 가전제품은 위험할 수 있었으며 자동차는 위협적인 기계였다. 1920년대부터 어린이를 위험에서 지켜 내는 거대한 캠페인이 벌어진 것은 놀랄 만한 일이 아니었다. 좌석 벨트나 '아동안전' 병마개와 같은 새로운 안전장치가 사용되기 시작하였지만, 많은 사람들은 부모에게 늘어나는 책임을 맡겼다. 미국은 어린이에 대한 안전 규제를 의무화하는 데까지 나아갔다. 한 가지 흥미로운 사실을 보여 주는 예외가 있었다. 미국인들의 자동차 의존은 유럽이나 일본에 비해 운전면허 시험을 상대적으로 쉽게 만들고 젊은 나이에 딸 수 있게 했다. 운전과 청소년은 미국에서는 친숙한 파트너가 되었는데, 청소년 사망의 가장 큰 원인이 될 만큼 사고 비율이 높았다. 반면 대부분의 유럽 국가는 18세 이전에는 운전하는 것을 금지했다. 21세기 초 산업사회에서는 이전의 인류 역사에서보다 죽음과 어린이가 훨씬 더 분리되었다. 그러나 문제는 남아 있었다.

20세기를 거치면서 선집 산업사회의 아동 지위 변화에 세 가지 새로운 경향이 추가되거나 높아졌다. 첫째는 새로운 형태의 가족 불안정, 특히 이혼율의 급속한 상승이었는데, 수십 년 동안 상당히 점진적인 증가를 보였다. 물론 불안정 자체가 새로운 것은 아니었다. 이전의 가족들은 한 부모나 양 부모 모두 사망하거나, 부모로 하여금 어린이를 보호시설로 보낼 수밖에 없게 만드는 심각한 빈곤을 경험했다. 이러한 압력은 20세기에 전체적으로 줄어들었다. 특히 완전한 고아는 거의 없어졌다.

하지만 의도적인 가족 붕괴는 어린이들로 하여금 자신들이 부모 갈등의 포로가 되었으며, 때로는 경제적으로 피해를 입는다는 사실을 알게 만들어 부정적 영향을 주었다. 1970년대 이후 다시 균형을 맞추는 경우가 일부 있었지만, 법적 경향은 어머니가 양육권을 갖는 관습을 지지했다. 격렬한 양육권 다툼은 어린이의 부담을 더할 수 있었다. 자식 때문에 이혼하는 부모는 거의 없었다. 그리고 상당 기간 동안 전문가들은 이혼이 갈등하는 것보다는 낫다고 주장했다. 이런 관점은 1990년대에 이르면 바뀌게 된다. 그러나 명백히 많은 부모들은 자신의 행복이 자녀를 위해서 가족을 억지로 유지하는 것보다 더 중요하다고 결정하고 있었다. 그리고 이는 자신의 권리를 바라보는 의미 있는 변화였다.

이 또한 새로운 것은 아니지만, 이혼과 성에 대한 관대함의 증가는 때로는 나쁜 아버지 역할을 하는 현상을 높였다. 사생아로 태어난 많은 아이의 아버지들과 적지 않은 수의 이혼한 아버지들은 자식들에 대한 금전적 책임을 지는 것을 거부했다. 때로는 자녀를 완전히 버리기까지 했다. 여러 정부는 자녀 양육을 의무화하기 위해 새로운 제도를 도입했다. 그러나 아버지와 어머니 사이에 벌어진 깊은 수렁은 치유되지 않았다. 이것이 20세기 아버지 지위의 전모는 아니었다. 많은 아버지들이 자식에 새로운 관심을 쏟기 시작했기 때문이다. 이혼한 일부 아버지들은 죄책감을 느끼면서 자식들을 볼 때마다 아낌없이 선물을 했는데, 이는 또 하나의 새로운 약속 징표였다. 그리고 가족 불안정의 전체적 패턴은 사회 계급은 물론 지역에 따라 차이가 있었다. 가톨릭 전통을 가지고 있는 가정을 제외하면 세속적인 경향이 강한 프랑스의 이혼율은 영국보다 낮았다. 20세기 초 높은 이혼율을 보였던 일본은 더 안정을 찾아 갔다.

두 번째 새로운 경향은 아동 훈육의 커다란 재검토였다. 이미 20세기에 미국의 보육 전문가들은 부모들에게 옛 패턴을 재검토할 것을 촉구했다. 새로운 관점에서 보면 어린이들은 심리적으로 연약한 존재였고, 그래서 세심하게 돌보아야 했다. 훈육의 일부로 어린이를 놀라게 해서는 안 될 뿐 아니라 죄책감을 느끼게 해서도 안 되었다. 어린이의 자존심에 상처를 입히고 나중에 문제로 이어질 수 있기 때문이었다. 심리 연구와 전문 분야로서 심리학의 발전은 부모에게 새로운 수준의 충고를 했는데, 이 말을 들은 부모 중 다수는 자신의 본능이 잘못일 수 있으며 육아 매뉴얼이나 부모 잡지에 의존하는 것이 불가피하다고 믿기 시작했다. 여기에서 다시 미국의 경향은 세계의 다른 지역으로 퍼졌다. 철두철미하게 근대의 부모들은 자신의 자녀에게 합리적으로 대한다거나, 나쁜 행동을 조장할 수 있는 상황으로부터 자녀들을 지킨다는 것에 자부심을 느꼈다. 극단적으로 많은 부모들은 체벌이나 심지어 잘못을 했다는 장황한 꾸중이 아니라 '외출 금지'라는 벌에 의존했다. 이는 죄책감을 유발하는 화를 내지 않으면서도, 자녀를 일정 시간 동안 친구와 소비의 즐거움에서 떼어 놓는 것이었다. 자녀의 입장에서 보면 많은 어린이들은 부모의 그런 행동이 자기의 잘못을 유발시키고 있다고 부모에게 경고하는 것이 부모의 행동을 바로잡는 타당한 수단이었다는 사실을 배웠다.

물론 모든 부모가 가장 최신의 전문가가 되는 것은 아니었다. 그러나 체벌은 상당히 널리 재검토되었다. 아일랜드는 흥미로운 사례 연구를 제공한다. 20세기 전반기 동안 별다른 논쟁 없이 법정은 체벌을 권고했는데, 가정에서는 관용적이었고 학교에서는 이를 적극적으로 사용했다. 어떤 학급에서는 학생들이 성적이 나쁘다고 가죽 띠로 손바닥을 심하게 맞았다. 1930년대에 이르면 과도한 체벌에 반대하는 목소리가 나오기 시작했고 몇몇 교사들은 해명을 해야만 했다. 1940년대 후반에는 비판이 더욱 커졌다. 더블린에 있는 일부 학부모들이 학교에서 벌어지는 학대를 널리 알리는 아동보호 단체를 결성했다. 체벌의 필요성을 지지하는 목소리가 여전히 계속되었지만, 1950~1960년대 새로운 법들은 신체적 벌을 제한했다. 마지막으로 1982년 학교의 신체적 벌은 완전히 금지되었다. 정학이나 퇴학이 가장 심한 학교의 처벌이 되었다.

정부의 규칙은 교사가 아이들을 "단호하고도 친절하게 대해야 하며, 엄격함과 가혹함이 아니라 애정과 합리성을 통해 통제하는 것을 목표로 해야 한다"고 주장했다. 빈정대는 것이나 "학생들의 자신감을 손상시킬 수 있는 책망"도 허용되지 않았다.

이런 경향은 상당히 일반화되었다. 아동보육 전문가들은 1920년대 이후 한결같이 매질을 하지 말라고 촉구했다. 모든 주들은 아니지만, 영국과 미국의 많은 주들은 1980년대까지는 신체적 벌을 금지하게 된다. 스칸디나비아의 국가들은 심지어 가정에서도 매를 드는 것을 금지했다. 이런 경향은 더 널리 확산되어 미국과 그 밖의 지역에서는 아동학대의 정의가 더 엄격해졌다. 예를 들어 심한 멍이 들거나 이전에는 의식하지 않고 넘어갈 수 있었던 행동들도 이제는 범죄시되었다. 어린이에 대한 폭력이 완전히 사라진 것은 아니지만 확실히 줄어든 것은 틀림없는 사실이었다. 그리고 사회의 태도도 대체로 바뀌었다.

이전 경향에 토대를 모든 사실 중 아마도 가장 명백한 것은 20세기는 어린이를 소비자의 지위에 올려놓았다는 것이다. 부모와 그 밖의 사람들은 유아기 이후 줄곧 어린이들에게 많은 장난감을 사주기 시작했다. 20세기 초 일부 전문가들은 봉제 동물 인형으로 어린이 주위를 둘러싸는 것이 좋지 않다고 경고했다. 그러나 대부분의 어른들은 사랑하는 물건을 가지는 것이 어린이들에게 도움이 된다는 데 동의했다. 1920년대 이르면 미국 부모들은 뇌물로 소비성 물품들을 사용하라는 말을 들었다. 캔디 하나로 어둠을 무서워하는 아이를 방 안에서 달랠 수 있었다. 그 아이는 매일 밤 아버지를 끌어안았는데, 소비의 즐거움으로 공포심을 극복할 수 있었다. 방학과 생일은 소비자의 축제가 되었다. 1920년대 전문가들은 일체의 경쟁심을 없애기 위해 생일날 형제자매들이 선물을 해야 한다고 촉구하기까지 했다. 1950년대가 되면 부모들은 자녀들이 심심하지 않게 해야 한다는 무언의 책임감과 씨름하기 시작했다. 어쨌든 근대적 관념인 '심심함'을 예전에는 성격 문제로 여겼다. 어린이, 특히 소녀들은 어떤 것을 지루해 하지 말아야 한다고 배워야 했다. 그러나 이제는 아이가 지루해 하는 것은 부모를 비롯한 다른 누군가에게 책임이 있다는 인식으로 바뀌었다. 따라서 "심심해요"라는 말은 어린이다운 정당한 항의가 되었다.

소비자로서 어린이는 권위와 통제에 관한 몇 가지 명백한 새로운 쟁점을 촉발시켰다. 돈 쓰는 것을 좋아하는 많은 어린이에게 용돈을 주는 관례는 1890년대 미국에서 시작되어 확산되었다. 그리고, 당연한 말이지만 연령이 높은 어린이는 자신의 힘으로 돈을 벌기도 했다. 이들은 종종 물건을 직접 샀다. 더구나 라디오와 그 뒤를 이은 텔레비전, 최종적으로는 인터넷과 같은 새로운 미디어는 어린이에게 직접 다가가 이미지와 광고를 퍼부었다. 부모들은 어린이가 직접적으로 이런 상업적 상호작용을 하는 것을 우려했다. 정부도 종종 어린이가 받아들일 수 있는지에 따라 영화 등급을 조정하는 것과 같은 방식으로 규제의 발걸음을 내디뎠다. 스웨덴처럼 텔레비전 광고를 금지하는 것은 어린이 보호를 목적으로 하는 것이었다. 근대사회는 주기적으로 만화책, 라디오, 영화, 비디오 게임 등의 심각한 영향에 대해 경고를 받았다. 일반적인 주장은 아이들을 폭력과 부절적한 성적 취향으로 이끈다는 것이었다. 아이들이 미디어를 통해 노출되는 경험의 범위는 점차 넓어졌고, 소비도 폭력과 성적 취향으로 뒤엉켰음은 더 말할 것도 없다. 그러나 이런 모든 것의 영향이 얼마나 대단한 지는 좀 더 따져 볼 필요가 있다. 그리고 많은 부모들은 자기 자신이 분열되는 것을 발견했다. 자녀들에게 들어가는 비용과 관련해서 말해 본다면, 부모는 자녀를 즐겁게 할 의무와 자녀들에게 더 많은 관심을 쏟을 수 없거나 쏟지 않은 것에 대한 현실적인 어떤 죄책감을 가지고 있다. 그래서 소비는 산업사회의 가장 가난한 계층에서조차도 점차 근거를 얻었다. 물건을 가지거나 원하는 것은 어린이의 생활에서 중심이 되었다. 정말로 소비의 많은 측면들이 어린이를 위한 특별한 세계를 마련했다. 여기에는 독특한 음악, 옷, 그리고 부분적으로는 성인들이 못마땅해 하기 때문에 소중히 여기는 다른 속성들이 포함되었다.

현대의 어린이에 맞춘 상품들은 농업 사회에서 개발된 상품들과 닮았으면서 달랐다. 농업 사회에서 어린이들은 으레 노동을 했다. 그러나 이에 대한 부분적 보상으로 축제에서 어떤 특별한 역할이 주어졌다. 근대의 아동 지위에 대한 현재의 해석에서 보면, 어린이는 이념적으로는 숙달될 때까지 학교교육을 받을 수 있었다. 그러나 그 대신 이전에는 없었던 소비의 풍요로움과 자유도 주어졌다.

아동 소비의 증가는 몇 가지 당연한 결과를 가져왔다. 우선 조부모가 변화했다. 서구 사회에서는 1920년대 이후 성인 자식들과 집안일을 나누어 하기보다는 노인들이 대부분 따로 가정을 유지하기 시작했다. 그런 의미에서 아동 소비의 증가로 손주들과 조부모의 상호작용은 줄어들 수도 있었다. 일부 가정들은 자녀의 양육을 조부모에게 계속 맡겼다. 특히 홀어머니가 일을 해야 할 경우는 그러했다. 그러나 조부모의 지배적인 이미지는 소비에 빠져 있는 사람으로 바뀌었다. 수많은 노골적 애정 표현과 더불어 손자손녀를 위해 맛있는 것을 가져오고 그 대가로 종종 간결하지만 아주 즐거운 상호작용을 기대했다. 이 역할은 중요했다. 그러나 그것은 또한 새로웠다.

청소년들에게 소비 지상주의는 전 세계에 걸쳐 성적 형상화뿐 아니라 변화하는 성 관념과도 연결되었다. 미국에서 데이트를 하는 행위는 1920년 무렵에 시작되었다. 전통적인 연애와는 다르게, 데이트는 외식을 하거나 영화를 보는 등 소년과 소녀들이 가정 밖에서 샤프롱(chaperon)[2]의 아무런 체계적인 보호를 받지 않고 어떤 종류의 상업적 쾌락을 추구한다는 점이 특징이었다. '목을 껴안는 행위'(necking)이건 단순한 '애무'(petting)이건 성관계까지 맺건 간에, 어떤 수준의 성적 상호작용이 따를 수도 있었다. 성에 대한 통제력을 더 많이 가지고 있으며, 지나친 성적 접촉은 소년들보다 많은 것을 잃게 만든다는 것이 확실하다는 생각이 지속되었음을 고려할 때, 원론적으로 말하면 소녀들은 성적 행위의 수준을 통제할 것으로 여겼다. 데이트가 보통 성관계까지 나아가지는 않았다. 그러나 성적 행위는 확실히 증가했다. 대부분의 명망 있는 집안 소녀들은 자신의 행위를 숨기려고 애썼지만, 1950년대 이르면 미국에서는 혼전 임신이 증가하기 시작했다. 1960년대에는 출산통제 수단, 특히 피임약을 구하기가 더 쉬워져 10대 중반에서 후반 청소년의 성행위 증가 추세를 가속화했다. 개인적·사회적 계급의 차이는

---

2) 젊은 여성이 사교장에 나갈 때 따라가서 보살펴 주는 여성.

있었지만 '첫경험'을 하는 연령이 낮아진 것은 두말할 나위도 없다. 특히 소녀들은 그러했다. 남성뿐 아니라 여성도 교육을 마무리 짓고 전문적 직업을 가지고자 했으므로, 1960년대에 이르면 결혼 연령도 높아지기 시작했다. 특히 중산층에서 그러했다. 이는 젊은이들이 10대 중후반부터 20대 후반까지를 어떤 성적 경험을 하는 시대로 여기는 관념을 확산시켰다. 이런 경험은 때로는 술이나 마약에 의해 촉진되기도 했다. 상업 미디어는 젊은이들이 자기 마음대로 하는 이런 감흥을 충실하게 표현하고 얼마간 과장했다.

이런 세태에 반발하는 흐름도 늘어났다. 일부 페미니스트들은 이제 성적 요구를 거부하는 데 자유롭지 못한 여성들이 착취당하고 있는 것에 우려를 표했다. 그리고 종교나 개인적 이유로 결혼할 때까지 '순결'을 유지하는 상당수의 젊은 여성들이 이런 경향에 계획적인 저항을 했다. 주요 운동은 1990년대 미국에서 벌어져, 젊은 여성들에게 다른 잘못된 행위뿐 아니라 섹스에도 "노(no)라고 말하라"고 권했다. 그리고 상당한 금액의 연방 기금이 순결유지 교육 프로그램에 투입되었다. 출산통제 제도는 공식적으로 늘어나지 않았다. 그런 방식의 접근이 너무 어려운 것은 아니지만, 무분별한 섹스를 촉진시킬 수 있었기 때문이었다. 10대의 임신은 조금 떨어졌다. 그러나 성적 행위가 크게 바뀔지 여부는 의문이었다. 성추행이나 데이트 폭력에 맞서는 캠페인은 미국 젊은이의 실제적인 문제들뿐 아니라 젊은이들의 새로운 성 문화에 대한 사회의 예민한 반응을 반영했다. 출산통제 시스템이 활용하기 더 쉽게 다듬어지고 10대 임신이 현저히 떨어짐에 따라 새로운 성 패턴에 대한 유럽과 미국의 대응도 달라졌다.

소비 지상주의와 훈육의 변화는 한 가지 최종적인 효과를 가져왔다.

이는 미국에서 더 두드러졌는데, 점차 유럽에도 영향을 끼쳤다. 1980년 대에 이르면, 이전의 경향 위에 누적된 어린이 비만이 주요 문제로 떠오르게 된다. 마음대로 하도록 부모가 내버려 두거나 스스로 자신이 원하는 대로 행동을 한 어린이들은 도처에 널려 있는 탄산음료나 소다 등과 함께 생활했다. 이 어린이들의 먹는 습관이 세심하게 점검되지 않았다. 부모가 훈육을 꺼리거나 일 때문에 함께 있어 주지 못하는 것을 음식물로 보상해 줄 수 있다는 생각 때문이었다. 어린이들은 텔레비전과 컴퓨터 때문에 오락을 점차 가만히 앉아서 하게 되었고, 다른 행동들도 흔히 차를 타고 다니면서 했다. 이런 어린이 다수는 뚱뚱해졌다. 1994년 연구는 모든 미국 어린이 가운데 25퍼센트가 비만이었는데, 이는 1970년대보다 50퍼센트가 늘어난 비율이었다. 2004년 이 통계는 30퍼센트를 넘어섰다. 같은 시점에서 프랑스 어린이는 13퍼센트가 비만이었고, 1990년대까지는 50퍼센트가 증가했다.

1907년 스웨덴의 권위 있는 교육자 엘런 케이는 20세기를 '어린이의 세기'라고 선언했다. 이 말은 미국에서 널리 유행되었다. 건강과 학교교육은 눈에 띄게 향상되고 새로운 전문가를 활용할 수 있게 되었으며, 온화한 훈육과 더 풍요로운 소비생활이 진전되기 시작하면서 그녀의 예측은 타당해 보였으며 널리 소개되었다. 어떤 점에서 보면 이 문제는 해결을 보았다. 산업사회에서 어린이는 교육을 더 잘 받았고, 열악한 환경에서 일할 가능성이 줄어들었으며, 일찍 사망하는 경우도 훨씬 적어지고, 19세기보다 매를 훨씬 덜 맞았다. 그러나 2005년까지 케이의 낙관론을 편하게 받아들이는 권위자는 거의 없었다.

첫째로, 그런 것을 얻는 과정에서 그 이상의 문제들을 불러왔다. 1900년까지만 해도 어린이 비만을 예측한 사람은 없었다. 한 세기 후 그것은 회피할 수 없는 문제가 되었다. 죽음은 줄었다. 그러나 비극적 사건들은 계속해서 많은 10대의 삶을 파괴했다. 스트레스와 정체성이라는 새로운 문제를 비롯하여 확실한 형태가 없는 좋지 않은 측면들도 있었다. 활용할 수 있는 모든 통계들은 어린이, 특히 10대들 사이에 우울증과 자살이 크게 증가하고 있음을 보여 준다.

둘째, 명백한 문제들을 제외하더라도 어린이에 대한 어른의 우려가 몇 가지 점에서 증가했다. 특히 미국에서 그렇다. 소비 지상주의는 어린이와 부모가 함께 놀이를 할 수 있는 일부 새로운 기회, 즉 가족 단위로 즐길 수 있는 현실적인 근원이 되었지만, 종합적으로 볼 때 어린이의 소비 지상주의에 편안함을 충분히 느끼기는 어렵다. 어느 정도는 매우 다른 소비 취향과 가치에서 비롯되는 10대와 부모들 사이에 간격의 확대를 감지할 수 있는데, 특히 어른들에게는 힘들다. 어린이가 사망할 가능성은 줄어들었다. 그러나 이제는 죽음을 받아들일 수 없기 때문에, 건강과 안전에 대한 성인의 우려는 약화되지 않았다. 화를 내지 말거나 그렇지 못할 경우 죄책감을 느껴야 할 필요성 등 어린이를 정서적·심리적으로 안정감을 가지게 해야 한다는 새로운 책임감이 더해졌다. 전문성의 필연적인 증가도 양날을 가지고 있다. 부모들은 아동양육 매뉴얼에서 가치 있는 조언과 위안을 발견하는 반면, 자기 자신의 충동이 잘못이라는 말도 듣고 있다. 그렇다고 해서 이렇게 하는 것이 즐거움을 커지는 것은 결코 아니다. 늘어나는 심리 전문가들은 많은 성인들에게 자신의 아동기와 자신이 성장했던 방식에 의문을 가지게 했다. 어떤 문제를 놓고 부모를 비난하는 경우가 이전보다 더 잦아졌는데 이는 또 하나의 흥미로운 발전이었다. 냉혹한 사실은, 1950~1970년대에 아동 양육이 즐겁다고 말한 미국 부모들의 수가 현저히 줄었다는 점이다. 여론조사에 따르면, 기혼자 가운데 가장 행복한 사람들은 자식이 없는 경우였다.

셋째로, 아이를 키우는 즐거움과 아이의 귀여움에 대해 널리 퍼져 있는 수사에도 불구하고, 산업사회는 확실히 아동 지위에 대해 양면성을 가지고 있었다. 성인들이 종종 일을 더 좋아하거나 독립적인 소비 활동을 즐겨서, 자식들을 너무 마음대로 하게 내버려 두는 것은 명확하다. 다만 이 과정에서 성인들 스스로도 죄책감을 느끼기는 한다. 어린이의 수가 순전히 줄어든 것은 필연적으로 관심을 바꾸었다. 그것은 어린이의 노동과 비용에 대한 새로운 경제적 계산에서 비롯되었지만, 관심의 방향전환도 가져왔다. 1970년대 독일인들은 '아동 거부감'(Kinderfeindlichkeit)이라고 불리는 현상 또는 어린이를 향한 적대감을 확인하기 시작했는데, 이는 특히 양육을 완전히 거부한 부부들에게 나타났다. 미국에서는 좀 더 우호적인 듯했지만, 간헐적인 간헐적으로 방문하는 것 외에는 아이들이 참여할 수 없는 나이 든 어른을 위한 커뮤니티 수도 흥미로울 만큼 획기적으로 늘어났다. 어린이와 발전한 산업사회 사이의 관계는 아직 뚜렷한 해답은 없다. 산업사회의 발전이 가져온 장점이 많기는 하지만, 그 길은 100년 전에 생각했던 것보다는 덜 명확했다.

| 더 읽어 볼 책 |

Donna Bee-Gates, *I Want It Now: Navigating Childhood in a Material World* (New York : Palgrave Macmillan, 2007); Peter N. Stearns, *Anxious Parents: A History of Modern American Childrearing* (New York: New York University

Press, 2003); Neil Postman, *The Disappearance of Childhood* (New York: First Vintage Books, 1994); Gary Cross, *Kids' Stuff: Toys and the Changing World of American Childhood* (Cambridge, MA: Harvard University Press, 1997) and *The Cute and the Cool: Wondrous Innocence and Mondern American Children's Culture* (New York: Oxford University Press, 2004); Martin Guggenheim, *What's Wrong With Children's Rights?* (Cambridge, MA: Harvard University Press, 2005); Joan Jacobs Brumberg, *The Body Project: An Intimate History of American Girls* (New York: Random House, 1998); Mary Ann Mason, *The Custody Wars: Why Children Are Losing The Legal Battles And What We Can Do About It* (New York: Basic, 1999); Stephanie Coontz, *The Way We Never Were: American Families and the Nostalgia Trap* (New York: Basic Books, 2000); Howard Kushner, *Self-Destruction in the Promised Land: A Psychometric Biology of American Suicide* (New Brunswick, NJ: Rutgers University Press, 1989).

일본에 관해서는 다음 연구를 보라. Merry White, *The Material Child: Coming of Age in Japan and America* (Berkeley: University of California Press, 1994); Muriel Jolivet, *Japan, A Childless Society?* (New York: Routledge, 1997); Roger Goodman, *Japan's 'International Youth': The Emergence of a New Class of School Children* (Oxford: Oxford University Press, 1990).

독일과 유럽에 대한 연구로는 R. H. Samuel and R. H. Thomas, *Education and Society in Modern Germany*, repr. edn (New York: Routledge, 2003); Fritz Ringer, *Education and Society in Modern Europe* (Bloomington: Indiana University Press, 1979) 등이 있다.

Joseph Hawes and N. Ray Hiner, *Children in Historical and Comparative Perspective: An International Handbook and Research Guide* (New York:

Greenwood, 1991)는 선구적인 비교 연구이다. Colin Heywood, *A History of Childhood: Children and Childhood in the West from Medieval to Modern Times* (Cambridge: Cambridge University Press, 2001)도 참고하라.

10
전쟁과
폭력

지난 100년 동안 전 세계 여러 지역에서 어린이들은 온갖 공포에 시달렸다. 같은 문제를 달리 말하면, 최근 역사 중 가장 최악의 많은 측면들이 어린이들에게 다가왔다. 우선 제2차 세계대전 동안 홀로코스트에 휘말린 엄청난 수의 어린이들을 떠올릴 필요가 있다. 이 어린이들은 수용소에 갇혀서 부모의 수모와 죽음을 목격하고 때로는 그들 자신이 가스실에서 죽어 갔다. 150만 명의 아동이 홀로코스트로 죽었는데, 1939년 러시아 외의 유럽 대륙에서 살았던 유대인 어린이는 160만 명으로 추산되고 있다. 이들은 물론 나치의 반유대 광란 중에 어린이라기보다는 유대인으로서 죽임을 당한 것이다. 그러나 어린이를 특별한 성격의 존재라는 믿음도 전혀 없어서 어떤 보호도 받지 못했다. 21세기까지 이어진 수십만 명의 어린이를 포함하는 인구 이동을 가져온 피로 얼룩진 20세기의 여러 전쟁은 어린이의 최근 역사를 통합적으로 보여 준다. 현대의 전쟁은 문명과 군대의 경계선을 희미하게 만들었고, 여러 방식으로 어린이를 개입시켰다. 인종 집단들 사이에서 벌어지는 새로운 차원의 노골적인 증오심은 어린이를 향해 19세기에는 흔하지 않았던 방식의 직접적인 공격을 촉진시킨다.

어린이들은 과거에는 집단 만행의 희생물이었다. 소년십자군에 참여했다가 노예로 팔려간 수많은 어린이들의 운명을 떠올려 보라. 어른을 위협하거나 정복자의 눈에는 결코 믿을 수 없어 보이는 집단의 미래를 파괴하는 수단으로 어린이들을 공격하는 것은 결코 20세기의 발명품은 아니다. 그러나 20세기에는 국제 전쟁이나 내전의 빈도와 규모, 그리고 새로운 차원의 무기 사용으로 가장 잔혹했다. 많은 어린이들에게 '어린이의 세기'는 누구나 동의하는 나쁜 시대가 되었다.

제1차 세계대전 이후 그리스와 터키 사람들의 강요된 이주를 예로 들면, 그 과정은 커다란 유혈 사태를 겪는 가운데 일찍이 시작되었다. 그것은 아프리카 대륙 곳곳에서 벌어진 내전(內戰)으로 오늘날까지 이어 오고 있다.

이 문제는 수많은 어린이들이 최근에 겪은 피할 수 없는 경험 가운데 한 부분이다. 그리고 우리로 하여금 더 안정된 사회의 대부분 어린이가 살아가는 삶과 아동 지위의 근대적 모델을 점점 더 고수하는 것이 주는 의미로부터 매우 멀어지게 한다. 이 장에서는 모든 사건들을 세세히 열거하기보다 신체적·심리적 어려움의 몇 가지 사례를 제시하겠다. 노동 착취, 성적 노예 상태, 새로운 종류의 소년병 출현 등으로 옮겨 가는 몇 가지 가장 일반적인 결과를 살펴보겠다.

논의를 좀 더 세심하게 할 필요가 있겠다. 이 장에서는 21세기 들어와 10년 동안 많은 어린이가 겪은 충격적인 측면뿐 아니라 정말로 중요한 측면들을 다룬다. 어떤 끔찍한 상황들이 있는지 그 사례를 모두 일일이 제시하려는 것은 아니다. 그러나 사례 자체가 충격적이다. 그 결과는 많은 국제적 보호 노력과 선의의 선언들만으로는 충분하지 않음을 보여 준다. 이런 상황은 전 세계에 걸쳐 어린이들이 겪은 특징은 아니지만, 학교교육과 소비 지상주의의 확산 또한 완전히 특징적인 양상은 보여 준다. 그러나 어린이가 겪은 경험의 엄청난 다양성은 그 이상으로 몇 가지 시사점을 준다. 첫째, 전쟁과 인종 증오심으로 명백히 황폐화되지는 않았더라도, 심각한 빈곤으로 오직 고통만을 겪는 사회에서도 몇 가지 유사한 공포가 도사리고 있다. 절망적 상황의 결과로 어린이의 성과 노동, 심지어 신체의 일부까지도 판매되고 있다. 폭력에 시달리는 시카고의 아프리카계 미국인 아동구호 프로젝트가 직접적인 전쟁 지역 어린이를 대상으로 하는 구호 사업과는 전혀 달랐다는 데 일부 관찰자들은 주목했다. 둘째, 전쟁으로 황폐화된 지역이나 난민 수용소 어린이의 운명에는 어떤 달콤함도 없었지만, 구호를 받았다는 이야기가 전혀 없는 것은 아니다. 때로는 외부의 도움과 가족의 능력이 합쳐져 근대적 교육을 어느 정도 받는 등 기대하지 않은 발전을 이룬 경우도 있다. 셋째, 더 안정된 사회의 어린이들은 불구나 심각한 외상 후 스트레스로부터 보호를 받지만 그 사회 자체의 결점에 직면하고 있는데, 이 중 일부는 아마도 근대적 모델과 만연한 소비 지상주의에 내재해 있다는 사실을 기억하는 것이 여전히 중요하다.

현대 세계사에서 거의 전혀 상상할 수 없는 잔혹 행위를 모면해야 하는 어린이로 가득한 사회와 어린이를 더 광범위하게 인정하는 근대적 상황이 자리 잡거나 이를 확대하기 위해 애쓰는 사회 사이에서는 차이가 크다. 앞의 사회에 사는 어린이들은 이전보다 훨씬 더 세심한 관심을 받아야 한다. 몇몇 강력한 비판에도 불구하고, 어린이들이 받는 피해는 조금도 줄어들지 않았기 때문이다. 그러나 그런 공포 때문에 어린이가 다른 환경에서 직면할 수 있는 가볍기는 하지만 본질적인 문제에 눈을 완전히 돌려서는 안 된다.

전쟁이나 사회적 갈등을 겪는 어린이들과 서양 사회나 일본 중산층의 소비 능력을 풍부하게 갖춘 어린이들 간의 대비는 생생하고 현실감이 있지만, 그럼에도 불구하고 일부 관찰자들은 예상하지 못한 관련성을 제시했다. '현실의' 삶이 덜 영향을 받는다고는 하지만, 풍요로운 사회의 어린이들도 점점 더 폭력에 노출된다는 것이다. 새로운 미디어와 비디오 게임에 빠지는 것이 그런 경우이다. 그렇다면 전 세계적인 차원에서 보면 아동의 지위와 폭력 사이의 구분은 무너지고 있는 것일까?

20세기와 21세기의 어떤 단일 사건도 홀로코스트처럼 많은 어린이들을 죽이지는 않았다. 그러나 폭력의 패턴은 제2차 세계대전과 그에 이은 수십 년 동안 점점 더 심해진 것 같다. 군인과 민간인 사이의 구분은 줄어들었으며, 어린이들은 때때로 이 과정에 휩쓸렸다. 물론 많은 어린이와 민간인을 세심하게 겨냥한 거대한 폭력이 폭발한 1939년 이후의 포위 공격과 폭탄 투하에 직접적으로 휩쓸려 들어갔다. 일부 어린이들은 제2차 세계대전 당시 런던으로부터 소개(疏開)되었으며, 레닌그라드(상트페테르부르크)가 독일군의 포위 공격을 당하기 전에도 일부 어린이들을 대피시키려는 노력이 있었다. 하지만 대피한 어린이들조차도 심각한 문제에 부딪혔다. 가족과 멀리 떨어져 낯선 환경 속에서 지내야 했으며 다른 사람들이 죽어 가고 있는 순간에 자신은 피신했다는 엄청난 죄책감에 시달렸다. 주택 담장을 돌무더기로 만들어 버릴 수 있는 폭탄과 대포 포탄이 떨어지는 곳에 머물던 어린이들은 훨씬 더 악화된 상황의 피해를 입었다. 죽음과 부상, 가족의 상실, 불안정한 식량 보급, 엄청난 정신적 스트레스 등이 수많은 어린이를 덮쳤다. 유럽만의 문제는 아니었다. 일본의 공격을 받은 중국 도시의 어린이와 그다음에는 미군 폭격기의 표적이 된 일본 도시의 어린이들이 비슷한 경험을 했다.

제2차 세계대전 후 어린이와 관련된 공격은 잠시 줄어들었다. 하지만 가장 명백한 예외는 이스라엘의 성립과 주기적 전쟁 및 오늘날까지도 계속되고 있는 팔레스타인 봉기였다. 훨씬 더 넓은 규모의 폭력은 베트남전쟁과 그 후유증으로 다시 나타났다. 베트남전쟁 상황을 찍은 가장 영향력 있는 사진 가운데 하나는 미군 네이팜탄으로 등에 불이 붙은 채 발가벗고 거리를 뛰어가는 소녀의 모습을 담고 있다(놀랍게도 그 소녀는 살아남았다). 뒤를 이어 캄보디아에서 일어난 내전은 그 이상이 엄청난 유혈 사태를 불러왔다.

중앙아메리카에서 일어난 폭력, 더 최근에는 컬럼비아의 마약 관련 분쟁에도 어린이들은 깊숙이 휩쓸려 들었다. 태국 침공을 포함한 미얀마의 내전은 또 다른 초점이 되었다. 소련의 붕괴는 중앙아시아와 캅카스 지방의 몇몇 새로운 국가에 폭력과 피난을 불러왔다. '인종청소'라는 이름 아래 특정 집단에 대한 주도면밀한 공격으로 악화된 옛 유고슬라비아에서 일어난 전쟁은 많은 어린이들을 희생시켰다. 두 차례에 걸친 미국과 동맹국의 이라크 공격, 특히 1990년 걸프전과 그 이후 2003년의 새로운 침공, 그리고 금수 조치에 따라 식량과 의약품 공급이 제한된 시기에도 많은 어린이가 희생되었다. 수십만 명이 죽거나 부상을 입고 식량과 의약품 공급 부족의 영향을 받았다. 1979년 소련의 침공으로부터 억압적인 탈레반 지배를 거쳐 미국이 주도한 21세기 초의 전투에 이르기까지 아프가니스탄에서 계속된 고질적인 전쟁은 어린이의 생존 가능성을 세계에서 가장 낮은 지역 가운데 하나로 전락시키는 상황이 벌어지게 했다.

또한 비극적이게도 규모가 훨씬 더 큰 아프리카의 분쟁 지역은 사회 내부의 갈등과 정부군의 반격으로 몸살을 앓고 있는데, 수단과 우간다에서 콩고에 이르기까지 어린이들이 깊이 관련되어 있으며, 르완다 및 중앙아프리카와 서아프리카 다른 지역에서는 끔직한 제노사이드가 벌어졌다.

제공할 수 있는 추산이 이게 전부이기는 하지만, 1970년대까지 세계적으로 전쟁과 내전으로 무려 1억5천만 명의 어린이가 죽임을 당한 것으로 추산된다. 이 밖에도 150만 명은 심각한 신체 손상을 입거나 불구가 되었다. 같은 시기에 태어난 북아메리카 어린이 전부가 죽거나 부상을 당한 것이나 다름없는 숫자였다. 더구나 전통적인 성인 남성으로 이루어진 군대 사이에 일어난 광범위한 전투가 상대적으로 거의 없었던 20세기 후반과 21세기 초의 갈등으로 죽은 모든 사람의 80퍼센트가 여성과 어린이로 추산되고 있다.

때때로 어린이들은 주도면밀하게 표적이 되었다. 1930년대와 1940년대 초 일본 군대는 조선의 어린 소녀들을 붙잡아 강제로 성노예로 삼는 폭력을 저질렀다. 군대의 한 사창가 집에는 400명의 소녀들이 무려 5천 명이나 되는 일본 군인들을 매일같이 상대해야 했다. 40년 뒤 캄보디아의 크메르루주 군은 인종청소에 급급해서 어린이를 부모가 보는 앞에서 때려죽이거나 태어난 지 석 달 된 아이를 나무로 쳐서 죽였다. 시체 구덩이에는 수백 명의 어린이 시신을 던져 넣을 수 있었다. 아프리카의 전투원들은 최근 수십 년 동안 자신에게 할당된 인원을 죽였다. 1990년대 일어난 콩고 유혈 사태에서 죽은 사람 가운데 3분의 1은 다섯 살도 안 된 아이들이었다. 그러나 마체테(machete)[1]에 팔이 잘리는 등으로 불구가 되거나 젊은 여성들이 강간을 당하는 경우는 훨씬 더 잦았는데, 이는 상처를 입히고 모멸감을 주도록 꼼꼼히 계획된 것이었다. 또다른 전쟁 현장을 보면 이스라엘과 충돌하는 과정에서 부상을 당한 팔레스타인 사람 가운데 58퍼센트가 열일곱 살 미만이었다.

.전쟁의 후유증 또한 위험할 수 있다. 20세기에 일어난 여러 전쟁에서는 지뢰가 사용되었는데, 전쟁이 끝난 다음에는 어린이들이 이를 터뜨릴 위험성이 컸다. 어느 캄보디아 소년은 우물에 물을 뜨러 가는 도중에 지뢰를 밟아 다리를 잃었다. 사용 가능한 의족은 이 소년에게는 너무 길어서 대강 맞는 것으로 대체하려고 해도 1년이 걸릴 것이다.

전 세계의 많은 사람들은 이런 사건이 국제 사회가 인정하는 기준과 모순된다는 것을 알았다. 미국의 침공에 맞서 싸운 이라크 사람들처럼, 공격을 당하는 사람들이 사용하는 가장 일반적인 충동질은 죽거나 부상을 당한 어린이의 모습을 부각시키는 것이다. 전 세계 여론에 투영되었을 때, 이런 이미지가 어떤 동정심을 불러일으킬 수 있음을 알기 때문이었다. 그러나 공포심 때문에 이런 패턴을 무너뜨릴 수 있는 어떤 일도 하지 않았다.

20세기 내내, 특히 제2차 세계내전 이후 어린이들은 종종 전쟁 현장에서 피신하라는 강요를 받았다. 지난 60년 동안 전 세계 곳곳에서 수백만 명의 어린이들이 난민 수용소에서 생활을 했는데, 상황은 다 달랐지만 언제나 심한 스트레스를 받았다. 지구상에 사는 모든 사람의 4퍼센트나 되는 인원이 20세기 동안 적어도 한 차례 집을 떠났는데, 여기에는 2천만 명이 넘는 어린이가 포함되어 있다. 아제르바이잔의 열일곱

---

1) 날이 넓고 긴 칼.

살 소년은 자신의 피신을 다음과 같이 간단히 설명했다. "폭탄이 떨어지기 시작했을 때 우리는 마을을 떠났다. …… 폭탄은 멈추지 않는 지진과도 같았다. 우리는 한 가정을 만드는 데 여러 해를 보냈다. 그렇지만 한 순간에 가정은 파괴되고 말았다."

최악의 수용소는 여전히 폭력의 위험이 도사리고 있는 곳이다. 태국의 수용소는 반군의 포격을 받았다. 두 명의 소년은 포격으로 자신들의 어머니를 잃었는데, 바로 눈앞에서 어머니가 죽는 것을 목격했다. 어떤 사람은 신체에 입은 치명적인 부상 때문에 죽을 것이다. 또 다른 사람은 비닐 주머니로 대치된 위를 가지고 있었다.

직접적인 폭력 말고도 대부분의 난민 수용소에는 식량과 의약품 보급이 비참할 만큼 부족했다. 수용소 안의 많은 어린이들은 과거 약탈을 당했을 때 걸렸던 성병을 비롯한 의료 문제로 고통을 겪었다. 영양실조가 걷잡을 수 없이 만연했고, 기아 선상의 굶주림 역시 일반적이었다. 한 캄보디아 수용소에서는 어린이들의 몸무게가 하위 25퍼센트에 속할 때만, 달리 말하면 심각한 영양실조로 이미 고통을 겪고 있을 때만 여분의 식량을 얻을 수 있었다. 그리고 체중이 그 수준 이상으로 올라가면, 여분의 식량을 얻을 수 있는 자격을 상실했다. 여러 대륙의 난민 수용소 곳곳에서 어린이들을 돌볼 수 없어서 굶주림으로 죽는 현상이 만연했다.

수용소나 관련 기구에 있는 많은 어린이들은 부모를 잃어버렸으며, 때로는 반군의 손에 부모가 죽는 장면을 강제로 지켜보아야 했다. 캄보디아에서는 전통적으로 부모가 없는 어린이를 다른 친척이나 마을 사람들이 돌보았는데, 1970년 캄보디아에는 세 곳의 고아원에 1,600명의 어린이들이 살고 있었다. 그런데 전쟁은 이런 전통을 갈가리 찢어 버렸다. 1974년이 되면 3천 곳의 고아원에 25만 명의 어린이가 수용되었는데, 형편없는 환경에서 살아가는 경우가 대부분이었다. 재원에 비해 필요한 것이 훨씬 많았기 때문이다. 부모가 죽었거나 폭력을 피해 오랫동안 탈출하는 동안 단지 부모를 잃어버려서 난민 수용소에 수용된 어린이는 어떤 경우 전체의 65퍼센트에 달했다. 사례를 든 것이지만 이것은 탈레반 정권으로부터 도망친 사람들로 채워진 아프가니스탄 수용소의 수치였다. 1994년 르완다에서는 10만 명의 어린이가 부모와 떨어졌다. 다만 지원하던 관리들이 나중에 일부 가족이 다시 결합하도록 도와주기는 했다. 수용소의 난민 어린이들은 엄청난 스트레스를 받았다. 그들은 종종 말을 알아들을 수 없고 생활을 조절할 생각을 할 수 없는 지역에서 살고 있었다. 흑해 연안 국가인 조지아의 난민 수용소에서는 어린이의 83퍼센트가 어느 정도는 심리적인 문제로 인한 스트레스로 고통을 겪는다는 진단을 받았다.

가족들이 온전히 수용소에 도착했을 때도, 오랫동안 계속되는 수용소 생활은 이들을 갈라놓았다. 부모, 특히 아버지는 아무런 경제력도 없었다. 그래서 자식에 대한 전통적인 권위마저 잃어버렸다. 많은 어린이가 부모의 간청을 무시하고 자신의 힘으로 살아가려고 하는 것은 놀라운 일이 아니었다. 일부 소녀들은 자기 몸을 팔기까지 했다. 소년과 소녀들 모두 때때로 도둑질에 의존했다. 부모를 존중하는 마음은 줄어들고, 부모에 대한 전통적인 존경심은 다른 어린이들과의 동조로 대체되었다.

어떤 경우 부모들은 가족의 생계를 뒷받침하는 수단으로 스스로 자식에게 성매매나 도둑질까지 시켰다. 가족을 위해 여분의 음식을 얼마간 확보할 수 있다면, 그 대가로 자신의 딸이 몸을 파는 데 동의하는 부모들이 많았다. 질서를 확립하기 위해 파견된 군대가 어린이의 성을 소비하는 열렬한 고객이 되는 일은 드물지 않았다. 이 문제는 일부 유엔군에서도 찾아볼 수 있다. 요컨대, 어린이가 전쟁에서 살아남는다고 하더라도, 그 삶은 거의 상상하기 어려운 온갖 방식으로 붕괴될 수도 있었다.

일부 행복한 결과도 일어날 수는 있었다. 너무 큰 과제인 경우가 많았지만, 유엔 기구와 민간 구호 단체는 고통을 줄여 주는 것 이상을 하려고 애썼다. 가끔 지원을 위해 일하는 사람들은 질서를 확보하고 목적을 달성하는 수단으로 청년 집단을 조직했다. 그리고 때때로 거기서 습득한 기능을 수용소 외부의 생활에 적용할 수 있었다. 청년협의회는 옛 유고슬라비아의 코소보를 회복시키는 데 중요한 역할을 했다. 청년 그룹은 종종 어린 아이를 도울 수도 있었다. 실제로 실행에 옮길 수 있는지는 의문이었지만, 많은 단체들이 학교를 세우려고 했다. 또한 코소보에서는 아동구호 재단인 '세이브더칠드런'이 4만 명이 넘는 어린이를 위해 야외 학교를 세워 운영했다.

1990년대에는 어린이를 대상으로 죄를 저지른 일부 범죄자들이 국제재판소에 회부되었다. 르완다의 한 남성은 어린이에 대한 폭력을 조장하고 방조했다는 혐의로 유죄판결을 받았다. 몇 가지 전쟁범죄가 옛 유고슬라비아로부터 확인되었는데, 이 또한 어느 정도 어린이를 대상으로 하는 행위 때문이었다. 말하자면, 국제 기준들이 있었고 종종 그 기준들이 적용되었다.

가끔 어린이들은 수용소를 벗어나 더 나은 삶을 위해 길을 떠나는 경우도 있었다. 때로는 가족들과 함께하는 경우도 있었다. 몇 달, 심지어 몇 년 후 베트남과 캄보디아의 많은 난민들은 미국에 입국 허가를 받았다. 그리고 어려움을 겪기는 했지만, 몇몇 사람들은 더 나은 삶을 만들어 냈다. 홀로코스트와 이어지는 이주민 수용소 생활을 이겨 내고 간신히 이스라엘에 도착한 유대인 어린이들은 종종 과거를 딛고 일어설 수 있었다. 이 두 경우 모두 뒤늦게 학교 공부를 할 수 있는 기회를 얻은 것은 삶을 회복시키는 데 중요한 역할을 했다.

마지막으로 이보다는 덜 자주 일어나는 일이기는 하지만, 종종 어린이들은 그들의 적에게 보호를 받을 수도 있다. 후투족의 공격을 받은 르완다의 일부 투치족 사람들은 자신의 아이들을 후투족 이웃에게 그냥 보냈다. 후투족 이웃들은 이 아이들을 실제로 돌보았다. 부모들은 그 지역의 속담을 인용했다. "암살범을 처벌하려는 사람은 자신이 그의 아이를 떠맡아야 한다."

전쟁과 이주는 또한 소년병의 확산을 가져왔다. 이들은 종종 자신의 의지와는 상관없이 전쟁에 직접 참여할 뿐 아니라 자신을 둘러싸고 있는 폭력에 둔감해졌다. 20세기 후반, 21세기 초 어느 해에는 무려 30만여 명의 어린이가 무기를 지니고 있었다. 특히 동남아시아와 아프리카의 일부 지역에서 그러했지만, 컬럼비아 같은 라틴아메리카의 전쟁 지역에서도 마찬가지였다.

이런 광범위한 안타까운 현상을 바라볼 때는 좀 더 역사적인 관점이 필요하다. 어린이들은 군대에 복무했다. 프랑스혁명 당시 왕당파 군대에게 죽임을 당한 열세 살 소년은 대의를 위한 순교자로 떠받들어졌다. 이 소년이 군대에 들어간 것이 비정상적이라거나 부적절하다는 인식은 없었다. 애국적 입장에서 미국혁명에 참가한 군인들이나 영국을 돕는 독일 용병 중 상당수는 14~15세 소년이었다. 심지어 8세 소년도 일부 포함되었다. 자신의 의지와는 상관없이 전쟁에 떠밀려 들어간 아이들도 있었음은 더 말할 나위도 없다. 그러나 많은 소년들은 자진해서 싸웠다. 농업 사회의 조건에서 전쟁은 많은 청소년을 위한 바람직한 대안, 즉 흥분되는 일이었으며 가정경제로부터 벗어날 수 있는 기회이기도 했다.

그러면 소년병에 대한 새로운 기준은 무엇일까? 우선 첫째로 차별성 있는 국제적 기준이다. 전 세계적으로 지배적인 의견에 따르면 어린이가 군 복무를 하는 것이 더 이상 적절하다고 여기지 않는다. 미국은 이에 동감을 표하고 동의했다. 그러나 현대의 소년병이 과거의 소년병보다 훨씬 더 치명적인 무기를 다룬다는 점도 사실이다. 이들이 전투에 참여하는 경우가 과거의 갈등 상황에서 소년병이 참여하는 경우보다 더 많다는 것도 거의 확실하다. 이 가운데 다수는 죽음에까지 이를 수도 있는 전염성 성병에 걸리는 등 끔찍한 결과로 고통을 겪었다. 소년병에 대한 열광은 효율적이지는 않지만 새로운 국제 기준과 많은 어린이의 삶이 실제적으로 하락하는 현상이 복합적으로 뒤섞인 현실을 반영한다.

대부분의 소년병은 10대 초반이었고 일부는 열 살도 안 되었다. 대부분은 소년들이었지만, 소녀들도 보조적인 역할로 종종 충원되었다. 소녀들은 억지로 또는 자신의 의지로 성행위를 했고, 일부는 전투에 참가하기도 했다. 예를 들어 필리핀의 모로이슬람해방전선(Moro Islamic Liberation Front)에서 소녀들은 음식을 준비하고 의료 지원 활동을 한다. 그러나 지휘관들마다 성적 쾌락을 위해 소녀들이 한 명씩 배당되었다.

무장 병력은 소년병 중심이 되는 경우가 많았다. 앙골라의 앙골라완전독립민족동맹(UNITA) 반군은 르완다로부터 소년 지원병을 강제로 충원했으며, 콩고에서는 소년들을 납치해서 지원병에 편입시켰다. 많은 소년들은 결국 자신을 납치한 사람들뿐 아니라 상대편 군인들의 폭력에 직면하게 되었다. 이들은 정보를 얻거나 보복으로 생포된 소년들을 고문했다. 스리랑카의 타밀 반군은 고아원에서 아이들을 납치해서 부대원 전부가 어린이로 구성된 '아기 여단'(Baby Brigade)을 편성했다. 이들이 정부군에게 생포되는 경우 종종 가혹한 취급을 받았다. 일부 소년병들은 의도적으로 극단적인 폭력에 노출되어, 심지어 자기 자신의 가족을 공격하도록 강요받았다. 이는 어린이들로 하여금 참혹한 삶 속으로 들어가게 하는 것이었다.

물론 이런 취급을 하는 다른 이유들도 있었다. 많은 공동체가 그렇듯이 가족들은 종종 이렇게 하는 데 동의했다. 많은 팔레스타인 어린이들은 자신의 사회에 대한 이스라엘인의 공격이라고 생각하는 것 때문에 공식적·비공식적 전투에 휩쓸려 들어갔다.

그래서 소년병들은 탁월한 전사가 될 수 있었다. 미얀마 출신의 한 성인 군인은 자신과 맞서 싸우던 어린이들에 대해 이렇게 말했다. "밴시[2]처럼 비명을 지르면서 맹목적으로 돌격하는 많은 소년들이 있었다. …… 우리는 그들에게 총을 쏘았다. 하지만 그들은 돌격을 멈추지 않았다." 같은 이유로 많은 소년병들은 일단 전쟁이 시작되면 몹시 잔혹해질 수 있었다. 그들은 총이 발휘하는 파괴력에 환호해서 자신의 우월성을 과시하는 것 이상의 다른 아무런 이유 없이 종종 사람을 죽이고 불구로 만들고 성폭행을 저질렀다. 이런 활동을 한 소년들은 강제로 전쟁에 참여했다고 하더라도 집에 돌아가기가 힘들었다. 집에서는 고분고분해야 했으며, 부모들이 없는 경우도 많았고 지역사회는 당연히 적대적이었다.

---

2) banshee, 아일랜드 민화에 나오는 요정. 통곡을 함으로써 가족 중 누군가가 죽을 것을 예언한다고 한다.

전쟁, 이주, 병사가 되는 것이 현대 어린이들이 겪는 유일한 고통은 아니었다. 20세기 말 또 다른 새로운 재앙이 에이즈라는 형태로 출현했다. 질병은 20세기 많은 어린이의 삶에서 한몫을 하였다. 그러나 크게 보면 면역 조치나 공공보건 제도가 어린이 생활의 이런 측면을 향상시킴에 따라 질병은 점차 줄어들고 있었다. 일부 지역에서 발생한 에이즈는 첫 반격이었다. 2000년까지 이 질병은 직접적으로 400만 명의 어린이를 죽음에 이르게 했고, 1,300만 명을 고아로 만들었다. 아프리카, 특히 남아프리카와 동아프리카는 에이즈로 가장 큰 고통을 받았다. 10대들은 이 병을 모르거나 무시했기 때문에 2001년까지 아프리카의 다른 연령 집단들보다 훨씬 빠른 속도로 감염되었다. 많은 사람들은 콘돔을 사용하지 않은 성관계 때문이라고 주장했다. 자신의 생계를 위해 남성의 호의를 간절히 바라거나 거기에 의존하는 젊은 여성들은 남성들에게 도움을 받아야 한다고 느꼈다. 잦은 성폭행과 함께 전쟁도 일부 지역에서 이 질병의 확산을 촉진시켰다. 그러나 어린이의 죽음은 거의 대부분 어머니가 임신한 태아가 감염됨으로써 일어났다. 이 질병은 그 밖에도 상대적으로 가난한 지역에서 확산 비율이 높았기 때문에, 근대의 어린이가 성취한 것이 새로운 재앙에 의해 이전 수준으로 환원될지도 모른다는 당연한 두려움이 있었다.

20세기 동안 여러 지역에서 많은 어린이의 노동조건이 악화되었다. 이런 또 다른 경향은 근대적 모델에 역행했으며, 노동인구 측면에서 실제적으로 소수의 어린 아이들에게 영향을 주었다. 이주, 특히 시골에서 도시로 이주도 노동조건의 악화와 관련이 있다. 이는 전쟁과 관련이 없을 때조차도 어린이에게 새로운 문제를 반영하거나 문제를 일으킬 수 있다.

여기에서 강조점은 바뀌고 있다. 농업이 정착된 이래 대부분의 어린이들은 열심히 일했다. 그래서 단지 일한다는 사실이나, 가끔 열심히 일한다는 것만으로는 새롭지 않다는 것은 아주 분명하다. 악화되었다는 인식의 일부는 어린이의 근대적 모델에 토대를 둔 새로운 글로벌 기준에서 비롯된다. 많은 언론인이나 학자들이 볼 때, 어린이는 그야말로 집안이나 가족의 일을 어느 정도 돕는 것 이상으로 일을 해서는 안 된다. 어린이는 학교에 가야한다는 근대적 평가는 당연히 중요하다. 그러나 종종 어린이를 대상으로 하는 새로운 경제적 착취에 대한 판단을 복잡하게 만든다. 전통 사회에서도 일부 어린이들은 완전한 노예제를 비롯해 몹시 열악한 노동 환경에 노출될 수 있었다. 일하는 중에 매를 맞고, 일터의 환경은 형편없었으며, 아동노동의 임금은 매우 낮았다. 이것이 근대 세계에서 완전히 새롭게 나타난 현상이라고는 할 수는 없다.

기본적인 모습은 다음과 같았다. 점점 더 많은 어린이들이 노동에 종사하는 것은 아니지만, 자신이 착취를 당하는 상황을 발견하는 어린이의 비율은 늘어났다. 즉 때로는 자신을 위험에 처하게 하면서도 성인으로서 직업 생활을 하는 데 필요한 실제적인 준비나 훈련을 제공하지 않는 것이 확실한 일을 하는 자기 자신을 발견하는 것이다. 어린이들은 종종 가족을 돕기 위해 일을 하려고 했으며 때로는 부모에 의해 그런 상황에 놓이기도 했지만, 전통적인 가족경제가 제공하던 안내나 보호와는 대부분 단절되었다. 다시 말하지만, 그 결과가 실제로는 전적으로 새로운 것이 아니었다. 어린이들은 과거에도 일 때문에 고통을 겪었기 때문이다. 그러나 이런 현상은 현대 세계에서 노동을 하는 어린이들 사이에서 점점 더 일반화되었다.

이와 관련된 비판은 사회적·지리적 처지를 반영한다. 노동을 착취당하는 수많은 어린이들은 세계 전역이 아니라 가난한 지역에 존재한다. 그 지역에서조차도 이들은 가장 낮은 사회계층 출신이다. 예를 들어 페루에서 노동하는 어린이들은 아메리카 원주민이나 메스티소이지 백인은 아니다. 인도의 양탄자 가게에서 일하는 아이들은 일반적인 계층이 아닌 전통적인 최하층 카스트 출신이다. 세계 공동체이건 자기 자신이 사는 사회이건 간에, 착취 노동은 점점 더 열등한 사회적 지위를 반영하고 확인시켜 준다.

아동노동이라는 경제적 착취가 늘어나는 근본 원인은 시골의 전통적인 가족경제로부터 많은 어린이들의 이탈이 늘어나는 데 있다. 인구 증가와 다른 공급원과의 경쟁은 많은 가정으로 하여금 전통적인 방식으로 아동노동을 이용하지 못하게 만들었다. 인도의 카펫 산업이 바로 그런 사례이다. 어린이는 마을에서 오랫동안 카펫을 생산했다. 그러나 카펫 생산은 점차 도시의 공장으로 옮겨 가게 되었다. 어린이들은 임금이 매우 낮았기 때문에 이런 공장에 널리 고용되었다. 아마도 나라의 최저임금을 훨씬 밑돌 것이다. 양탄자를 생산하는 많은 아동노동자들은 시골 마을을 떠나갔다. 일부는 거의 노골적으로 납치를 당하다시피 했다. 많은 어린이들은 매를 맞았는데, 특히 얼굴과 손을 맞았다. 이는 노동 훈련의 일부분이 되었다. 그리고 일부 어린이들에게는 신체에 낙인을 찍기도 했다. 어린이들의 노동은 하루에 15시간에 이를 수도 있었다.

또한 농촌 출신의 많은 이주자를 포함하는 아프리카와 중앙아메리카의 많은 도시에서 어린이들은 가정부로 일을 했다. 또 짐을 나르거나 거리에서 다른 사람의 심부름을 했다. 이들은 식료품을 훔치는 것을 돕거나 구걸을 하기도 했다. 멕시코의 어린이들이 불을 먹는 공연을 포함하여 길거리 공연을 여기저기서 벌였는데, 아동 공연자들은 사회의 가장

하층민인 경우가 많았다. 이들은 갖가지 질병에 시달렸을 뿐 아니라 상당한 정도로 경찰의 폭력에도 노출되어 있었다.

과거 프랑스의 식민지였던 서아프리카 연안의 토고에서는 견습직(apprenticeship)의 성격이 바뀌어 전통 경제 속의 새로운 문제를 다시금 보여 주었다. 농촌에 적절한 일자리가 부족한 상황은 가족들로 하여금 어린이를 대상으로 하는 도시 프로그램을 더 많이 찾게 만들었다, 그래서 견습공은 급격히 늘어나 1981년까지는 농촌 도시, 즉 의류 생산이나 건설공사 같은 분야에서 23,000명이 되었다. 이런 성장은 고용주가 우위에 있음을 의미한다. 이들 고용주는 이런 지위를 유지하기 위해 가족들에게 더 많은 부담을 지웠다. 그리고 점차 훈련 목적을 무시한 채 어린이를 저렴하고 숙련되지 않은 노동력의 원천으로 활용했다. 그래서 견습공의 일은 고용주를 위해 집안일을 하는 것으로 끝을 맺었다. 이들은 가게에서 밤새 지켜야 했다. 일부 작은 사업장은 80명의 견습공이 있었는데, 일부는 15살 미만이었으며 거의 대부분 학교를 그만두었다. 이런 숫자는 명목상의 훈련까지 배제했음을 말해 주는 것이었다. 목적은 낮은 임금을 지불하는 노동력이었으며, 때로는 매를 맞아 가며 일했다. 여기에 성인의 자격을 위한 명확한 도약대도 갖추지 못한 비참한 아동 지위의 현대적 사례가 있다. 한마디로 착취 그 자체였다.

지난 100년 동안 많은 어린이들이 몇 가지 상호 관련된 요인들로 인해 희생물이 되었다. 도시로 이주하면서 많은 어린이는 확대가족과 긴밀한 관계를 맺고 있는 공동체의 보호막을 잃었다. 특히 그들 가운데 다수인 여성은 일상화된 성관계와 노골적인 매춘에 시달렸다. 물론 이는 그들뿐 아니라 그들이 낳는 모든 어린이를 심각한 질병의 위험에 놓이게 할 수 있었다. 고아원에서 생활하는 어린이들은 때로는 경제적 여건상 선택할 수 있는 여지가 거의 없었다. 이런 상황은 그들을 다시 위험하거나 수치스러운 일로 내몰 수 있었다. 전쟁과 이주가 뒤섞였을 때, 상황은 정말로 희망이 사라질 수 있었다.

근대 세계의 재앙 중 하나 이상에 휩쓸린 어린이의 수를 산출해 내는 것은 불가능하다. 어느 정도는 많은 어린이가 성인이 되기 전에 죽거나, 폭력과 질병에 희생되었기 때문이다. 전쟁에서부터 에이즈에 이르기까지 각각의 문제들로 희생된 비율은 산정되어 왔다. 점차 세계 어린이 중 소수만이 최악의 공포에 빠져 들어갔다. 아동 지위의 근대적 모델이 안고 있는 문제점과 약속이 무엇이건 간에 그들은 분명히 이 모델을 활용할 수 없었으며, 때로는 증가하는 사망률과 더 강화되는 노동은 정말로 모순적이기도 하다. 현대의 상황은 어린이를 두 가지 매우 다른 종류의 경험으로 나누었는데, 틀림없이 두 극단 사이에 중간적인 상황도 존재한다. 일부 어린이, 예를 들어 난민 수용소에서 학교를 다니거나 구호를 받은 운 좋은 어린이들은 한 가지 유형의 아동 지위에서 다른 유형으로 옮겨 갈 수 있었다. 그러나 과거 소련이나 유고슬라비아의 어린이들처럼 예기치 않은 갈등의 희생물이 된 일부 어린이들은 학교에 다닐 수 있다는 기대에서 갑자기 도망을 다녀야 하는 생활로 전락해 버렸다.

한 가지 마지막 요인은 검토를 필요로 한다. 흔히 세계화로 요약되는 20세기의 지난 수십 년 동안 전 세계 거의 모든 사회 사이에 일어난 새로운 차원의 접촉은 어린이에게 중요한 새로운 요소를 추가했다. 우리는 다음 장에서 그 결과에 눈을 돌릴 것이다. 불행하게도 세계화는 어린이의 근대적 모델에 새로운 몇 가지 흥미로운 요소를 추가했지만, 그것은 어린이들에게 경제적 악화도 불러올 수 있는 것이었다. 그리고 그것은 적어도 지금까지는 전쟁과 질병의 침투를 치료하지 못하고 있다.

어린이의 고통은 계속되고 있다.

| 더 읽어 볼 책 |

최근의 연구로는 다음 책들이 있다. Elizabeth Goodenough and Andrea Immel, *Under Fire: Childhood in the Shadow of War* (Detroit, MI: Wayne State University Press, 2008); David M. Rosen, *Armies of the Young: Child Soldiers in War And Terrorism* (Piscataway, NJ, Rutgers University Press, 2005); P. W. Singer, *Children at War* (Berkeley: University of California Press, 2006); Lauren St John, *Rainbow's End: A Memoir of Childhood, War and an African Farm* (New York: Scribner, 2008).

다음 연구들도 보도록 하라. James Garbino, Kathy Kostelny and Lancy Dubrow, *No Place to ba a Child: Growing Up in a War Zone* (Lexington, MA: Lexingtion Books, 1991); James Marten, ed., *Children and War: A Historical Anthology* (New York: New York University Press, 2002); Graca Machel, *The Impact of War on Children* (New York: UNICEF, 2001); Marc Vincent and Birgette Sorenson, eds, *Caught Between Borders: Response Strategies for the Internally Displaced* (London: Pluto Press, 2001); Bernard Schlemmer, ed., *The Exploited Child* (London: Zed Books, 2000); Rachel Brett and Irma Specht, *Young Soldiers: Why They Choose To Fight* (Boulder, CO: Lynne Rienner, 2004).

인권 감시에 관해서는 다음 웹사이트를 들어가 보라. www.hrw.org/en/search (enter search term 'abuses of Children').

11

글로벌 시대의
어린이

20세기 후반에 두 가지 발전이 새로운 글로벌 시대, 즉 전 세계에 걸쳐 접촉과 상호작용이 전면적으로 확대되는 시대의 막을 올리게 했다. 어린이와 젊은이에게 직접적인 영향을 준 가장 강력한 것은 기술 발전이다. 위성 텔레비전 방송은 MTV[1] 같은 전 세계적 커뮤니케이션을 촉진시켰는데, 이는 적어도 국제적인 청년 문화를 해석하는 데 결정적인 역할을 했다. 그리고 1990년 인터넷의 도입은 예상치 못한 접촉 수단을 만들어 냈는데, 미국과 이란처럼 그렇지 않았으면 서로 달랐을 사회의 젊은이들이 너도 나도 여기에 매달리게 되었다. 두 번째 발전은 정치적인 것이었다. 처음에는 중국, 그다음에는 러시아의 결정이 새로운 종류의 국제적 접촉을 열어 놓았다. 마침내 냉전이 끝났다. 다국적기업은 시

---

1) 1981년 뮤직비디오 전문 채널로 설립된 방송. 오락과 예능, 각 분야의 전문 채널의 네트워크로 확대되었다. 미국 뉴욕에 본사가 있다. 뮤직비디오를 처음 만들었으며, MTV를 통해 VJ(비디오자키)라는 신조어가 생겨나기도 했다.

장 중심의 경제를 만들기 위한 유인책을 늘리는 가운데 구호 활동을 확대해 나갔다.

세계화는 전적으로 새로운 과정은 아니었다. 역사가들은 세계화가 언제 시작되었는지를 놓고 논쟁을 벌였다. 이전 시대의 어린이에게도 지역 간 접촉이 중요한 영향을 끼쳤다. 서양 제국주의 등 19세기 후반의 더 밀접한 연관성은 여러 지역에서 다양한 방법으로 아동 지위를 새롭게 했다. 예를 들어 외부 세계와의 관계에 대한 일본에서 결정은 1868년 이후 세계 열강이 아동 지위에 영향을 주게 하였다. 그러나 20세기, 특히 20세기 말 수십 년 동안 불어닥친 세계화가 어린이에게 새로운 종류의 충격을 주었다는 점은 의심할 여지가 없다.

현재의 세계화는 단순한 과정이 아니었다. 그것은 청년과 어린이에 미친 영향에서도 전적으로 새롭지 않았다. 라틴아메리카에서 아시아에 이르기까지 젊은이들이 즐겨 관람하고 직접 운동을 하는 데 열성을 보이는 축구나 야구 같은 핵심 스포츠의 전 세계적 확산은 19세기 후반에 이미 시작되었다. 또 다른 복합성도 있었다. 세계화는 새로운 종류의 저항을 불러 일으켰는데, 이 중 일부는 젊은이 집단 사이에서 확고한 믿음이 되었다. 예를 들어 일부 무슬림은 세계화를 서구 지배의 새로운 수단이라고 생각해 자신들의 전통에 미칠 영향을 우려했다. 라틴아메리카 사람들은 미국의 소비문화가 자신의 자녀들에게 미칠 영향을 우려했다. 또 다른 전선으로 서양 세계와 환태평양 지역의 청년 단체들은 세계화가 노동조건과 환경에 미칠 영향을 공개적으로 우려했다. 세계화가 여러 반대들을 극복했는지는 확실하지 않았다. 서구와 환태평양에서 투표는 전반적으로 젊은이들이 나이 든 어른들보다 세계화에 더 호의적임을 보여 주었다. 이들은 새로운 이념에 너그럽고 개방적임을 과시했다. 그러나 라틴아메리카, 아프리카, 아시아의 다른 지역에서는 청년과 성인들이 똑같이 어느 정도 경계심을 가졌다. 세 번째 복합성은 세계화가 강조하는 국제적 접촉의 강화가 단일한 방향으로 나아가지 않았다는 사실이다. 그리고 이 점은 어린이에게 매우 중요한 의미를 띤다. 예를 들어 경제적 세계화는 일부 어린이들의 노동 상황을 악화시켰다. 그러나 정치적 세계화, 즉 여러 정부와 비정부기구의 늘어나는 구호 활동은 어린이의 권리를 점점 더 옹호하는 방향으로 움직였다.

세계화가 아동 지위를 좌우하려는 생각을 가졌던 것은 아니었다. 주된 지역적 패턴은 여전히 지속되었으며, 이미 잘 진행되고 있는 아동 지위의 근대적 모델에 구현된 초기의 경향도 대체로 유지되었다. 앞으로 살펴보겠지만, 세계화의 핵심 측면들은 실제로 이 모델을 새롭게 뒷받침했다. 그렇지만 아동 지위의 새로운 힘으로서 세계화에 대해 별도의 고려를 해야 하는데, 세계화는 20세기 후반과 21세기 초에 또 다른 종류의 변화와 저항이 일게 했다. 세계화의 네 가지 측면이 특히 영향력을 미쳤다. 새로운 패턴의 이민, 어린이를 존중하는 국제 기준을 제공하려는 국제적 정치집단의 노력, 경제적 세계화나 국가가 지원하는 경제는 쇠퇴하고 일반적인 생산과정에 전 세계 거의 모든 지역이 참여하는 현상의 확대, 문화적 세계화 또는 전 세계적인 소비 지상주의의 확산이 그것이다.

물론 이민은 새로운 현상이 아니었으며, 언제나 어린이에게 다양한 결과를 가져왔다. 예를 들어 1900년 무렵 미국으로 이민 온 어린이들은 영어를 잘하지 못하는 부모들 사이에서 중재자 역할을 하는 경우가 많았다. 그리고 새로운 사회에서 일하고 때로는 학교에 다녔다.

이는 부모에게는 자주 혼란스럽지만, 어린이로서는 도전적이면서 때로는 활력을 주는 경험이었다. 동시에 이민 온 어린이들을 표적으로 삼는 편견도 표면화했다. 직업의 기회는 윤리적 편견 탓에 제한될 수 있었으며 폭력 단체의 활동은 이민 온, 이웃에 사는 많은 도시 청년들 사이에 갈등으로 구체화되었다.

20세기 후반 이민의 두 가지 측면이 세계화와 느슨하게 연결되면서 가족적 요인과 함께 이러한 복잡함을 더했다. 첫째로 이민이 통상적이지 않은 먼 지역에 걸쳐 일어났으며, 완전히 다른 문화 속에서 살던 사람들을 포함했다. 파키스탄과 서부 인도 사람들이 영국에 쏟아져 들어왔다. 터키와 북아프리카 사람들은 프랑스, 독일, 네덜란드에서 많은 무슬림 소수집단을 형성했다. 필리핀과 팔레스타인 사람들은 석유 부국인 걸프 연안 국가들로 모여들었다. 라틴계 사람들과 아시아인들은 미국에서 새로운 다양성을 만들어 냈다. 이런 상황에서 부모들과 새로운 사회 간의 완충재로서 어린이의 역할이 어떻든 간에 더 중요하게 되었을 뿐 아니라 필요했다. 데이트나 여성의 옷차림 같은 쟁점을 둘러싸고 이민 사회 내에서 세대 간 갈등이 커질 수 있었다. 편견을 드러낼 수 있는 기회 또한 확대될 수 있었다. 영국 내의 많은 이민 청년들은 직접적인 폭력과 인종 폭동이 끼어든 적개심의 확산에 직면했다. 범죄 집단의 활동은 이에 대한 대응으로 나타날 수 있었다. 21세기 초 미국 양안의 라틴계 청년 범죄 집단의 발흥이나 캐나다 서해안의 인도 범죄 집단의 출현도 마찬가지였다. 21세기 초 프랑스에서 무슬림 청년들이 일으킨 폭동이 몇 차례 벌어졌는데, 높은 실업률과 경찰의 차별 대우에서 비롯된 것이었다.

서인도제도에서 들어온 레게나 때로 인종차별적인 펑크록 스타일 같은 갖가지 청년 음악은 창조적이면서도, 또한 여러 집단의 젊은이들이 도시라는 환경에서 뒤섞여 살아가는 과정에 일어나는 갈등을 표현했다.

일부 이민 청년들한테서 보이는 두 번째 혁신은 상대적으로 싼 항공권과 여러 시설 덕분에 원래의 출신국으로 되돌아갈 가능성이 높아진 것이었다. 인도와 파키스탄인들은 종종 방학을 이용해서 고국으로 돌아갔는데, 이는 확대가족과 관계를 유지하고 때로는 젊은이들 자신을 위한 결혼 약속의 기회를 제공했다. 두 문화에 친숙하고 왔다 갔다 바꾸어 보는 것이 편안한 이런 상황에서 많은 젊은이들이 '이중 문화' (bicultural)를 경험할 기회가 많아졌다. 이민을 가지는 않았지만 다른 사회의 관습에 친숙해질 수 있는 계기를 제공한 사촌과 접촉한 젊은이들도 마찬가지였다. 단일 문화의 모델은 아니지만, 세계화의 명백한 확산은 여기에 있었다.

어린이를 돕고 아동 지위를 재규정하려는 국제기구의 노력은 제1차 세계대전의 여파로 시작되었는데, 이는 정치적 세계화와 인도주의적 세계 여론의 힘이 커지는 신호였다. 다양한 조직들이 과거 적국에 살았던 어린이들을 비롯하여 전쟁으로 쫓겨난 어린이들에게 식량과 여러 도움을 주었다. 이는 주로 유럽에 적용되었지만, 어린이를 위한 특별한 국제적 자선의 논리는 점차 근거를 얻었다. 제2차 세계대전 후 이런 움직임은 가난한 국가의 난민과 어린이를 위한 추가적인 노력으로 꽃을 피웠다. '세이브더칠드런'과 같은 민간 조직과 유엔에서 유래한 정치조직 양측은 자선 활동을 호소했으며 돈과 물품을 나누어 주었다. 가난한 어린이를 위해 필요한 것은 으레 기부되는 것보다 많았다. 그러나 새로운 원리가 개입되었으므로 도움은 의미가 있었다.

또한 1920년대에는 국제연맹과 제휴를 맺은 새로운 국제노동사무국 (International Labour Office)이 15세 미만 아동노동을 금지하는 결의

안을 통과시켰다. 그 목적은 이제 산업사회에서는 일반화된 기준을 세계 전체로 확대시키려는 것이었다. 이런 노력은 제2차 세계대전 이후 유엔 아래에서도 커져 갔다. 수많은 회의와 결의안에서 과도한 노동을 공격한 반면, 모든 어린이가 교육을 받을 권리를 촉구했다. 유엔은 어린이 권리에 대한 성명을 기초했다. 유엔 '아동권리협약'(Convention on the Rights of the Child)은 1989년에 발표되었는데, 대부분의 나라가 적어도 원칙적으로는 여기에 서명했다. 주요 목적은 건강 증진, 학대 방지, 교육 기회 확대 등에다가 종교와 표현의 자유 같은 더 일반적인 권리였다. 친숙한 주제들이었지만 이제는 전 세계적으로 풀어 나가야 할 문제로 여겨졌다.

1990년대까지 핵심 초점은 범죄를 저지른 어린이와 청년에 대한 사형집행을 금지하려는 노력이었다. 그리고 실제로 전 세계 모든 사회에서 이 협정을 받아들였다. 오직 미국만이 2005년까지 참여를 거부했다. 세계보건기구(WHO)는 어린이의 생존과 복지를 증진시키기 위해 열심히 일을 했다. 그리고 그 후원 아래 많은 향상이 있었다. 소아마비와 같은 상당한 수의 전통적인 불치병들을 대부분 격퇴시킨 종두법부터 교육 프로그램까지 어린이에 대한 어머니의 보육을 향상시키도록 설계되었다. 1970년대 후반 국제기구는 물론 세계 여론도 적극적으로 네슬레 회사를 공격했다. 비위생적 물과 아버지의 무지가 모유로 키울 때 일어나는 것보다 높은 사망률을 가져오게 된 지역에 아동 우유를 나누어 만들게 했기 때문이었다. 이 대기업은 처음에는 국제적 운동에 맞섰지만, 1980년대에 자신의 접근법을 바꾸었다. 다른 유엔 프로그램들은 경제적 안정과 아동복지를 위해 어떤 형태의 인구 통제를 촉진시키려고 적극적으로 노력했다. 이슬람 세계와 가톨릭교회의 종교계 지도자들의 갈등에도 불구하고 1996년의 주요 회의들은 이런 목적에 동의했다. 인구 압력을 감소시키는 수단으로 여성에 대한 교육 확대가 특히 강력하게 권고되었다. 마지막으로 다양한 유엔과 민간 기구들은 최신 교육과 육아 이론을 확산시키기에 힘써, 때로는 부모들로 하여금 개인으로서 어린이에게 관심을 두도록 촉구하는 자료를 보급했다.

어린이의 권리와 건강, 경제적 보호라는 전 세계적 관점을 위해 주로 풍요로운 사회 출신의 선의를 가진 많은 사람들의 노력은 더 일반적으로 보면 세계화의 중요한 한 부분이었다. 어린이의 권리에 대한 이념은 어떤 사회에서건 새로웠다. 그러나 국제적 동의가 필요하다는 생각은 그 이상으로 극적이었다. 그것은 대단한 성명서가 아닌 경우에도 중요한 영향을 줄 수 있었다. 예를 들어 2003년 아랍에미리트(UAE)는 어린이를 낙타 경주의 기수로 삼는 것을 금지했다. 어린이는 가벼운 몸무게 때문에 오랫동안 낙타 경주 기수로 선호되어, 아무리 두려워도 커다란 짐승에 묶여서 달려야 했다. 국제적 접촉과 세계적 역할을 효과적으로 확대하는 데 열중하던 아랍에미리트 정부는 이런 기존의 관행을 재검토해야 했다. 미국도 영향을 받았다. 2005년 연방 대법원은, 미성년자는 사형에 처할 수 없다고 판결했다. 미국이 수십 년 동안 전 세계 대부분의 다른 나라와는 달랐던 영역이었다. 국제사회의 법적 기준이 결정에 핵심적인 기초로 인용되었다. 더 일반적으로 개별 정부가 아동 지위의 근대적 모델을 따른 것은, 어린이를 위한 전 세계적인 움직임은 무척 다양한데도 미성년자 출산율이 점차 낮아지는 현상을 설명하는 데 도움을 준다. 그리고 유아와 아동사망률의 하락을 설명하는 데는 훨씬 더 도움을 준다. 같은 이치는 20세기 마지막 10년 동안 아동노동이 점차 줄어들고, 최소한 어느 정도의 교육을 받는 어린이의 비율이 꾸준히 늘어나는 것에도 적용이 된다.

그러나 어린이를 위한 전 세계적 행동에는 중요한 한계가 있었다. 우선 어떤 쟁점을 둘러싸고는 다른 의견들이 공개적으로 터져 나왔다. 16세 이하 아동노동을 금지하는 전 세계의 협정을 맺으려는 1973년의 운동은 실패로 돌아갔다. 충분한 수의 국가들이 서명하지 않았기 때문이었다. 몇몇 가난한 나라들은 자신들의 경제가 값싼 노동력을 얼마나 확보하는가에 달려 있으며, 많은 가난한 가정들도 같은 필요성을 가지고 있다고 믿었다. 미국 또한 서명을 거부했다. 이민 농업 노동자에 포함되어 있는 아동의 노동력에 의존했으며, 국가의 행동 자유를 국제사회가 침해하는 데 일반적인 거부감을 가지고 있었기 때문이었다. 1989년에 체결된 대체 협정은 중요한 내용을 담고 있었지만 더 온건했다. 아동노동의 극단적 남용은 이제 원칙적으로는 불법이었다. 성적 착취, 가족 빚을 갚기 위해 어린이를 팔아넘기는 행위, 그리고 어린이를 군사력으로 사용하는 것 등이 특별히 초점이 되었다. 대부분의 나라들이 이 문서에 서명했다. 그런가 하면 출산율 통제에 대해서는 의견의 차이가 나타났다. 미성년자의 출산율에 대해서는 의견의 차이가 있어서, 1980년대 이후 미국은 출산통제 수단을 보급하거나 어떤 식으로든지 낙태를 지지하는 국제기구에 기금을 내지 않고 보류했다. 가톨릭과 일부 이슬람 반대 세력도 이 쟁점을 둘러싼 토론에 합류했다.

의견의 차이 외에도 여러 국제적인 정치적 제도는 미흡했다. 문제가 너무 심각하거나 개별 지역들이 거기에 포함된 원리들을 그저 무시했기 때문이다. 때로는 최신식이고 문명화된 것처럼 보이기 위해 국제조약에 서명했을 때도 그러했다. 많은 나라들은 어린이가 교육 받을 권리에 서명을 했다. 그러나 재원의 부족과 가정의 아동노동 의존 탓에 여전히 아무런 교육도 결코 받지 못하는 아이들이 많았다. 다른 국제 기준들은 지역적으로 직접적인 의견 차이를 불러일으켰다. 출산 통제를 둘러싼 갈등은 아내와 남편, 의사와 성직자들을 맞서게 했다. 출산율은 전반적으로 떨어지고 라틴아메리카와 중국에서는 감소의 폭이 컸지만, 아프리카와 여러 이슬람 국가들에서는 여전히 높은 출산율이 지속되었다. 10장에서 살펴본 바와 같이, 전쟁과 국내 갈등이 있는 경우에는 호소력 있는 국제적 동의를 얻는 권리와 실제적인 아동 대우 사이에는 격차가 있었다. 권리를 찾으려는 노동자들은 전쟁의 영향을 줄이기에 힘썼으며, 때로는 성공을 거두었다. 그러나 그 문제의 중요성에 명백히 부합할 정도는 아니었다. 전 세계가 어린이에게 미치는 영향력은 뚜렷했다. 그러나 단일하고 효과적인 전 세계의 목소리는 거의 찾아볼 수 없었다.

아동노동의 추세는 전 세계적 기준을 세우려는 노력과 근대적 모델 자체의 한계를 보여 준 반면, 궁극적으로 그것이 주는 충격의 증거가 되었다. 그 쟁점은 글로벌 정치학과 글로벌 경제학 사이에 가교 역할을 했다. 20세기 후반까지 아동노동의 비율은 거의 모든 지역에서 떨어졌으며 학교교육의 비율은 높아졌다. 이것이 상당수의 소수자 어린이들이 어떤 장소에서 때로는 광범위한 착취를 당하면서 여전히 일한다는 사실을 부인하는 것은 아니다. 그러나 남아시아와 동남아시아의 경우는 특히 문제가 되었다. 그 지역은 아동노동의 활용을 억제하기 위한 국제적 노력을 충분히 지키지 못했을 뿐 아니라, 1990년대에는 그 비율이 오히려 증가하는 등 전 세계적 추세에 전면적으로 역행했기 때문이다. 어떤 비교 대상 지역의 분석이 필수적인 것은 분명했다. 왜냐하면 유엔 보고서는 2008년까지도 5~14세 어린이 4,400만 명이 그 지역에서 노동에 종사하고 있다는 것을 보여 주었기 때문이다. 그리고 이 시점에서 아동노동이 일부 줄어드는 경향도 보고되었지만, 그 속도는 다른 지역보다 현저히 느렸다. 이 지역과 마찬가지이거나 가난이 훨씬 더 심하고 광범위했던 다른 지역과 비교할 때 그 원인에 대한 설명은 다양했다.

가난한 가족들이 도시로 몰려들고 있던 라틴아메리카 같은 사회와 비교할 때, 인도에서는 광범위한 농촌 인구의 존재가 확실히 하나의 요인이었다. 이와 관련된 중요한 점은 충분히 활용할 수 있는 학교 시스템의 부족과 학교교육의 필요성을 독려하는 데 정부가 얼마간 망설였다는 사실이다. 결과적으로 문자해득률의 증가가 뒤쳐졌는데, 이것도 아동노동에 강하게 집착하고 있다는 사실을 설명해 준다. 전체적으로 보아 스리랑카의 경우처럼 최근까지 남아시아에서는, 내전에 따른 경제적 어려움과 분열이라는 지역 특성으로 아이들이 더 많은 노동을 하는 것을 입에 풀칠하기 위한 가정의 한 가지 방편으로만 보았다. 이런 지속적인 주장은, 어린이는 그저 노동을 하게 되어 있으며 어린 나이에 노동을 할 준비가 되어 있다는 오랫동안 계속된 관점의 산물이었다.

그러나 지역적 특성과 글로벌 기준의 불완전한 억제력이 이야기의 끝은 아니었다. 상당히 지연된 끝에 2008년 남아시아 지역은 노동을 학교교육으로 대체하는 세계적 추세를 받아들였다. 특히 어느 정도 적절한 경제성장이 나타나기 시작하면서 그렇게 되었다. 인도에서는 1999년 1,700~2,000만 명의 어린이가 노동을 했지만, 2008년에는 1,260만 명으로 줄어들었다. 놀랄 만한 감소였다. 전 세계의 영향력과 더 현대화된 경제의 순수한 영향은 점진적이지만 실제적인 효과를 가져왔다.

경제적 세계화는 훨씬 더 복잡하다. 무역의 수준뿐 아니라 생산의 기본 시스템도 이런 주된 발전과 함께 변했다. 미국, 서유럽, 환태평양 지역에 기반을 둔 다국적기업은 유리한 노동 비용, 환경 규제, 유용한 자원,

수송 체계를 찾을 수 있는 곳이면 어디에서건 생산 시설을 세우기 시작했다. 자동차와 같은 복잡한 상품들은 아시아, 아메리카, 유럽에서 만든 부품들을 조립하였다. 직물과 같은 간단한 상품은 '갭'이나 '나이키' 같은 거대 판매회사가 보통 하청업체를 고용해서 인도네시아, 베트남, 레소토 같은 지역에 실제로 공장을 운영했다.

다국적기업의 노동조건이 언제나 좋은 것은 아니었다. 기업들은 장시간 노동을 요구하는 반면, 낮은 임금을 줄 수 있는 지역을 찾고 때로는 안전 설비를 갖추는 데 들어가는 비용을 지나치게 아꼈다. 그러나 어린이를 노동자로 채용하는 경우는 상대적으로 거의 없었다. 21세기 초 노동을 하는 어린이의 약 5퍼센트만이 어떤 의미에서건 글로벌 경제에서 직접 노동을 했다. 경제적 세계화의 영향력은 간접적이었지만 더 광범위했다. 두 가지 주요 압력이 있었다. 첫째로, 글로벌 생산은 종종 어린이와 청소년을 고용해 온 전통적인 제조업을 대체했다. 아프리카나 중동 같은 지역의 지속적인 인구 증가와 더불어, 이런 사정은 청년층의 실업률을 엄청나게 높였다. 도시에서는 실업률이 30퍼센트를 웃도는 경우가 드물지 않았다. 이것은 결국 청년들 사이에 온갖 불만을 가져온 핵심적인 근원이 되어, 극단적인 종교적·정치적 참여 행동을 불러일으켰다. 경제적 세계화의 두 번째 결과는 브라질이나 인도 같은 사회에서 정부가 시행하는 사회적 프로그램이 점차 줄어든 것이다. 정부 지출보다는 자유시장 경제를 주장하는 목소리가 지배적이었다. 그리고 국제통화기금이나 세계은행 같은 국제기구들은 개발 차관의 조건으로 복지 프로그램을 축소하라는 압력을 넣기도 했다. 경제발전을 진전시키는 데 열중하고 성장이 궁극적으로 가난한 계급의 사람들에게도 이익이 될 것이라는 희망에서, 정부는 밀어붙였으며 예외는 극소수였다. 결과적으로 가족의 도움은 줄었다.

패턴은 복잡했다. 이미 살펴보았듯이, 세계화의 압력에도 불구하고 일하는 어린이의 비율은 점차 줄어들었다. 1950년 전체 노동인구의 6퍼센트이던 어린이의 비율이 1990년에는 3퍼센트로 떨어졌다. 1950년 14세 미만 어린이의 28퍼센트가 노동을 했지만 1990년에는 15퍼센트만이 노동에 종사했다. 감소 현상은 1980년대와 그 이후 가속화되었다. 2004년까지는 전 세계 해당 연령 모든 어린이의 88퍼센트가 초등학교에 다니게 되었다. 요컨대 세계화는 더 근대적인 모델로 나아가는 방향을 바꾸지는 않았다. 몇 가지 우려하는 이야기도 간단한 것은 아니었다. 인도의 사회과학자들은 해안을 따라 발달한 어업에 종사하는 아동노동자들이 긴 시간 일하고 사사건건 속박을 당하는 것을 탄식하는 신문 보도를 비판했다. 어린이들은 다른 지역에서 충원되어 왔으며 때로는 부모들과 논쟁을 벌였는데, 부모들은 어린이를 집 근처로 보내기를 원했다. 그러나 어린이들 자신은 그런 노동을 예삿일로 여겼다. 그리고 원래 살던 마을의 훨씬 가난한 상황에서 벗어난 것을 크게 기뻐했다. 어린이들은 또 가족에게 어느 정도의 돈을 보낼 수 있게 된 것을 기뻐했다. 이게 착취라고? 여러 가지 기준에서 보면 확실히 그렇다. 그러나 핵심 문제는 가난에서 벗어나는 것이었다. 발전하고 있는 세계의 매우 많은 가정이 직면한 경제적 한계를 해결하는 데 실패했으며 어떤 경우에는 확실히 악화시켰다는 사실에 주목해 보면, 세계화는 혹독한 아동노동을 가져왔다.

글로벌 경쟁과 사회 프로그램의 축소는 명백한 결과였다. 가난한 어린이의 수는 증가했다. 이런 현상은 미국처럼 산업화된 국가에서도 벌어졌다. 그리고 아프리카, 남아시아와 동남아시아, 라틴아메리카의 일부 지역에서는 그런 결과가 엄청나게 많이 나타났다. 구걸과 매춘, 때로는 숙련되지 않은 노동, 좀도둑질 등을 하면서 길거리에서 생활하는 어린이의 수는 많은 지역에서 늘어났다. 이미 살펴보았듯이, 전면적인 아동노동은 남아시아와 동남아시아에서 일정 기간 늘어났다. 이들 지역의 어린이들은 주로, 영업을 유지하려면 가장 값싼 노동력을 써야 하는 소규모의 생산품 가게나 그 밖의 아울렛에 근무했다. 그 증가 비율은 이런 거대 지역에서 가족노동으로 농업에 종사하는 경우를 제외하고서도 1990년대 후반에는 50퍼센트에 달해서 전 세계의 전반적인 추세에 역행했다. 훨씬 더 광범위하게는 빚에 쪼들린 많은 가난한 가정에서 어린이를 노동력으로 팔았다. 젊은 여성을 돈 주고 사는 성매매는 거의 확실히 증가했다. 이중 일부는 동유럽이나 그 밖의 지역에 있는 원래 가정으로부터 태국 같은 섹스 관광의 중심지로 팔려 나갔다. 일부 가정은 심지어 이식용으로 장기를 팔기도 했는데, 청소년이 특히 그 표적이 되었다. 전체적으로 보면 중국이나 인도 같은 지역에서 급속히 성장하는 경제에 좋은 결과를 가져왔다고 세계화를 옹호하는 강력한 주장이 있기도 하다. 그러나 이런저런 장점이 무엇이건 간에, 세계화는 많은 어린이들과 그들의 가정에서 생존을 위한 투쟁을 크게 악화시켰다.

전 세계적인 소비 지상주의는 세계화의 마지막 주요 측면으로, 가치와 행동에 똑같이 영향을 주었으며, 많은 아이들이 여기에 급속히 빠져들었다. 서구와 일본에서 어린이와 소비 지상주의의 연계성이 높아지고 있음을 이미 살펴보았다. 그런 관계가 다른 지역으로 확산되었다는 사실은 그리 놀랍지 않다. 도시에서 생활하는 레바논의 10대들은 1920~1930년대에 서양 영화를 상당히 정기적으로 관람하기 시작했다. 야구 열기는 일본과 라틴아메리카 젊은이들 사이에 뿌리를 내렸다. 축구에 대한 열정은 훨씬 더 널리 퍼졌다.

그러나 새로운 기술 및 시장 확대의 기회로 어린이를 겨냥한 전 세계의 소비 지상주의가 전면적으로 폭발한 것은 20세기 후반이었다. 젊은이들은 패스트푸드점을 즐겨 이용하기 시작했다. 이런 현상은 때로 그들 부모를 실망 시켰지만 이런 새로운 맛이 노리는 기업의 목적 중 하나였다. 맥도날드나 이와 유사한 가게들은 다른 사람을 만나고 다른 사람에게 자신을 보이고, 때로는 데이트나 로맨틱한 사랑과 같은 관심을 충족시키려는 한국과 중국 같은 곳 젊은이들의 안식처가 되었다. 〈세서미 스트리트〉[2) 같은 텔레비전 프로그램은 대부분의 주요 언어로 번역되어 어린이를 위한 새로운 기준을 만들어 갔다. 그리고 MTV와 '글로벌 록 투어'(global rock tour)는 보통의 젊은이에게 음악 언어를 제공하고 문자 그대로 전 세계에 팬클럽을 생겨나게 했다. 도시 젊은이를 위한 옷은 많은 지역에서 표준화되기 시작했다. 때로는 성인이나 전통적인 패턴을 거부했는데, 어느 곳에서든지 쉽게 찾아볼 수 있는 청바지 같은 것들이었다.

테마파크를 애용하는 것은 단일한 소비로 부모들이 경제적 성공과 자녀에 대한 애정을 보여 주는 새로운 기준을 제공했다. 아이를 올란도에 데려가는 것은 성공한 라틴아메리카 부모들에게는 보육의 한 가지 의례가 되었다. 디즈니 캐릭터와 바비 인형이 전 세계 아이들의 장난감이 되었다. 이는 중국의 젊은이들이 지구 반 바퀴 떨어진 곳에서 열리는

---

2) 미국에서 1969년 처음 방영된 3~5살 유아용 교육 프로그램. 원래 유치원에 다닐 수 없는 가난한 가정 아동의 인지능력을 돕기 위한 것이었다. 그러나 UHF로 방영되어서 이를 시청할 수 있는 텔레비전을 가지지 못한 가난한 계층을 소외시키고, 저소득층과 중산층 자녀들의 지적 수준을 더 크게 만든다는 비판을 받기도 했다.

유럽 축구 경기를 보기 위해 새벽까지 잠을 자지 않고 기다리는 것과 같은 맥락이다. 어떤 관찰자들은 글로벌 청년 문화가 나타났다고 몇 가지 그럴듯한 근거를 제시하며 주장하기 시작했다.

2000년, 한 젊은 미국평화봉사단(American Peace Corps)[3] 교사가 이전에는 미국인을 전혀 본 적이 없으며 컴퓨터나 인터넷도 연결되지 않는 동러시아 마을에서 일하고 있었다. 고립된 채 생활을 하고 있는데도 그녀가 가르치는 학생들은 세계에서 가장 아름다운 여성이 누구인지 매우 정확한 생각을 리포트에 썼다. 학생들이 선택한 인물은 미국의 팝 가수 브리트니 스피어스였다. 같은 해에 마다가스카르에서 도시 빈민가의 10대와 청년층을 연구한 한 인류학자는 연구 대상자들이 젊은 여성이 추구하는 아름다움의 산물에 대한 매우 확고한 생각을 가지고 있다는 사실을 깨달았다. 그곳 아이들도 자신을 조금이라도 더 브리트니 스피어스처럼 보이게 만들고 싶어 했다.

또한 2000년 무렵에는 텔레비전이 더 멀리 떨어진 태평양 섬의 일부까지 도달했다. 새로운 이미지를 보자, 많은 소녀들은 자기 신체와 전통적인 풍만함의 기준에 만족하지 못하게 되었다. 거식증과 식욕이상항진증 환자의 비율이 현저하게 높아졌다. 전 세계적인 어린이를 위한 소비 지상주의는 상대적으로 부유한 지역과 가족들에게 들어맞았다. 21세기에 접어들어 아동 비만의 증가가 서양이 아닌 중국과 인도의 중산층 어린이들에게서 주목 받기 시작했다. 풍부한 음식과 더불어 주로 앉아서 일하는 직업과 여가 활동은 전 세계적으로 비만을 불러오기 시작했다.

---

3) 미국의 청년 봉사 단체. 1961년 세워졌다. 환경, 어린이, 중소기업, 질병 등의 분야에서 봉사를 하는 청년들을 세계의 필요한 지역에 파견한다. 봉사를 통해 미국인과 다른 나라 사람들의 상호이해를 목적으로 한다.

서양 음악과 서양 담배, 스카치위스키를 특징으로 하는 이란이나 파키스탄 젊은이들의 파티는 지역의 종교 관습을 거부함으로써 명백히 엘리트 지위의 상징이 되었다. 그러나 상대적으로 가난한 어린이들이라고 여기에서 완전히 벗어나 있는 것은 아니었다. 특히 도시는 더 그랬다. 그들의 수입은 종종 마다가스카르의 성매매 참여자를 위한 새로운 소비재, 예컨대 유행하는 옷이나 화장품 등에 사용되고는 했다.

전 세계적인 젊은이 문화가 전적으로 서양 사회에 근원을 두고 있는 것은 아니라는 사실도 인식할 필요가 있다. 일본을 비롯한 몇몇 다른 나라도 앞에서 보았듯이 일찍이 1920년대 초에 시작된 경향에 토대를 두고 젊은이 문화를 창조하는 중심지가 되었다. 일본은 귀여운 이미지와 어린아이들을 위한 상품을 홍보하는 영역에서 전 세계적으로 탁월했는데, 유아에 대한 새로운 개념을 이용하는 한편 자극하기도 했다. '헬로키티' 시리즈에 대한 열광은 하나의 징후였다. 1990년대 동안 '포켓몬'에 대한 전 세계의 열광은 일본의 영향력을 보여 주는 또 하나의 징표이다. 일본은 또한 청소년들이 좋아하는 갖가지 스타일과 상품을 선도하기 시작했다. 그리고 2003년까지 벌어들인 금액을 기준으로 보면 유행의 수출이 최상위를 이루었다. 일본 스타일은 동아시아와 심지어 중동 주변의 젊은이 문화를 주도하는 모델이 되었다. 일본 애니메이션과 젊은이를 위한 전자기기는 전 세계적으로 뛰어나다는 평가를 받았다. IT 잡지 《와이어드》(Wired)는 일본의 젊은 여성들이 채택한 상품의 특징을 더 큰 전 세계적 추세의 조짐으로 소개하기 시작했다.

젊은이들의 소비 지상주의는 많은 사람들이 생각한 것처럼 확실히 유행할 때조차도 동질적인 것은 아니었다. 미국 랩 음악에 대한 열광은 영어를 자유자재로 구사하지 못하는 젊은이들에게는 다른 어떤 것을 의미했다. 일본 게임을 하고 장난감을 가지고 노는 것도 맥락에 따라서 여러 가지 의미를 드러낸다. 포켓몬 같은 일부 유행들은 쉽게 경험할 수 없는 구체적인 일본 문화에 뿌리를 두고 있다. 이런 종류의 융합은 새로운 문화 접촉이 만들어 낸 일반적인 결과이다. 그리고 단일한 젊은이 문화를 규정하는 것을 확실히 어렵게 만들었다.

융합 노력이 언제나 작동하는 것은 아니었다. 21세기에 접어들어 도시와 소비 기회가 아프리카 일부 지역에서 높아짐에 따라 부모들은 자신의 아이를 위해 유모차를 살 수 있는 기회를 얻었다. 그러나 심지어 일을 하는 동안에도 아이를 곁에 두는 오랫동안 이어 온 아프리카의 전통 때문에 많은 저항이 일어났다. 어머니들은 소중하면서 아이들의 정서적 발달에 도움을 줄 수 있는 접촉을 포기해야 하는 것에 거부감을 보였다. 남인도의 케랄라 주에서는 보수적인 사람들이 10대 소녀들이 미인대회에 점점 더 열광하는 것을 통제하고자 했다. 그들의 해결책은 참가자들이 지역 언어와 춤 등의 문화 스타일에 대한 지식을 보여 줄 수 있는 대회로 하자는 것이었다. 문제는 미인대회에 참가하는 데 관심을 가지고 있는 젊은 여성들은 관례적인 구전(口傳) 지식이 충분하지 못한 반면, 대부분의 전통 소녀들은 여전히 미인대회를 회피했다는 데 있었다. 진정한 승자를 가려내기란 쉬운 일이 아니었다. 두 가지를 조합하려는 노력은 적어도 단기간에는 실패로 돌아갔다.

그러나 몇 가지 공유된 특징들도 있었다. 전 세계적인 소비 지상주의로부터 청년들과, 정도는 덜하지만 많은 지역의 어린이들은 별개의 정체성과 소속감을 얻었다. 홍콩의 어떤 젊은이는 자신들이 왜 맥도날드 가게에 가야 하나는 질문을 던지고, 실제로는 중국 음식과 비교해서 그 음식을 그다지 좋아하지 않는다는 점을 환기시켰다. 그러나 그는 그런 글로벌 장소를 보거나 거기에서 자신을 남에게 보이는 것을 즐겼다. 새로운 스타일이 젊은이들에게 완전한 부모의 통제를 받아들이는 것에 대한 대안을 제공했다는 것은 명백하다. 이런 의미에서 소비 지상주의는 균형이 젊은이 편으로 옮겨 간 조용한 권력투쟁의 실질적인 무기가 될 수 있었다. 어린이들은 때로는 전례 없이 날카롭게 성인 가족 구성원을 포함하는 큰 사회를 소비에 더 친숙하고 컴퓨터 사용을 비롯한 능력을 가지게끔 이끌었는데, 이는 매우 새로운 역할이었다. 동시에 소비 지상주의는 어린이에 대한 어른들의 인식과 부모로서 그들의 책임감에 영향을 미쳤다. 20세기 후반의 어떤 시점에서, 전 세계 대부분 지역의 부모들은 자식들을 위해 물건과 즐거운 시간을 제공하는 것이 자신들이 해야 할 필수적 역할의 일부라고 믿기 시작했다. 그리고 자신의 능력이 적절하지 못하다고 여겨질 때 현실적인 죄책감을 경험했다. 1980년대에 이르러 멕시코의 부모들은 오랫동안 기념행사의 특징이던 근엄한 종교 축제와는 대조적으로 어린이를 위한 캔디로 가득한 미국식 할로윈으로 바꾸기 시작했다. 이스탄불의 부모들은 자신이 기독교인이 아니지만 어린이를 위해 크리스마스 선물을 사기 시작했다. 그리고 금욕 기간인 무슬림의 라마단 휴일은 어린아이들을 위한 선물과 카드를 구입하는 방향으로 변화하기 시작했다. 극심하게 가난한 가장 멀리 떨어진 농촌 지역을 제외하고는, 어린이와 관련된 관습 중 전 세계적인 소비 지상주의를 전면적으로 거부할 수 있는 것은 거의 없었다.

21세기 초에 밀어닥친 세계화에는 실제적으로 저항이나 정치적 시위 성격의 전 세계적인 청년 운동이 벌어지지 않았다. 얄궂게도 전면적인 세계화가 일어나기 직전인 1960년대 후반과 1970년대 초에 국제적인 청년 저항운동의 단초가 나타났다. 특히 서유럽과 미국에 기반을 두고 동유럽과 그 밖의 지역에서도 반향을 불러일으킨 학생 봉기는 베트남전쟁, 인종차별주의, 과밀 학교가 주는 제약, 계층 이동의 결여, 부모들을 피상적이고 의미 없는 삶 속에 가두었다고 대부분의 보컬그룹 리더들이 느꼈던 소비사회의 덫 등을 공격했다. 학생 집단은 마침내 학교까지 장악했다. 1968년, 파리에서는 학생들에게 일시적으로 도시의 일부 지역에 대한 통제권을 가져다준 준혁명 상태까지 이르렀다. 많은 관찰자들은 청년들이 노동계급을 당시 정치적 불만의 근원으로, 즉 인간 양심의 전달자로 대치할 수 있을 것이라고 주장했다.

그런 예측은 사실이 아닌 것으로 판명되었다. 이후 10년 동안 유럽에서 일부 강경 집단이 계속 존재했지만, 청년들의 저항은 1973년 이후 잦아들었다. 베이비붐이 한풀 꺾이자 학교의 혼잡함은 줄었다. 대학 프로그램에 일부 개혁도 도입되었다. 소비 지상주의는 대부분의 젊은이들에게 혐오감을 주기보다는 매력적으로 다가갔다. 21세기 초까지 젊은이들이 종종 불만을 드러냈다는 사실을 우리는 보았다. 그러나 그것은 대부분 전 세계적 차원보다는 종교 운동을 비롯한 지역적 기치 아래 일어나는 것이 보통이었다. 많은 젊은이들은 전 세계적인 인권운동에 참여했으며, 더 많은 젊은이들이 환경운동에 끌려 들어갔다. 그러나 참여의 정도는 산업국가에 따라 일정하지 않았다. 세계화가 가져다주는 여러 수준의 매력뿐 아니라 서로 다른 전통과 환경은 세계화 같은 어떤 공통된 경험을 하는 순간에 세계의 젊은이들을 분리시켰다.

이제까지 보았듯이 세계화 자체는 분열을 불러왔다. 새로운 형태의 소비에 참여하는 상대적으로 풍요한 어린이들은, 노동일을 하라고 새롭게 압력을 받는 인도의 어린이나 길거리 생활에 익숙한 리우데자네이루의 어린이와는 크게 달랐다. 인도와 리우데자네이루의 어린이 역시 어느 정도 소비의 유혹을 갈망했을지라도 그러했다. 소수인종을 겨냥해 폭력을 조장하는 영국과 독일의 10대 스킨헤드(skinhead)[4]는 이민 온 젊은이들과 마찬가지로 젊음에 기반을 둔 음악 스타일에 흥미를 느끼고 있다. 그러나 그 스타일은 범죄 집단이 그런 것과 마찬가지로 충돌을 불러일으키며, 어떤 한결같은 결과도 가져오지 않았다. 그리고 많은 어린이들과 어른들에게 똑같이, 세계화는 어린이를 바라보는 지역적 전통에 영향을 미쳤으나 그것을 넘어서지는 못했다. 레바논의 부모들은 자식들에게 서양식 교육을 시키려고 했다. 그리고 몇 가지 근대 아동보육 매뉴얼을 읽었다. 그러나 그들은 더 전통적인 가족 의무를 넘어서는 서구 수준의 개인주의를 자녀가 받아들이는 것을 실제로 원하지는 않았다. 어린이의 세계는 다양성을 유지했다.

그 영향력이 많은 영역에서 불완전하다는 사실을 완전히 제외한다면, 세계화도 아동 지위의 근대적 모델과는 복잡한 관계에 있다. 인종주의와 기회 불평등이 일부 사람들에게는 그 효과를 제한했을 수도 있지만, 이주라는 큰 흐름은 더 많은 가족에게 학교교육과 근대적 아동 지위의 여러 장치 중 많은 것을 경험하게 했다. 정치적 세계화는 분명하게 근대적 모델을 지원하는 방향으로 작동했다. 국제기구는 건강 증진, 낮은 출산율, 노동을 줄이거나 하지 않도록 어린이를 법적으로 보호하고 학교교육의 기회를 확대하는 등의 활동을 했다. 불행하게도 세계화의 모든 요소 중에서 정치적 분야가 실제 영향의 측면에서 가장 약했다. 그리고 어린이에게 미친 영향이라는 측면에서 볼 때 경제적 세계화는 길거리의

---

4) 이민 온 소수인종들에 대한 혐오감을 가지며, 이를 행동으로 표현하는 집단. 그런 생각을 가지고 있다는 것을 나타내는 방식으로 머리를 짧게 깎아서 이렇게 부른다.

어린이나 정식으로 고용된 어린이를 위해 근대적 모델을 활용할 수 있는 가능성을 감소시켰다. 이는 학교교육에 많은 시간을 쏟는 것을 어렵게 만들었으며, 어떤 경우에는 아이들의 건강 상황 또한 복잡하게 했다. 그리고 소비 지상주의는 학교교육과 더불어 소비를 즐거움의 원천으로 여기는 그런 어린이를 위한 근대적 모델과 모순되지 않았다. 그것은 근대적 모델과도 양립할 수 있는 몇 가지 개인주의적인 시사점을 가질 수 있었으며, 또래 집단이나 연령별 활동 같은 여러 근대적 특징들을 고취하기도 했다. 그러나 소비 지상주의는 학교교육에 대한 관심을 멀어지게 할 수 있어서 근대적 모델의 주된 특징으로는 적절하지 않다는 것이 판명되었다.

실제로 일부 관찰자들은 세계화가 아프리카의 많은 지역에서 근대적 모델과는 다른 아동 지위의 틀을 만들어 냈다고 주장했다. 어린이를 고용하지 않는 현상의 확산은 젊은이들을 더 주변적인 존재로 만들었으며 학교교육의 타당성을 감소시켰다. 부유한 고객을 접대하는 성매매 따위로 돈을 벌 수 있는 젊은이들은 종종 자신의 수입을 소비에 다 써 버렸다. 그러나 이런 행동이 더 넓은 사회 속에서 자신이 소외당하는 것을 바꾸어 주지는 않았다. 어린이를 보호하는 것이 학교교육의 기본적이고 궁극적인 기능이지만, 이런 상황 속의 젊은이들은 보호를 받는 범주에 들어가지 못했다. 소외를 당하는 것이 모든 아프리카 사람들을 포괄하는 패턴은 아니었다. 교육을 향한 열의는 식지 않았으며, 교육을 받을 수 있는 곳 이상으로 더 많은 사람들이 중등교육을 열망했다. 그리고 교육에 대한 열의는 종종 출산율의 감소를 위해 노력하는 쪽으로도 연결되었다. 다른 말로 하면 아프리카에 발현된 근대적 모델이었다. 그러나 아프리카나 다른 지역의 많은 사람들에게 세계화는 근대적 모델과 멀어지게 하거나 그것을 전면적으로 손상시켜, 21세기의 여명에 새로운 일련의 요인들을 생겨나게 했다.

마지막으로 그리고 예상컨대, 전통이라는 이름의 저항을 조장할 수도 있었다. 많은 젊은이들은 세계화의 어떤 측면들에 참여하면서도 위기에 처한 지역 정체성 아래 몰려들었다. 예를 들어 중동의 많은 젊은 여성들은 외국 주도의 세계화와 증대되는 동질성의 압력으로부터 자신들의 독자성을 주장하는 수단으로, 2000년 무렵 자발적으로 더 전통적인 스타일의 옷을 다시 입기 시작했다.

요컨대 세계화는 21세기로 접어들 무렵 아동 지위의 변화를 촉진시키는 요인을 늘린 실질적인 힘이었다. 어떤 경우에는 근대적 모델을 지향한 오랫동안의 행보와 결합하고 몇 가지 추가적인 일반적 영향력을 만들어 내면서도, 세계화는 오래된 것이건 새로운 것이건 간에 여러 형태의 다양성을 지우지는 않았다. 글로벌화된 마을은 온갖 다양한 형태의 아동 지위를 내포하고 있었다.

| 더 읽어 볼 책 |

Paula Fass, *Children of a New World: Society, Culture and Globalization* (New York: New York University Press, 2007); Rachel Christina, Tend the Olive, *Water the Vine: Globalization and the Negotiation of Early Childhood in Palestine* (Charlotte, NC: Information Age Publishing, 2009); Marilyn Fleer, Mariane Hedegaard and Jonathan Tudge, *World Yearbook of Education 2009: Childhood Studies and the Impact of Globalization: Policies and*

Practices at Global and Local Levels (New York: Routledge, 2009); Heather Montgomery, *An Introduction to Childhood: Anthropological Perspectives on Children's Lives* (Chichester: John Wiley & Sons, 2008); B. S. Trask, *Globalization and Families: Accelerated Systemic Social Change* (New York: Springer Science+Business Media, LLC, 2009); Hugh Hindman, ed., *The World of Child Labor: An Historical and Regional Survey* (Armonk, NY: M.E. Sharpe, 2009).

*Journal of Social History*의 '세계화와 어린이' 특집호(vol. 38: June 2005)를 보라. Nancy Scheper-Hughes and Carolyn Sargent, *Small Wars: The Cultural Politics of Childhood* (Berkeley: University of California Press, 1998); Tracey Skelton and Gill Valentine, *Cool Places: Geographies of Global Youth Culture* (London: Routledge, 1998); United Nations Development Program, *Human Development Report* (Oxford: Oxford University Press, 1999); Tobias Hecht, *At Home in the Street: Street Children in Northeast Brazil* (Cambridge: Cambridge University Press, 1998); Jeremy Seabrook, *Children of Other Worlds: Exploitation in the Global Market* (London: Pluto Press, 2001); James Watson, ed., *Golden Arches East: McDonald's in East Asia* (Stanford, CA: Stanford University Press, 1998); Timothy Burke, *Lifebuoy Men, Lux Women: Commodification, Consumption and Cleanliness in Modern Zimbabwe* (London: Leicester University Press, 1996). United Nations Children's Fund, *The State of the World's Children 2002* (New York: UNICEF, 2002).

12

어린이의
행복이라는
딜레마

어린이의 행복은 최근 수십 년 간 세계적 차원에서 새로운 관심을 받았다. 젊은이들의 행복이 중요하다는 인식의 확산은 여러 가지로 해석의 문제를 불러일으켰다. 그리고 세계사의 최근 국면에서 분석해야 할 중요한 문제로 추가되었다. 행복이라는 주제는 현대와 과거 사이의 변화를 논의하는 데 초점을 맞추게 했다. 그것은 서양식 모델의 중요성과 한계 속에서 현대의 쟁점들과 관련해서 고려해야 할 문제들을 제기했다. 특히 어른과 어린이에게 똑같이 미치는 새로운 이념의 복합적인 영향을 실제로 한층 더 깊이 받지 않을 수 없게 만들었다. 아동 지위와 관련한 최근의 역사적 측면으로서 행복에 대해 우리가 알지 못하는 많은 것들이 있다. 그러나 우리가 알고 있는 것만 해도 자극을 줄 만한 문제이며, 질문을 던져야 하는 추가적인 문제도 드러나고 있다.

첫 번째로, 놀랄 만하지만 주의할 필요가 있는 당면 문제들이 좀 있다. 일부 제한적인 예외와 함께 전통 사회, 명확히 말하면 농업 사회는 어린이를 행복과 체계적으로 연결시키지 못했다. 고전기 동안 자신의 삶을 써서 기록으로 남긴 성인 가운데, 어머니에게 간헐적으로 했던 좋은 말을 빼고는 어린 시절의 어떤 측면을 애정을 가지고 되돌아본 경우가 별로 없다. 부모 처지에서는 자식을 행복하게 만들 특별한 책임감을 느끼지 못했다. 그렇다, 어린이를 순종적이고 부지런하게 만들고 도덕적 훈련을 확실히 시키면 그만이었지 행복은 고려할 문제가 아니었다. 기독교의 원죄에 대한 믿음처럼, 어떤 경우에는 특별한 문화적 가공물이 어린이를 바라보는 관념과 행복을 심사숙고하는 것 사이의 통상적인 거리감을 확대시킬 수도 있다. 어린이의 잦은 죽음과 어린이에게 일을 시켜야 할 명백한 필요성은 훨씬 더 일반적으로 행복에 대한 어떤 관념을 확실히 복잡하게 만들었다.

그러나 주의할 필요가 있다. 아동 지위를 행복과 동일시하지 않았다는 사실이 어른들이 어린이를 불행하게 만들고자 한다는 것을 의미하지는 않는다. 일부 사람들은 그러했고, 근대사회에서 일부 사람도 마찬가지로 어린이의 고통에서 즐거움을 얻는다. 그러나 대부분의 어른들이 의도적으로 학대한다고 생각할 만한 이유는 없었다. 그리고 많은 사람들은 자녀를 행복하게 하는 데 전념했는지는 명확하지 않지만, 정말로 그 아이들을 좋아했으며 함께 나눌 수 있는 기쁨을 받아들였다. 게다가 학대당하는 경우를 제외하고는 어린이들 자신이 반드시 전통적인 상황에서 특히 불행했다고 생각할 만한 이유는 없다. 성장하면서 겪는 통상적인 복잡한 문제 말고도 열등한 지위나 노동의 부담 때문에 어린이들이 불행했던 것은 확실하다. 그러나 어린이는 이따금 공동체의 축제에서 즐길 수 있었다. 그리고 일을 하지 않는 시간 동안 자유롭게 놀이를 즐길 수 있었고, 정도에 따라 상당한 정도로 만족감도 높아졌다. 그것이 놓칠 수 있는 행복의 이념이었다.

이런 상황은 18~19세기 서양 사회, 정확히 말하면 행복에 대한 관심이 문화의 다른 측면에서 근거를 얻기 시작하는 시점에서 변하기 시작했다. 계몽주의는 행복의 긍정적 가치를 확대했다. 예컨대 이는 미국 독립선언에서 나타났는데, 거기에서는 삶, 자유와 더불어 인간은 동등해야 한다고 언급했다. 원죄라는 낡은 관념이 일부 기독교 집단에서 서서히 쇠퇴하기 시작함에 따라, 어린이를 어떻게 다룰지 다시 생각하게 되었다. 이후 인구 변화와 더불어 아동사망률의 감소는 아이들에게 더 적극적으로 헌신하겠다는 어른들의 생각을 가로막는 거대한 장벽을 낮추었다. 그리고 전통적 수준의 아동노동에 대한 공격은 같은 효과를 가져올 수 있었다.

그러나 행복이라는 관점에서 어린이를 둘러싼 실제적인 논의가 전개된 것은 놀랄 만큼 더디게 표면화되었다. 1880년 무렵 영국에서 몇 차례 회의가 열렸다. 그러나 아무 것도 체계화되지 않았다. 유아의 즐거움을 다룬 몇 편의 시, 즉 어린이의 '신선함과 경이'에 대한 몇몇 언급들이 겨우 일부 새로운 사고를 제안했다. 미국에서는 어린이의 행복을 다룬 참고도서들이 19세기에 갑자기 나타났다. 그러나 전통적인 도덕적 양육에 초점을 맞췄기 때문에, '행복'이라는 단어가 사용된 것은 흥미롭지만 논의는 행복 그 자체를 넘어섰다. 부모들에게 하는 조언을 담은 책을 쓴 다양한 작가들은 부모들에게 오직 도덕성만을 통해 어린이가 행복을 얻을 수 있다고 다그쳤다. 그래서 캐서린 비처의 유명한 지침서에서는 "어린이들은 자신의 행복이 지금도 그렇고 앞으로도 복종과 자기부정, 너그러움을 보이는 습관을 몸에 익히는 데 달려 있다는 것을 매우 일찍 배울 수 있다"고 썼다. 19세기 후반 권위 있는 문헌들은 점차 어린이의 즐거움이 차지하는 중요성을 언급했다. 그러나 이것은 인간의 상호작용에 점차 관심을 가지게 된 사회의 새로운 책무였지만, 한편으로 어린이와 행복을 실제적으로 연결시키는 유일한 디딤돌이었다. 명랑한 어린이가 생활도 잘하므로 이런 결과를 촉진시킬 수 있는 방법으로 대해야 한다는 생각이었다.

마지막으로 1920년대까지는 어린이를 행복하게 하기 위한 충분한 노력이 적어도 이론적으로는 미국에서 나타났다. 아동 양육 지침서에 "행복은 어린이가 정상적인 성인으로 자라나는 데 음식만큼이나 꼭 필요하다"거나 "모든 단계에서 양육의 목적은 어린이를 될 수 있으면 행복하게 만드는 것이어야 한다"는 말들이 덧붙었다. 그리고 《자녀를 즐겁게 하는 방법》(How to Have Cheerful Kids, 1927)이나 《아동교육: 행복의 지름길》(Child Training: The Pathway to Happiness, 1948) 같은 제목을 단 책들도 나왔다. 훈육도 재검토되어야 했다. 질책해서 즐거움을 망쳐 버리는 것보다는 어린이에게 작은 잘못이 있더라도 자기 마음대로 하도록 내버려 두는 편이 더 낫다는 얘기였다. 미국에서 이런 흐름이 점점 밀려드는 가운데 생겨난 유일한 문제는, 어린이가 본디 행복해서 어른은 그것을 해치지 않도록 하는 데만 신경을 써야 하는가, 아니면 어른이 애써 바로잡아 주어야 할 아동 본성의 문제점이 있는가 하는 것이었다. 어느 편이건 간에 거기에 새로운 신경을 쓴다는 것은 부모나 그 밖의 사람에게는 추가적인 부담이었다. 예를 들어 이제는 부모가 실제로 행복하건 아니건 간에 자녀들에게 행복한 것처럼 보이기 위해 노력해야 한다고 촉구하는 권고가 상당히 많이 나왔다. 어린이들에게 긍정적 사례와 상황을 제공해 주어야 한다는 것이었다. 정부의 정책까지도 수정되었다. 1950년대에 이르자 어린이에 대한 백악관 회의는 건강한 신체라는 쟁점에서 행복에 대한 폭넓은 관심으로 바뀌었다. 그리고 '보이스카우트'나 '캠프파이어걸스' 같은 청소년 조직이 행복을 기본적인 원리로 해서 창설되었다. 예를 들어 캠프파이어 집단은 "행복하라"는 말을 그야말로 최종적인 목표로 내세웠다.

입에 발린 것 이상의 말들이 미국 같은 곳에서 벌어지는 새로운 행복 운동에 쏟아졌다. 매우 어린아이들에게도 사진을 찍을 때 웃으라고 하는 것은 새로운 운동이 벌이는 흥미로운 실천 행위였다. 어린아이를 위해 장난감이나 오락물을 사는 등 온갖 소비 행위는 명백히 행복 의무를 충족시키고자 하는 것이었다. 1920년에 설립된 디즈니 회사는 "사람들을 행복하게 하라"를 모토로 삼았다. 그리고 자식에게 그런 결과를 기대하는 가족들에게 영화 티켓을 엄청나게 팔았다. 1930년대 불경기 동안 아동 영화의 스타 셜리 템플은 '선샤인 걸'(Sunshine Girl)로 이름을 알렸다. 심리학자들도 아동 행복의 중요성을 강조하고 나섰다. 많은 어른들은 어린 시절의 불행을 되짚어 자신의 문제점을 깨달으라고 촉구받았다. 말하자면, 불행은 피할 수 있고 피해야 한다는 사실을 의미했다. 새로운 처방전을 담아낸다는 의미에서 어쩌면 가장 흥미로운 사실을 보여 주는 것으로는, 1890년대 쓴 곡을 사용하는 '해피 버스데이'(Happy Birthday) 노래가 1920년대 중반에 갑자기 사회적으로 관심을 끈 것을 들 수 있다. 처음에는 쇼(show)나 노래전보(singing telegram)[1]에서 사용되었는데, 이후 20년에 걸쳐 그 구절은 어린이가 새로운 특별한 날에 의당 받아야 하는 표준적인 상징이 되었다.

---

1) 생일을 비롯하여 축하를 받아야 할 날에 축하인사를 전해 주는 프로그램. 고객의 의뢰를 받은 회사의 직원이 축하인사를 받을 사람 집을 방문해서 꽃이나 축하 카드, 선물을 전해 주고 축가를 불러 준다.

그러니까, 어린이는 행복해야 한다는 생각은 아마도 미국이 주도하여 서양 사회로 확산된 혁신적인 한 가지 최근 역사였다. 이런 관념은 오늘날까지 깊이 뿌리박혀 있고 대부분 사람들이 자연스럽게 여기기 때문에, 어떤 사람들은 이런 사실에 놀랄 지도 모른다. 더 전통적인 생각이나 행동과 대비해 보면, 실제로 혁신이 이루어졌다는 것은 틀림없는 사실이다.

그렇다면 무엇이 변화를 가져왔을까? 수많은 요인들을 떠올릴 수 있으나, 실제로 가장 중요한 원동력을 확인하는 것이 말처럼 쉬운 일은 아니다. 우리는 이미 훨씬 낮은 사망률과 아동노동에 대한 공격이 전제조건이었음을 살펴보았다. 20세기까지, 이런 전제조건 가운데 다수는 행복이 바람직하지 않은 노동이라는 부담과 대비되는 것임을 환기시켰다. 어린이를 행복하게 해야 한다는 책무를 완수하는 일환으로 부모들에게 얼마나 많은 것을 팔 수 있는지를 여러 종류의 기업들이 깨달음에 따라, 소비 지상주의는 커다란 역할을 했다. 즐거움이 정신건강의 상징이며 경제적 성공을 위한 전제조건이라는 생각이 점점 커지고 있는 사회에서, 성인의 지위에 대한 새로운 믿음도 컸던 것으로 보인다. 힘들고 단조로운 학교교육에 대한 보상도 관련이 있을 것이다. 학교교육의 성공이 중요하다는 사실을 잘 알고 있는 부모가 교실 밖의 즐거움으로 자식들에게 동기를 부여하고 보상해 주고자 했으며, 학교 자체도 학습을 '재미있게' 만들기 위해 점점 더 노력했다.

이러한 요소들 때문에 결국 행복을 지향하는 방향으로 전환하는 것이 아동의 지위를 근대적으로 정의하는 본질적인 부분이라는 생각이 되었을까? 그렇지 않으면 오히려 특별한 이런저런 서구적 환경의 산물이었을까? 이런 질문은 상당히 중요하지만 대답은 훨씬 더 격렬한 논쟁의 대상이 될 수 있다.

　최근 수십 년 동안 서양의 이런저런 관념이 여러 다른 사회에서 채택
되거나 더 자연스럽게 발전해 왔으며, 그 결과 어린이의 행복이 점차 전
세계적 관심사가 되었다는 사실은 명백하다. 더 부유하고 도시적인 집
단에서도 변화가 있었지만, 특히 전체적인 생활수준이 계속 뒤떨어지던
사회에서 변화가 일어났다는 사실은 놀라운 일이 아니다. 그렇다고 하
더라도 그런 생각과 행동이 꾸준히 근거를 얻어 가고 있으므로 이 주제
는 의미가 있다.

　이처럼 지난 20여 년 동안 급속하게 늘어난 인도의 중산층은 어린
이의 행복에 점점 더 큰 관심을 보이게 되었다. 그래서인지 웹사이트
www.indiaparenting.com[2]은 특별한 주제가 있는 '가정에 기반을
둔 생일파티'를 추천하면서, 광대와 마술사는 행복을 확인하는 데 도움
을 준다고 덧붙인다. 유아 이후의 아동기를 엄격한 도덕적·종교적 훈련
을 해야 할 시기로 보는 옛 관점에서 벗어나려는 움직임이 활발하다.

　비슷한 패턴은 엄격한 무슬림 집단 이외의 중동 지역에서도 나타
난다. 아랍에미리트의 두바이는 '어머니와 어린이에게 흥미로운 것'
(Favourite Things Mother And Child)이라는 쇼핑몰을 특색 있는 장소
라고 소개한다. 이곳에서는 스스로 생일파티를 위한 프리미엄 장소라고
광고한다. 사이트는 솜사탕 기계, 어린이 동물원(petting zoo)을 비롯한
온갖 오락 센터가 있다는 사실과 함께 "어린이를 위해 개인적 감동, 뛰
어난 구성, 정말로 기억할 만한 날을 찾고 있는 부모의 첫 번째 선택"이

---

2) 1979년 개설된 출산과 육아의 정보를 공유하는 웹사이트. 임신부터 18세까지의 자녀를 둔
　부모를 대상으로 한다. 한 달에 1,500만 명 정도가 방문하는 인도 최대의 웹사이트 가운데 하
　나이며, 구글 번역을 이용하여 간단한 한국어판도 제공한다.

라고 스스로를 홍보한다. 강력한 경쟁 요소들이 상류계급의 생일파티에 담겨 있다는 사실은 별로 놀랍지 않다. 이집트에서도 장식, 노래, 춤이 곁들여지는 호화 파티가 부유한 어린이들을 기쁘게 한다.

라틴아메리카의 가족들도 어린이가 행복해야 한다는 관념을 널리 받아들였다. 그리고 여기에서도 세심한 생일파티를 광범위하게 채택하는 것은 하나의 조짐이었다. 열다섯 살 생일을 특별히 강조하는 '킨세아녜라'(quinceañera)[3]는 내려오는 문화 전통에 기반을 둔 것이었다. 그러나 행복한 가정의 중요성에 대한 더 큰 생각은 이를 훨씬 넘어서까지 확대되고 있다. 어떤 집단에게는 어린이가 행복하다는 신호는 부모가 가난한 가운데서도 자신의 의무를 다하고 있다는 것을 보이는 데 도움을 준다.

변화는 특히 중국에서 두드러진다. 중국에서는 전통적으로 아동기와는 대조적으로 노인 연령이 되었음을 축하하는 65세 생일잔치를 제외하고는 아이들 생일을 경시했다. 심지어 생일날 오히려 어린이가 감사의 표시로 부모에게 작은 선물을 하기까지 했다. 그런데 이런 중국에서 나타나는 변화가 특히 강렬하다. 예를 들어 맥도날드는 어린이들 자체에 새롭게 초점을 맞추어 미국에서 시행한 것과 흡사한 유인책으로 '파티 룸'을 빌려준다. 기념행사를 넘어 행복을 공유하려는 바람 때문에, 부모들은 자녀를 기르는 것이 겨우 15년 전과는 대조적으로 점점 더 스트레스가 되어 간다고 호소한다.

이 모든 것은 다음과 같은 질문을 하게 만든다. 이 중 얼마나 많은 것이 서양의 산물을 단순히 선택한 것일까? 어떤 현상이 일시적인 것으로

---

3) 열다섯 살이 된 소녀가 치르는 성대한 생일 축제. 성년식의 성격이 강하다.

판명될 수 있을까? 그리고 어린이가 겪는 환경 속의 여러 다른 변화들에 대응한 것은 얼마나 많을까?

강력한 '서구화'의 요소는 부인할 수 없다. 어린이의 행복이라는 관점에서 말하고 싶어 하는 중국 부모들은 대부분 서구에 기반을 둔 상점과 회의장을 방문한다. 중동에서 생일잔치를 여는 방식은 여러 면에서 서양식 소비문화의 영향을 강하게 받은 사회 분야에서 비롯되었다. 서구화가 모든 것은 아닐 수도 있다. 중국의 출산율 감소는 부모로 하여금 아동복지에 대한 우려를 키웠다. 아들이나 딸이 하나밖에 없는 자녀이고, 현재의 자녀는 자기 자신이 기억하는 대가족 안의 성장 경험을 충족할 수 없다는 점을 우려하기 때문이었다. 여기에서 행복은 커다란 외로움에 대한 보상으로 여길 수도 있다. 중국과 마찬가지로 일본이나 한국에서는 학교교육을 성공적으로 받는 것이 중요하다고 부모들이 과도하게 강조하는 반면에, 교실 밖에서는 그 대가와 보상으로 행복을 적절히 제공하는 것이 필요하다는 책임감을 받아들였다. 다른 말로 하면, 서양의 모델은 더 일반적으로 근대적 아동 지위의 한 부분에 해당하는 새롭고 진정한 필요에 부합하는 어떤 운동이나 실천을 제공할 수도 있다. 시간이 지나면 새로운 아이디어와 실천이 얼마나 지속적으로 널리 보급될 것인지 알 수 있을 것이다.

그것이 상호 문화적 영향에 수반되는 일반적인 현상이라는 점 하나는 명확하다. 서양의 경험은 다른 사회에서 어린이의 행복에 대한 새로운 관심을 촉진시켰지만, 이러한 관심은 지역 고유의 요소와도 혼합되었다. 어린이 행복의 확산은 변화의 일반적 주제를 다룰 때도 다양한 비교 영역을 가지고 있다.

인도에서 행복이라는 주제는 어린이에 대한 광범위한 관용이라는 훨씬 더 오래된 전통과 뒤섞여서, 많은 서양 사람들이 지나치게 관대하다고 생각할 정도로 사랑과 관심을 보여 준다. 새로운 것은 이런 이전 시대를 넘어서는 행복에 대한 관심의 확대이다. 그러나 전통과 근대적 요소의 합병은 특징적인 요소를 가지고 있다. 어린이의 행복에 대한 중동과 그리고 어느 정도 중국의 관심은 소녀들보다는 소년들에게 훨씬 더 쉽게 적용되는데, 이 또한 과거의 낡은 패턴을 반영하고 있다. 오직 행복해지려는 충동이 중국에서 더 새롭고 부분적으로 낯설기 때문이었으면 좋을 텐데, 지나친 관용이 위험하다는 주장도 오늘날 서양보다 더 광범위하다. 그리고 부모들은 여전히 훨씬 더 자신의 자녀에게 공공연하게 비판적인 것 같다. 다른 말로 하면 어린이의 행복은 실제적인 변화이지만, 그것은 지역적 변수를 극복하지는 못했다. 그래서 세계화의 경험 안에 들어 있는 지역적·세계적 갈등 기준의 특별한 해석을 더 일반적으로 반영하고 있다.

마지막 문제는 행복에 대한 새로운 강조가 책임감 있는 어른과 어린이 자신에게 무엇을 의미하는가이다. 이 문제는 행복에 대한 관심이 날로 커지고 있는 곳이라면 어디에도 적용될 수 있다. 변화가 다양한 결과를 가져왔다는 점은 두말할 나위도 없다. 어린이를 위해 장난감을 비롯한 소비 용품을 사 주어야 한다는 압력이 점차 확대되어, 거대 산업을 뒷받침하고 적어도 부분적으로는 그것이 좋은 부모임을 의미하는 것으로 재규정되었다는 사실은 많은 어른들에게 명백하다. 즐거움의 공유는 어린이가 행복해 보이지 않을 때 의무와 심지어 죄책감으로 귀결되었는데, 이는 부모의 책임에 대한 인식을 복잡하게 할 수도 있다. 디즈니를 비롯한 수많은 기업들이 어른과 어린이가 모두 실제로 그렇건 아니건 간에 자신들이 행복한 시간을 보내고 있다고 믿게끔 할 수 있는 영업 인력을 적극적으로 육성함으로써, 전면적인 조정에 복잡함을 더했다. 일부 관찰자들은 소비자의 행복을 인위적으로 조작하는 것이 실제 현실을 확인할 수 있는 능력을 흐리게 할 수 있다는 점을 우려했다.

물론 중요한 쟁점은 어린이가 과연 기대했던 것만큼 더 행복해졌는가 여부이다. 몇몇 관찰자들은 힘의 부족이나 신체적·정신적 성장의 스트레스 등과 같은 어린이의 일부 결점은 변함없이 남아 있어서 상상할 수 있는 행복이라는 말에 해당하는 정도에 이를 수는 없다고 지적한다. 어떤 사람들을 학교교육의 스트레스나 자발적인 놀이 시간의 부족 같은 특히 근대적인 특징들은 사실상 행복해지는 것을 더 어렵게 할 수도 있다고 덧붙이기도 한다. 사실, 역사적 상황에 구애받지 않는 행복의 측정은 실제로 불가능하며 아동의 지위를 평가하는 것은 특히 도전적인 일이다.

이보다 작은 문제는 행복 추구 그 자체의 영향이다. 한편으로 오늘날 많은 어른들은 과거보다 실제로 어린이를 즐겁게 하고 불편함을 없애 주려고 열심히 노력한다. 그리고 이런 노력은 확실히 어느 정도 효과가 있을 수도 있다. 다른 한편으로 '행복 문화' 그 자체는 결점을 만들어 내기도 한다. 그것은 어린이를 오락에 더 의존하게 하고 더 쉽게 싫증 나게 만든다. 그것은 적어도 일부 사회에서는 부모들로 하여금 자식과의 관계를 지나치게 소비의 관점으로 생각하게 해서, 많은 물건을 사 주지만 깊은 애정 관계는 오히려 후퇴하게 만든다. 더구나 행복에 대한 새로운 기대감은 어린이들 스스로 슬픔이나 실망감을 표현하는 것을 더 어렵게 만드는데, 이 중 일부는 시간이나 장소와는 상관없이 거의 틀림없이 아동 지위의 영역에 포함된다. 어린이가 슬퍼하는 것이 이제는 어른들에게 죄책감까지 느끼게 한다. 그 죄책감은 거꾸로 어린이로 하여금 거짓말을 하도록 부추길 수도 있다. 그리고 이는 다시 이런 경우가 아니라면 회피할 수도 있는 완전한 우울함으로 이어질 수 있다. 어린이의 우울증은 틀림없이 늘어나고 있다. 이 중 일부는 단지 새로운 차원의 진단 때문이다. 우울증은 전체적으로 정신과 의사의 진단 기준으로는 50년 전보다 별로 늘어나지 않았다. 그러나 일부는 어린이에 대한 새로운 현대적 압력과 또한 행복이라는 목적 자체에 의해 생겨난 역설적 제약을 통해 촉발된 것으로, 정말로 실제적인 현상일 수도 있다.

세계화의 잠정적인 측면으로 나타나는 행복을 추구하는 현상은 복잡한 문제이다. 이런 현상을 분석하려면 명백한 장점뿐 아니라 행복을 향한 가시적 관심이 가지는 결점까지 포함해야 한다. 이를 위해서는 표면적인 수사를 넘어서서 현재와 과거를 비교하는 것의 어려움을 인식해야 한다. 이를 위해서는 분명히 몇 가지 엄밀한 지역 비교의 쟁점들을 포함해야 한다.

그리고 어떤 분석도 그것이 엄청난 작업이며, 어떤 점에서는 현대사에서 어린이들 사이에 격차가 점점 커지고 있음을 인정해야 한다. 행복이라는 수사는 전쟁이나 국내의 갈등에 휩쓸리거나, 또는 새로운 차원의 질병이나 노동 착취에 시달리는 수백만 명의 어린이들에게는 거의 적용되지 않는다. 가난한 어린이라도 텔레비전 쇼와 상업광고를 통해 어린이 행복을 소비에 두는 생각을 어느 정도 가지게 되는 미국 같은 풍요 사회에서도, 점차 확대되는 소득 격차와 음식의 적절성이 가장 널리 공유된 행복 관념에 적어도 의문을 가지게 한다.

행복의 새로운 개념에 대한 탐구는 타당한 토픽이다. 그러나 이 문제를 탐구하는 데는 아동 지위를 어떻게 규정하고, 아동 지위가 어떻게 변해 왔는지 예리하게 구분하려는 관심이 필요하다.

행복을 맨 앞에 두는 아동 지위에 대한 매우 새로운 접근법이 나타난 것은, 어린이와 그들을 돌보는 사람들의 최근 역사에서 중요한 발전이다. 그것은 근대적 상황과 전통적 상황의 차이를 뚜렷하게 부각시켰으며, 변화의 원인을 더 깊이 분석할 수 있게 했다. 또한 관심의 초점을 비교라는 쟁점에 맞추도록 했다. 서양 사례의 힘, 행복에 대한 관심을 높이는 다른 근대적 요소, 다양한 문화적 반응과 결합을 토대로, 행복을 현존하는 아동 지위의 접근법에 통합한 것이다. 새로운 개념이 매우 설득력 있게 표면화했지만, 행복이 부모와 자녀의 실제 경험을 어떻게 변화시켰는가 하는 커다란 문제는 여간 복잡한 게 아니다. 그래서 만연하는 미사여구 아래 깔려 있는 것을 검토할 필요가 있다. 그리고 전체적인 과정은 불과 최근에 일어났을 뿐 아니라 현재진행형이다. 아시아와 라틴아메리카 사회가 행복이라는 접근 방식을 얼마나 광범위하게 통합할 것인지 우리는 아직 알 수 없다. 그리고 서양 사회에서도 재검토를 촉구하는 문화적 비판이 있음은 분명하다. 이는 특히 근대사회에서 어린이를 위한다는 생각을 순전히 소비 지상주의의 관점으로 해석하는 것에 대한 비판이다.

| 더 읽어 볼 책 |

Carl Nightingale, *On the Edge: A History of Poor Black Children and their American Dreams* (New York: Basic Books, 1993); Douglas A. Riley, *Depressed Child: A Parent's Guide for Rescuing Kids* (Lanham, MD: Taylor Trade Publishing, 2001); Jeffrey A. Miller, *The Childhood Depression Sourcebook* (Lincolnwood, IL: NTC/Contemporary Publishing Group,

1999); Nicholas White, *A Brief History of Happiness* (Malden, MA: Blackwell Publishing, 2006); Darrin M. McMahon, *Happiness: A History* (New York: Atlantic Monthly Press, 2006); Daniel Nettle, *Happiness: The Science Behind Your Smile* (Oxford, UK: Oxford University Press, 2005); Gary Cross, *Kid's Stuff: Toys and the Changing World of American Childhood* (Cambridge, MA: Harvard University Press, 1997).

다음 연구들도 보라. Peter N. Stearns, "Defining Happy Childhoods : Assessing a Recent Change," in *Journal of the History of Childhood and Youth*, 3(2): 2010: 165-86; Christina Kotchemidova, "From Good Cheer to 'Drive By Smiling' : A Social History of Cheerfulness," *Journal of Social History* 39: 2005, 5-38.

어린이의 과거와 미래

중요하지만 감질 나는 논쟁이 하나 있는데, 이를 통해 근대성의 모델들이 현대 생활의 여러 측면에 유발시킨 논의를 어린이에게 적용할 수 있다. 기본적으로 학교교육에 집중하기보다는 여전히 노동일에 종사하는 많은 어린이들의 핵심 경험은 서유럽과 미국, 일본 어린이들이 100년이나 150년 전에 경험했던 것을 닮았다. 전통적인 가족경제는 무너지고 있다. 그것이 급속한 도시화와 농촌경제의 공급 능력 부족 때문이었으면 좋았을 것이다. 이런 맥락에서 보면, 상당히 많은 아동노동은 신기한 것이 되고 있다. 아동노동의 실상은 그렇지 않더라도 말이다.

1850년대 파리나 뉴욕에서 그랬던 것처럼, 인도와 아프리카의 많은 소녀들은 오늘날 도시에서 가정부로 일하고 있다. 일부는 근무 중에 성적인 착취까지 당하고 있다. 노점 장사, 구걸, 경범죄 등도 찰스 디킨스의 소설[1]에 나오는 런던처럼 많은 어린이들을 유혹한다. 물론 서구와 일본에서는 이런 길고 때로는 고통스런 과도기를 거쳐 나중에 상황이 바뀌었다. 근대적 모델은 하층계급 대부분의 어린이들에게 훨씬 지배적인 것이 되었는데, 이는 그 자체의 문제를 불러왔다. 글로벌 기준의 압력을 비롯하여 경제 발전과 보호 입법은 인도와 동아프리카의 가난한 어린이나 그들의 자손을 이후 수십 년에 걸쳐 더 일반적인 모델로 옮겨 가게 했다. 최근에 나타나는 아동노동의 경향이 이를 보여 준다. 그 밖에 지역 전통이나 변함없는 경제적 불평등은 질병과 전쟁이라는 새로운 영향으로 악화되기도 한다. 이는 전 세계에 걸쳐 오래도록 지속되고 있는, 사회 계급뿐 아니라 지역별 아동 지위의 차이를 온존시킬 것이다.

어린이의 세계사와 관련된 요소를 한데 모으는 일은 쉬운 과제가 아니다. 이 책에서는 아동의 지위에 대한 세 가지 주요 해석을 강조했다. 수렵채집 사회, 농업 사회, 그리고 근대적 아동 지위이다. 이 논의에서 아동의 지위는 무엇보다 경제 시스템에 달려 있다. 그리고 이는 학교교육과 소비 지상주의에 휩싸여 있는 오늘날에도 여전히 그렇다. 소비자로 훈련받은 어린이들은 이런 특별한 시스템을 지탱하는 데 필수적이다. 문화와 가족 구조도 여기에 포함되는데, 이는 하나의 전통적인 농업적 아동 지위가 없고 경제적 변수를 제외한다면 어떤 단일한 근대적 아동 지위도 없기 때문이다. 그럼에도 아동의 지위가 장차 어디로 나아갈 것인지를 생각할 때 어린이의 세계사, 특히 근대사에서 비롯되는 두 가지 기본적인 문제가 떠오른다. 우리가 아동 지위의 근대적 모델이라고 불러 오던 것은 늘어나는 소비로 치장을 했다. 그리고 그 모델 가까이로 이동하는 사회의 수도 늘어났다. 그렇다면 그 모델은 가까운 미래의 전

---

1) 1895년 찰스 디킨스가 발표한 《두 도시 이야기》(A Tale of Two Cities)를 말한다. 런던과 파리에서 살아가는 사람들의 삶을 통해 프랑스혁명의 이면을 그리고 있다.

세계 아동 지위를 보여 주는 것일까? 반면에 여러 사회에서는 그 모델이 주는 시사점이 확대되고 있을까? 이런 질문은 다른 방식으로 말하면 다음과 같다. 다가올 수십 년에 걸쳐 아동 지위의 틀이 이 지역과 저 지역 사이에 더 비슷해질 것이라고 기대해야 할까?

그리고 두 번째 질문은 다음과 같다. 우리는 이런 현상이 일어나기를 바라야 하는 것일까?

어린이에게 주는 다양한 시사점이라는 관점에서 볼 때, 최근의 역사는 확실히 어떤 예측 노력을 복잡하게 만들었다. 장소와 사회 계급에 따라 다르지만, 우리는 성노예나 다름없는 존재로 팔려간 어린이 수가 점차 늘어났다는 사실을 보았다. 아프리카 어린이의 가장 일반적인 이미지는 난민 수용소 생활이다. 인종이나 종교 갈등을 피해 탈출한 난민들은 이 과정에서 불구가 되기도 했으며, 굶주려서 배는 부어오르고 눈동자는 퀭해졌다. 아니면 남아프리카 어린이들은 에이즈 희생자로 침대에 누워 지내는데, 이 질병은 태어날 때부터 부모한테서 감염된 것이다. 이런 상황을 미국이나 서유럽 교외에서 생활하는 10대들과 비교해 보라. 이들은 대학 입학을 위해 죽도록 공부한다. 교내 생활과는 별개인 이 행사는 자립심을 되찾기 위해 나중 어른이 되어서 처음 몇 년 동안 해야 말 매우 많은 활동 중 일부를 미리 해보려는 것이었다. 그렇지 않으면 과도하게 유행에 민감한 캘리포니아 스타일의 '밸리 걸'[2]이나, 자신이 소유해야 할 최신 상품을 알아내려는 일본의 10대들도 있다. 아니면

---

2) valley girl, 1980년대 캘리포니아 샌페르디난드 밸리 지역 신흥 부유층 여성들을 가리킨다. 전통적인 부유층이 아니라 연예계 활동이나 기술 산업 등으로 부를 축적한 신흥 부자들이다. 유행에 민감하여 패션을 비롯한 미국 대중문화의 흐름을 좌우하는 계층의 이미지를 가지고 있다.

지난날 같은 나라에서 그 지역의 과격분자뿐 아니라 때로는 자랑스러워하는 부모의 격려까지 받아서 가미가제특공대(神風特攻隊)에 자발적으로 참여했던 소년들도 있다. 이처럼 어린이를 단일한 하나의 패턴으로 고정시키는 것은 불가능해 보인다.

지금도 아프리카는 물론 동남아시아 일부 지역에는 실제로 활동하는 소년병들이 있다. 이들은 이전 어린이들이 가지고 있던 것보다 더 치명적인 무기로 무장을 했다. 이 경우 우리가 살펴본 바와 같이 소년병들이 여러 부대의 중요한 한 부분을 구성하고는 한다는 사실로 인해 현실은 복잡하다. 특히 총을 가지고 있다는 점에서 어린이를 병사로 활용하는 것에 대한 전 세계의 분노는 너무도 당연하지만, 이 또한 어떤 새로운 일반적인 상황을 반영한다.

아주 최근에 전문가들은 경제적 기준과 정치적 불안정 사이의 거대한 격차가 근대적 아동 지위에서 가장 중요한 부분 중 하나인 사망률 감소를 위협하고 있다고 우려하기 시작했다. 1990년대에 사하라 이남 아프리카 국가들 3분의 1 이상에서 사망률은 악화되거나 정체되었다. 또한 전쟁으로 분열된 이라크에서는 현재 모든 어린이의 10퍼센트가 5세가 되기 전에 죽고 있는데, 이 수치는 1990년의 곱절이다. 더 일반적으로 양양실조와 에이즈는 전 세계 평균에서 사망률의 감소를 늦추는 가장 심각한 요인이었다.

오늘날 아동의 지위는 가치, 풍요나 빈곤, 정치적 혼란이나 상대적 안정에 따라 커다란 차이를 보인다. 한 인류학자는 최근 학교에 울타리를 친 이미지를 통해서 다양성의 한 측면을 파악했는데, 학교 울타리는 외견상 사실상 모든 곳에서 찾아볼 수 있는 근대적 아동 지위의 공통적인 상징과도 같다. 그러나 아프리카에서 그 울타리는 대체로 학교교육

을 받기를 원하고, 그것을 자신의 미래를 위한 열쇠로 여기지만 활용할
수 있는 재원이 한정되어 있음을 고려할 때 자신들을 위한 장소가 충분
하지 못한 그런 어린이들을 지켜 주는 데 도움이 되도록 설계된다. 다른
한편으로 미국에서는 그 울타리가 부분적으로는 학생들을 어떤 의미
있는 미래와는 관련이 없어 보이는 지겹고 사회적 긴장을 불러일으키는
장소인 학교에 그대로 묶어 두려는 의도였다. 이 학생들은 학교가 지긋
지긋한 덫임을 알아차리고 만다.

현대 세계에서 어린이를 바라보는 만화경은 전혀 다른 일련의 기회와
슬픔을 가지고 있는 거의 끝없는 다양성을 보이고 있다. 그러나 현실의
이런 측면을 부정하지 않는다고 해도, 가장 중요한 어떤 경향도 실제로
존재한다. 이런 경향은 친숙하게 느껴질 수도 있다. 그러나 그것은 관련
된 많은 사회에 실제적인 변화를 가져온다. 그리고 대체로 근대적 모델
의 적용 가능성을 보여 준다.

최근 정체를 보이고 타당성 있는 새로운 우려가 나타났지만, 20세기
의 지난 3분기 동안 어린 아동의 사망률이 계속해서 떨어지지 않은 나
라는 없다. 가장 가난하고 질병이 만연하는 나라도 마찬가지이다. 1998
년 시에라리온은 1천 명당 316명의 어린이가 5세가 되기 전에 죽어서
세계 최악의 사망률을 기록했지만, 그래도 1960년 이후 사망률이 20퍼
센트 줄었다. 이와 함께 1980년에서 1995년 사이에 여성의 읽고 쓰는
능력은 배가 되었으며, 남성의 읽고 쓰는 능력은 50퍼센트가 증가했다.
세계에서 가장 가난한 국가들을 총괄해서 보면, 1960년에는 1천 명당
282명의 어린이가 5세 이전에 사망했는데, 그 비율이 172명으로 떨어
졌다. 반면에 세계 전체에서는 193명에서 86명으로 낮아졌다. 어떤 역
사적 기준에 따르더라도 정말로 놀라운 변화였다. 덜 극적이기는 하지

세계 여러 지역의 유아사망률, 1950~2000　　　　* 1살 이전에 사망할 가능성

지역	유아사망률 (태어난 아동 1천 명당 생후 1년이 되기 전 사망자 수)		
	1950~1955*	1980~1985*	2000
전 세계	156	78	54
아프리카	192	112	87
아시아	181	82	51
유럽	62	15	11
오세아니아	67	31	24
북아메리카	29	11	7
라틴아메리카와 카리브 해	125	63	32

자료:《사망률 1988》표A.2 ; 미국 인구조사국 국제자료 기초 2000, www.census.gov/ipc/www/idb

만, 읽고 쓰는 능력의 향상도 비슷한 움직임을 보였는데, 이는 전 세계
어린이 중에 학교교육을 받는 비율이 높아진다는 사실을 반영하고 있
다. 부자 나라와 가난한 나라 사이의 커다란 격차, 그리고 이런 격차를
반영한 어린이의 경험에서 마찬가지로 커다란 차이가 있다는 데 주목
했다. 그러나 적어도 21세기 초에 들어서는 변화의 방향이 거의 비슷해
졌다.

　　근대에 초점을 맞추는 어떤 세계사도 지역과 전 세계적 특징 사이에
균형을 맞추어야 하는 불가피한 갈등에 직면한다. 그리고 이것은 어린
이의 세계사도 마찬가지다. 공유된 전체적인 패턴들에는 날카로운 차이
도 병존한다. 점점 더 많은 사람들과 정부가 어린이의 본분을 학교교육
에 두어야지 노동에 두어서는 안 된다는 점에 동의하고 있다. 지난 20
년 동안 전 세계적 통계는 이것이 옳음을 증명하고 있다. 질병과 굶주
림, 분쟁과 갈등이라는 뿌리 깊은 골칫거리가 다반사인 지역들이 있음
에도, 학교와 노동 사이의 균형이 계속해서 교육 쪽으로 옮겨 갈 것이라

는 예측은 타당할 것 같다. 그러나 그 타당성이 확실한 것은 아니다. 그것이 학자들이 종종 근대성의 모델이 존재한다는 주장에 반대하는 한 가지 이유이다. 많은 사회가 여전히 너무 가난해서 학교교육에 널리 접근할 수 있을 만한 여유가 없을 뿐 아니라, 여전히 학교교육이 아무런 의미가 없다고 믿는 상당한 집단이 남아 있다.

평생 동안 아동노동을 반대하는 운동을 벌였으며 성공적으로 세계 여론을 불러일으킨 카일라시 사티아르티는 자신의 어린 시절을 증언하며 아동노동의 문제가 심각함을 일깨웠다. 그는 인도 중부에 있는 도시 비디샤에서 정규 학교를 다녔으며 결국 대학을 졸업했다. 그런데 언제나 학교 밖에서 한 구두 수선공이 구두를 닦거나 고치면서 아들과 함께 앉아 있는 것을 목격했다. 사티아르티는 구두 수선공이 왜 아들을 학교에 보내 자신과 함께 공부하게 하지 않는지 이해할 수 없었다. 그래서 마침내 용기를 내서 물어보자, 대답은 간단했다. "얘야, 우리 아버지는 구두 수선공이었고, 그에 앞서 할아버지도 구두 수선공이었어. 너 이전에 어느 누구도 나에게 그런 질문을 하지 않았어. 우리는 일하기 위해 태어났고, 내 아들도 마찬가지니까." 그 대답이 사티아르티를 만족시켜 줄 수 없었음은 명백하다. 사티아르티는 성인으로 성장을 하자 '아동노동에 반대하는 글로벌 행진'(Global march against child labor), '남아시아 아동노동 반대연대'(the South Asian Coalition on Child Servitude), '세계교육운동'(Global Campaign for Education) 의장이 되어 운동 과정에 인도와 국제사회의 지지를 이끌어 내고, 66,000명의 어린이를 공장 제조업, 가내공업, 서커스 공연 같은 노동에서 구제했다. 그러나 가치 충돌이나 아동노동이 아주 최근까지도 사티아르티의 고향 일대에서 늘어나고 있다는 점도 무시할 수 없는 사실이다.

이 문제는 지역뿐 아니라 사회 계급과도 관련이 있다. 왜냐하면 더 근대적인 아동 지위의 모델로 이행하는 것을 둘러싼 논쟁은 개별 사회의 관점과 재원 같은 변수에 따라 매우 복잡하기 때문이다. 2004년 미국의 방송인 빌 코스비는 학교교육을 중요하게 생각하지 않는다는 이유로 여러 집단 중에서 많은 아프리카계 미국인 부모와 어린이들을 공개적으로 질책했다. 그가 말하는 학교교육에는 학교가 제공하는 언어나 태도 훈련이 포함되었다. 아프리카계 미국인들도 학교교육에 관심을 가졌으나 실제로 그 모델을 받아들이지는 않았다. 대부분의 영국 노동계급 부모들이 아동교육에 신경을 쓰는 것은 중산층 부모들이 교육에 열을 올리는 것과는 차원이 다르다. 명백히 근대사회 내부이지만, 중산층 부모들은 노동계급 부모들과는 차이가 나는 다른 해석을 보이는 것이다. 그리고 두 집단 다 출산율은 전통적인 수준보다 훨씬 낮지만 평균적인 가족 규모는 여전히 달라서, 어린이와 부모의 책임에 대한 서로 다른 태도를 보여 준다. 출산율 감소와 학교교육을 받는 방향으로 이행 등과 같은 일반적인 표면적 경향에 주목하는 것은 필수적이다. 반면 겉으로 드러나지 않는 현상도 마찬가지로 주목해야 한다.

더구나 세계의 어떤 지역에서 다른 지역으로 옮겨 갈 때 일어나는 의미의 달라짐이나 변화 단계의 커다란 차이와는 완전히 별개로 아동 지위의 근대적 모델만을 이야기할 수는 없다. 그것은 학교교육의 기치 아래에서도 어린이가 자기 자신을 개인이라고 생각하도록 자극하는지, 아니면 가족이나 종교 안에서 정체성을 찾도록 촉구하는지에 대해 아무것도 말해 주지 않는다. 그것은 어떤 목적에는 매우 효과적인 기억된 암기 학습이나 혼돈 상태에서 자기표현에 집착하는 것과 자기 존중의 확신 사이에서 학습 스타일이나 그 영향이 어떤 차이가 있는지에 관해 아무 것도 말해 주지 않는다. 전 세계적인 소비 지상주의의 공통적인 측면이나 행복을 말하는 수사에 접한다고 하더라도 비슷한 기본적 경험이나 전망을 거의 확인할 수 없다.

　1994년 싱가포르에서 가족과 함께 거주하는 어떤 10대의 미국인이 주차된 자동차에 스프레이를 뿌렸다. 그는 체포되어 엉덩이를 30대 맞는 벌을 받았다. 이 사건은 미국과 서유럽 지역에서 격렬한 분노를 불러일으켰다. 벌 자체가 야만적이고 죄는 사소한 것처럼 보였다. 전체적으로 사건은 일부 동아시아 지도자들이 과도한 서구의 개인주의와 엉성한 관용을 거부하고 공동체 가치와 교육에 힘을 쏟겠다고 강조하고 있던 때 일어났다. 물론 미국인 범죄자에 대한 논란은 이런 구분을 그야말로 극단적으로 몰아갔다. 아동 지위의 핵심 기준을 정의할 때, 서로 간에 대립되는 입장을 가진 두 가지 명확히 근대적이고 성공적인 사회가 바로 여기에 있다. 어린이를 전통적 기반으로부터 멀어지게 하고 아동 지위의 깊은 의미에 대한 다양성을 없애 버리는 일반적인 패턴의 혼합을 인식해야 하는 골치 아픈 과제를 피할 수 있는 여지는 없다. 소년은 매를 맞았지만, 당시 기록에 따르면 큰 상처를 입지는 않았다. 하지만 곧바로 싱가포르를 떠나 미시간으로 되돌아갔다.

　세계사에서 아동의 지위를 평가하는 일은 지역적 요인과 세계적 요인이 혼합된다는 특유의 복잡한 양상을 다루는 문제를 넘어선다. 역사적 목적이건 비교 목적이건 간에, 거기에는 또한 근대적 경험의 몇 가지 질적인 평가가 필요하다. 근대적인 것을 노동계급과 중산층이나 동아시아와 서양 사이에서 여러 가지로 다룰 수 있다고 하더라도, 확실히 이런 다양성은 근대성 자체가 성취한 것 앞에서 희미해진다. 거칠게 말하면 한 세대 전에 어린이를 연구한 선구자라고 할 수 있는 역사가들, 즉 과거의 어린이에 대한 제약을 넘어서는 근대성의 향상에 주목하지 않을 수 없었던 역사가들을 기억하라. 똑같은 유혹이 확실히 오늘날의 비교에도 적용된다. 어린이가 극심한 빈곤과 질병에 더 취약했던 사회보다 근대적인 방향으로 더 충분히 이동한 사회에서 아동의 지위가 더 향상되었다는 데 동의하지 않을 수 있을까? 이런 특별한 역사적 주제에 대한 가치 판단과 직면하는 것을 피할 방법은 없다. 가장 뚜렷하게 알 수 있는 장점을 꼽아 본다면, 누가 모든 유아의 30퍼센트 이상이 두 살이 되기 전에 죽었기에 사실상 어떤 가족도 적어도 한 명의 아이를 잃을 수밖에 없었던 상황으로 돌아가려고 할까? 서양, 특히 미국에서 커다란 비용을 치러야 하고 건강한 성인이 된다는 전망이 불확실한 데도, 어린이의 생존을 지키는 데 특히 전력을 기울이는 것과 관련된 몇몇 흥미로운 의학적·윤리적 쟁점들을 우리는 인정할 수 있다. 그러나 어린이의 생존에 대한 전통적인 숙명론을 벗어 버린 사회가 명백한 발전을 이루었다는 사실은 명백하다.

그러나 물론 이것이 근대적 산물의 전부는 아니다. 그리고 다른 구성 요소 가운데 일부는 누가 봐도 논쟁의 여지가 있다. 이는 시도할 가능성이 적은 과거로의 회귀에 대한 것이 아니다. 순수한 발전과는 다른 어떤 것이 과거와 현재의 관계, 여전히 전환과 씨름하고 있는 사회와 더 근대적인 사회의 관계를 보여 준다는 사실을 인식하는 문제이다. 앞에서 살펴본 바와 같이, 더 전통적인 농업 사회 아동 지위의 몇 가지 장점과 특성을 기억해야 한다.

투표 결과로 판단할 때 정말로, 많은 미국 부모들은 역사적 모델을 명확히 표현할 수만 있다면, 아마도 애초부터 더 복잡한 대안을 선호할 것이다. 그들은 로마 시대로 돌아가기를 원하지는 않을 것이다. 그러나 그들은 절대로 최근의 추세를 굴레가 벗겨진 발전으로 여기지는 않는다. 그들은 낮은 사망률, 소규모 가족, 어떤 신체적 고통과 전통적 노동 대신에 학교교육을 받는 등 근대적 발전이 어떤 농업적 전통을 극복하였음을 인정할 것이다. 그러나 일단 근대성이 확립된 다음에는, 말하자면 20세기 초에는 미국의 아동 지위는 낮아지기 시작했다고 주장하려 들 것이다. 논란의 대상이 되고 있는 소비 증가에 몰두하는 현상을 별개로 하더라도, 여전히 근대적이라는 것은 너무 규율이 없으며, 너무 자기중심적이고, 가족의 의무를 너무 배제하고 있다는 것이다. 이것이 1930년대 이후 미국의 모든 여론조사에서 자식이 없는 부모가 자식을 가진 부모보다 행복하다고 나온 이유, 스스로를 근대적이라고 생각하는 부모가 자아 확인의 전통보다도 자녀와 자신의 책임에 대해 더 많은 관심을 보이는 이유일 수도 있다.

'근대적' 부모가 '가정생활과 책임감의 더 전통적인 기준'을 그리워하는 향수를 표현하면서 '좋았던 옛날'은 어린이에게 더 좋다고 주장하는 그 밖의 이유는 무엇일까? 이들이 말하는 '좋았던 옛날'은 아마도 실제로는 전근대의 좋은 날이 아니라 이상화된 19세기를 의미할 것이다. 부모의 처지에서만 접근하지 않는다면, 그리고 미국 부모의 90퍼센트가 다시 그렇게 할 수만 있다면 자식을 갖는 편을 선택하고 싶다고 말하는 데 주목한다면, 태평스럽게 낙관적인 역사적 관점만을 가지는 것과는 대조적으로 비판을 할 수 있는 근대성의 몇 가지 단점들도 있다.

어느 쪽도 놀랄 만한 일은 아니지만, 두 가지 불편한 진실이 있다. 첫째로, 근대적 아동 지위를 어떻게 해석하더라도 더 전통적인 패턴이 안고 있는 모든 문제를 없애 주지는 않는다는 사실이다. 한 가지 예를 들어 보자. 학대는 중단되지 않았다. 정부가 더 적극적인 역할을 함으로써,

아동학대를 더 명백히 확인하고 공격할 수 있다. 그러나 정부의 감시가 긴밀한 유대관계를 가진 전통적인 마을이나 이웃이 학대를 통제하는 방식과 조화를 잘 이루지 못한다는 설득력 있는 주장이 있다.

아동의 지위와 관련하여 식민지 아메리카를 연구하는 한 역사가는 더 근대적인 시대와 비교할 때 그 시절 뉴잉글랜드에서 아동학대가 훨씬 드물었다고 말했다. 당시 허용된 어떤 벌이 오늘날에는 학대라고 생각될 수 있다고 그는 인정했다. 그리고 잘못된 기록의 가능성도 확실히 인정했다. 그러나 그는 전통적인 마을에서는 오늘날보다 학대를 감추기가 실제로는 더 어려웠으며, 이는 오히려 인상적이게도 근대에 접할 수 있는 학대받을 위기가 그 시절에는 없게끔 만들었다고 주장했다. 다른 말로 하면 학대는 더 악화되었을 수도 있다. 확실히 학대는 끝나지 않았다. 학대의 정의에 비추어 볼 때, 변화는 문제를 따라가지 못했을 수도 있다.

두 번째 일련의 사실들은 특별히 근대성 자체와 관련이 있어 보이는 쟁점들을 아우르고 있다. 부모가 적절한 목표에 혼란을 느끼고 형제자매의 돌봄이 줄어드는 것을 조절해야 하는 이행기와는 완전히 별개로, 출산율 저하는 여러 결점들을 가지고 있다. 현대의 중국과 인도에서는 출산 통제가 남아선호의 관습과 결합하여 성적 성숙 단계에 도달한 남자의 수가 상당한 정도로 많아지는 현실을 만들어 냈다. 인구가 대규모인 국가들에서 청년 남성은 여성보다 무려 몇 백만 명이나 더 많다. 그 결과 많은 남자들은 배출구나 만족감을 찾는 데 어려움을 겪게 된다. 그리고 이런 상황은 더 광범위한 사회적 갈등도 생기게 할 수 있다. 이것은 특히 극적인 사례이다. 그리고 언제나 우리 자신보다는 다른 사회에서 문제를 확인하기가 더 쉽다.

근대적 아동 지위의 단점은 멀리 떨어진 지역들에서 독특하게 일어나는 문제에 국한된 것이 아니다. 집에서 가까울수록 긴밀한 형제자매 관계가 줄어드는 것은 확실히 어린이를 외롭게 만들기 더 쉽다. 어른과 어린이 사이의 차이는 이해의 새로운 장벽을 만든다. 고전 로마 같은 전통 사회에서 어른들은 젊은 층의 감소를 일단 안타깝게 여겼다. 여기에서 젊은 층은 실제적인 청년보다는 연령상의 청년이었다. 반면에 근대 청소년을 둘러싼 우려와 의견 차이를 보인 전례는 없다. 과거와 비교하기 어려우며 우리가 그 문제를 알고 있어서 더 많이 의식할 것 같다는 점을 인정하더라도, 어린이들 사이에서 심리적 우울함이 증가해 왔다는 것은 거의 확실하다.

주의력 결핍은 새로 늘어나는 또 하나의 병폐이다. 이는 특히 미국에서 널리 확인되었는데, '과잉 행동을 하는' 어린이에 대한 인내심은 지속되기 어려울 수도 있다. 일본은 그 자체의 범주를 가지고 있다. 일본에서는 21세기 초 수천 명의 어린 학생들이 쉽게 집 밖으로 나가지 못하거나 정상적인 활동을 하지 못하는 '히키코모리'(引き籠もり)라는 심각한 문제로 고통을 겪었다. 서구와 일본 모두 비슷하게, 젊은이들의 자살이 많아졌다. 일본의 경우 2003년에만 전체 자살자의 22퍼센트에 달했다. 결혼 불안정성의 증가, 학교교육이나 정체성과 의미를 찾는 것과 관련된 압박 등 가족생활의 변화는 모든 발전된 산업사회에서 이 범주의 문제를 증가시키는 상황을 만든다. 행복의 독려 그 자체는 어린이들에게 오히려 역효과를 가져오는 심리적 영향을 직접적으로 줄 수도 있음을 우리는 보았다. 또한 이와 같은 풍요로운 사회에서 열두 살이 채 되지 않는 어린이들의 섬뜩한 폭력 행위가 문제가 되고 있다. 이런 폭력이 자주 일어나는 것은 아니지만, 극적이며 확실히 늘어나고 있다. 괴로

운 거식증부터 이보다는 덜 심각하기는 하지만 더 일반적인 아동 비만의 증가에 이르기까지, 먹는 문제는 훨씬 더 확실하게 늘어났다. 이용할 수 있는 식량의 변화와 젊은이들을 위한 노동과 여가 패턴을 생각해 볼 때, 근대사회는 어린이의 식습관을 통제할 수 있는 적절한 수단을 생각해 내지 못했다. 그 결과 문제는 악화되고 있다.

이 모든 논의의 초점은 과거로부터 내려온 아동 지위가 상당히 낮아졌다고 주장하려는 데 있지 않다. 변화는 얻는 것만큼 잃는 것도 많다는 사실에 유의해야 한다는 얘기다. 또한 한 방향으로 변화하지 않는 곳에서는, 여기에다가 완전히 이어지는 것들도 일부 볼 수 있다. 그리고 이런 복잡한 변화 양상을 일괄적으로 파악할 필요가 있다. 이는 역사적 정확성을 위해서뿐만 아니라 근대사회와 근대적 모델의 방향으로 움직이는 사회들을 돕는 수단이다. 더 명확히는 오직 발전의 성과만을 축하하는 것보다는 관심을 필요로 하는 영역을 확인하기 위한 것이다. 우리는 당연히 점점 더 많은 사회가 낮은 출산율과 사망률, 힘든 일보다는 학교교육을 받는 방향으로 전환하기를 바란다. 그러나 그 밖의 더 많은 것을 해결하는 데 힘써야 한다. 근대 어린이와 관련된 몇몇 보편적인 문제들을 완화시키려고 노력해야 하는 것이다. 매우 적절하면서도 요즘 친숙한 사례를 들자면, 세계보건기구(WHO)는 빈곤과 유아사망률을 낮추는 역사적 임무와 함께 최근 어린이의 과체중을 줄이는 새로운 수단을 찾기 시작했다. 근대적 과제만 밀어붙이기보다는 오늘날 전 세계가 부딪히고 있는 어린이를 둘러싼 쟁점 중에는 다루어야 할 문제가 너무도 많다.

많은 사람들이 어린이를 돕는 데 깊이 전념한다. 카일라시 사티아르티는 그런 사례의 하나로, 많은 헌신적인 구조대원이 세계 곳곳에서 난민 수용소의 어린이들을 돌보고 있다. 그러나 전 세계 차원에서 우리가 몇 가지 예상하지 못한 위기에 직면해 있다고 주장하는 것 이외에, 오늘날 관심을 가져야 할 어린이에게 필요한 문제로 두 가지 우려를 제기할 만하다.

첫 번째는, 아동 지위의 근대적 기준이 타당하며 세계의 나머지 나라들도 이를 따라야 한다고 가정하는 대부분 사람들이 생각하는 국제적인 움직임의 경향이다. 이러한 접근 방법은 근대적 모델 자체의 결점을 최소화하고 더 전통적인 사회를 깔보는 듯한 태도를 취하는데, 이는 생산적인 결과를 가져오지 못할 것이다. 이런 접근법의 의도는 의심할 나위 없이 인도주의적이다. 그러나 너그러움이 언제나 상호 이해를 증진시키는 것은 아니다. 동시에 더 근대적인 사회의 몇 가지 문제들에 대한 주의를 충분히 기울이지 못할 위험성이 있다.

두 번째 문제는 10장에서 다루었는데, 근대적 모델이 가장 많이 진전된 사회, 정확하게 말하면 근대의 세계적 선언을 여전히 주도하는 사회에서 아동 지위의 중요성 자체가 낮아지는 데서 비롯된다. 자녀가 없는 가정이나 적극적으로 양육에 힘쓸 연령을 넘겨 버리는 가정의 수가 점점 늘어나고 있다. 뮈리엘 졸리베의 도발적인 책[3]은, 약간 과장하면 일본을 공인된 최초의 '어린이가 없는' 사회라고 서술한다. 근현대 결혼에 대한 영국의 연구인 마이클 윌모트와 피터 영의 《균형가족》[4](The Symmetrical Family)[5]은 부부가 맞벌이를 하고 그 보상으로 소비를 함

---

3) Muriel Jolivet, *Japan: The Childless Society?: The Crisis of Motherhood*, Routledge, 1997. →
Un pays en mal d'enfants: Crise de la maternite au Japon (Cahiers libres) (French Edition)1993.
4) 부부가 가족의 의무를 다하면서, 자신의 직업을 가지고 일을 하는 가족의 형태.

께 즐기는 현대의 관계가 주는 충족감을 서술한다. 그리고 어린이는 전혀 언급되지 않는다. 다른 말로 하면, 가정이나 바깥에 있는 대부분의 어린이들이 '남'인 경우가 풍요 사회 속의 사람들 중에 점점 늘어나고 있다. 이들에게 어린이는 다른 누군가의 책임이며, 어린이를 보거나 생각하지 않는 경우가 잦다. 이들은 가난해서 도시 빈민가에 살거나 외진 농촌에서 살아간다. 대개는 이민을 왔거나 외국인이다. 이들은 점차 덜 아동 중심적이 되어 가는 사회에서 능동적이고 일상적인 만남을 하지 않는다. 이런 종류의 요인들은 주목할 만하다. 왜냐하면 권리 선언이 전해 주는 어떤 좋은 의미보다 더 현실적이고 훨씬 더 복잡하기 때문이다.

그러는 동안에도 변화는 계속된다. 에이즈 같은 새로운 질병은 어린이들에게 영향을 준다. 그리고 청년 자살 폭격대, 서로 총을 쏘아 대는 영국이나 미국의 청소년과 같이 어린이들 사이에 나타나는 새로운 형태의 폭력은 20세기 후반과 21세기 초 어린이의 역사에서 새로운 문제를 제기한다.

근대적 모델이 더 진행되는 것에서 알 수 있는 시사점은 변화를 가져오게 한다. 많은 관찰자들은 청년들의 독립을 늦추는 경제적 변화 때문이건 교육 요구의 확대 때문이건 양쪽 모두 때문이건 간에, 전 세계적으로 어린이나 미성년의 지위가 더 연장되는 경향에 주목한다. 아무리 마지 못해서라고는 하지만, 낮은 출산율은 부모들도 왜 이런 경향이 확대되는 것을 받아들이는지 설명해 준다. 중국에서는 그렇게 엄청난 해당 연령 인구의 15퍼센트를 대학에 보내는 새로운 헌신적 움직임이 나타나고 있다. 이는 미래의 더 긴 기간을 위하여 수백만 명의 노동력 활

---

5) M. Willmott and P. Young, *The Symmetrical Family*, Penguin Books, 1973.

용을 보류하는 결정이다. 미국의 가정에서는 많은 대학 졸업생이 청년 시기에 가정으로 되돌아오는 현상에 주목한다. 이들은 직장 경험을 했거나 아마도 교육을 좀 더 받았을 것이다. 하버드대학의 입학사정관은 성공적인 아동 지위 자체가 온실 속의 성장 속도임을 생각할 때, 대학을 졸업한 후에도 청년이라는 생각이 심리상으로 필수적이 되어 가고 있다고 주장한다. 아동기가 연장되는 이유는 서로 다를 수 있다. 그리고 그 현상은 아직까지 확고히 자리 잡지 못했다. 그러나 이런 현상은 세계 전역에 걸쳐 여러 가지 서로 다른 환경에서 불쑥불쑥 나타나고 있는 것으로 보인다.

일부 사회에서는 아직까지 격렬한 논쟁의 대상이지만, 어린이들 사이의 성별 차이도 줄어들고 있다. 출산율이 떨어지는 것은 한두 명의 아들이나 딸만 있는 가정이 늘어나고 있음을 의미한다. 그리고 딸만 있는 가정들은 필연적으로 전통 사회의 가정들보다 자식에 대한 관심을 더 많이 가지게 된다. 중국 같은 나라들에서도 그렇다. 교육은 꾸준하게 균등해진다. 이란부터 미국에 이르기까지 모든 대학생의 55~60퍼센트가 여성이다. 일부 관찰자들은, 교육에 대한 더 큰 관심과 때로는 남성 청년들을 하찮은 존재로 만드는 글로벌 경제에서 직업을 이용하는 능력으로, 젊은 여성들은 상대 남성들과 비교할 때 근대적 아동 지위에서 뚜렷한 이익을 얻고 있다고 주장하기까지 한다. 아직까지 전통적인 성차별이 전반적으로 충분히 바로잡힌 것은 아니다. 그러나 충분히 예의주시할 만하다.

아동 지위의 끊임없는 변화가 근대의 독점물은 아니다. 사냥과 채집에서 농업으로 전환하던 때 아동의 지위는 엄청나게 달라졌다. 뒤에 일어난 사회 조직과 종교적 믿음의 변화는 더 온건하지만 의미 있는 변화를 가져왔다. 모방, 국제적 압력, 산업경제와 근대국가의 건설이라는 순전한 필요에 의해 확산된 아동 지위의 근대적 이념과 조건의 출현은 변화의 속도를 다시 한 번 높였다. 커다란 다양성의 가운데서도 언제나 그랬다. 변화는 근본적이고, 역사적 의미에서는 근대적 아동 지위를 가장 먼저 개척한 사회에서도 여전히 아주 최근의 일이었다. 어려운 조정이 계속되고, 명시적으로건 암묵적으로건 아동의 지위에 무엇이 뒤따라야 하는지에 대해 어른과 어린이가 계속해서 논쟁을 벌이고, 그 이상의 변화가 불가피하다는 것은 놀랄 일이 못된다. 복잡하고 논란이 계속되었지만, 어린이의 세계사가 갖고 있는 장점은 인간 경험이 어디에서 왔는가 하는 로드맵을 제공해 준다는 데 있다.

인류의 경험은 현재를 관통하면서 질주해서 과거로부터 와서 미래로 나아간다.

| 더 읽어볼 책 |

Michael Young and Perter Willmott, *The Symmetrical Family* (New York: Pantheon, 1973); Mitsukuri Shuhei, "On Education," in William Braistered, transl., *Meiroku Zasshi: Journal of the Japanese Enlightenment* (Tokyo: University of Tokyo Press, 1976), 106; Muriel Jolivet, *Japan, A Childless Society?* (New York:, Routledge, 1997). Paula Fass, ed., *Encyclopedia of the History Childhood*, 3. vols (New York: McGraw-Hill, 1962); Steven Mintz, *Huck's Raft: A History of American Childhood* (Cambridge, MA: Harvard University Press, 2004).

　'어린이'라는 말을 들으면 많은 사람들은 방정환이라는 인물을 떠올린다. 방정환은 조선이 일본의 식민 통치를 받던 시절, 어린이를 하찮은 존재로 여기고 제대로 대우하지 않는 사회 풍조를 바꾸려고 애썼다. 어린이가 미래 사회의 주역이라고 생각했기 때문이었다. '어린이'라는 말을 만들고, 어린이날을 제정한 것도 방정환이었다. 그 뒤로 한국 사회에서 어린이에 대한 생각은 조금씩 바뀌어 갔다. 어린이는 어른과 마찬가지로 사회에서 존중을 받아야 한다는 생각이 점차 퍼져 나갔다. 생존이나 이익을 위한 경쟁, 구성원들 사이에 갈등이 빈번히 일어나는 사회는 순진하나 나약한 어린이가 헤쳐 나가기에는 힘겹다고 여겼다. 그래서 사회와 어른들이 나서서 어린이를 보호해야 한다는 목소리가 높아졌다.

　이런 인식에는 양면성이 있다. 한편으로는 어린이를 아끼고 보호를 해야 할 소중한 존재로 본다. 그렇지만 다른 한편으로는 자기 스스로 합리적으로 생각하고 능동적으로 행동하기에는 미숙한 존재로 여긴다.

어린이는 보호를 받아야 한다는 생각은, 어른의 지도를 받아서 행동해야 한다는 논리로 이어진다. '어린이는 순진하다'는 이미지는, 독자적으로 생각하고 행동하는 것을 삼가야 한다는 말과 동일시되었다. 어린이는 미래 사회를 위한 자원이지, 현재 사회를 유지하고 발전시키는 데 보탬이 되는 존재는 아닌 것이다. 어린이를 바라보는 이런 관점은 해방 이후에도 그대로 지속되었다.

그렇지만 사회에서 어린이가 어떤 역할을 하는 존재였는지 규정하는 것은 그리 간단한 문제가 아니다. 어린이에 대한 인식과 어린이의 사회적 지위는 시대와 사회에 따라 크게 다르다. 역사의 변화와 발전은 어린이의 삶에 직접적이면서도 광범한 영향을 끼쳤다. 같은 시대라고 하더라도 문명과 국가, 사회에 따라 아동의 지위에는 차이가 생기게 마련이다. 사회가 어려움을 겪을 때면 가장 큰 피해를 보는 존재가 바로 아이들이다. 전쟁의 고통은 특히 아이들에게 광범위하고 극심하게 다가온다. 전염병이 유행할 때도 가장 심각한 피해를 입는다. 구제의 손길에서 아이들은 으레 뒷전이다. 이 책 《인류는 아이들을 어떻게 대했는가》에 자세히 서술되어 있는 것처럼, 생산력이 떨어지는 사회에서는 입을 덜기 위해 유아를 죽이거나 죽도록 방치하기도 했다. 아이들은 어른들의 목적을 위해 사회적으로 이용되었다. 농업 사회에서는 중요한 노동력이 되었고, 원거리 교역이나 대륙 간에 교류가 확대되면서 노예로 팔려 나갔으며, 산업혁명 이후 저임금으로 장시간 노동에 시달리기도 했다. 심지어 현대사회에서는 소년병으로 동원되는 경우도 찾아볼 수 있다.

그렇다고 해서 아이들이 사회 환경과 어른의 요구를 그저 수동적으로 받아들이기만 했던 것은 아니다. 아이들은 사회에 적응하면서 자신의 삶을 살아간다. 사회 구성원의 하나로 자신의 역할을 하는 것이다.

《인류는 아이들을 어떻게 대했는가》는 시대의 변화와 사회 환경 속에서 아이들이 어떤 존재였는지 보여 준다. 아동의 지위는 사회적 요인에 크게 영향을 받지만, 한편으로는 아이들이 선택한 것이기도 하다. 어린이는 순진하고 나약하므로, 사회의 보호를 받아야 할 존재라고 강조하는 현대사회에서도 마찬가지였다.

봄이 오면
나는 학교 갔다 오면
아기를 업고 점심을 하다가
아기가 자면
호미를 들고 가서 밭을 맨다

이오덕의 《일하는 아이들》에 나오는 1970년대 농촌 아이들의 생활 모습이다. 책의 곳곳에는 아이들이 이렇게 살아가는 모습이 드러나 있다. 현대사회에서 어린이의 본분은 '노동'에서 '학교 공부'로 바뀌어 갔지만, 《일하는 아이들》에 나오는 아이들은 여전히 학교 공부뿐 아니라 노동을 해야 한다. 이 내용을 소개하는 목적이, 오직 학교 공부만 하면 되는 도시 아이들과 달리, 농촌 아이들이 여전히 노동에 시달렸다고 말하려는 것은 아니다. 그렇다고 아이들을 노동에서 해방시켜야 한다는 주장을 하려는 것도 아니다. 정반대로 농촌 아이들은, 각박하고 인정이 메마른 도시가 아닌 자연과 더불어 살아간다는 낭만적인 농촌을 보여 주려는 것은 더욱 아니다. 시 속에서 아이들은 노동을 힘들다고 호소하기보다는 자신들이 감당해야 하는 일로 여긴다. 주어진 환경 속에서 자신의 삶을 살아가는 것이다. 《인류는 아이들을 어떻게 대했는가》 11장에 나오는, 세계화 시대 집에서 멀리 떨어진 곳에서 어업에 종사하는 인도 어린이들한테서도 이런 생각을 찾아볼 수 있다.《인류는 아이들을 어떻게 대했는가》는 어린이가 사회 구성원으로 제 몫을 했을 때는 그 존재를 존중받았지만, 그러지 못했을 경우에는 무시되었음을 보여 준다. 어린이의 이런 가치를 정하는 것은 어른이지만, 그런 가운데 때로는 어린이 스스로의 선택이 작용하기도 한다. 책에서는 이 점을 직접적으로 강조하지는 않지만, 읽다 보면 어린이가 그런 성격의 존재임을 자연스럽게 받아들이게 된다.

《인류는 아이들을 어떻게 대했는가》는 피터 N. 스턴스 교수의 *Childhood in World History*(Routledge, 2011, 2판)를 번역한 것이다. '이 책은 주제로 보는 세계사'(Themes in World History) 시리즈 가운데 하나이고, 스턴스 교수가 전체 시리즈 편집 책임자이기도 하다. 이 시리즈는 젠더, 복지, 질병과 의약, 이주, 스포츠 등 인류의 역사를 들여다보는 데 의미 있으면서도 소홀하기 쉬운 여러 주제를 알차게 다루고 있다. 어린이도 이런 주제 가운데 하나이다. 아이들을 대상으로 하는 역사책은 하고 많지만, 어린이 자체를 주제로 삼는 역사책은 한국에서는 찾아보기 힘들며, 전 세계적으로도 많지 않다. 그만큼 하나의 주제사로 쓰기에는 어려운 작업이다. 스턴스 교수는 머리말에서, 어린이는 하나의 주제로 다루기에는 너무 큰 문제이고 아직까지 밝혀지지 않은 사실들이 많다고 진단하고 있다. 그럼에도 이 책은 어린이라는 주제로 세계사를 쉽고 흥미 있게 정리하고 있다. 이 점만으로도 이 책을 소개하는 의미가 충분하다고 생각된다.

이 책은 아동 지위의 변화가 세계사의 흐름과 맥락을 같이하고 있음을 보여 준다. 그러기에 어린이의 역사는 곧 세계사라고 할 수 있다. 스턴스 교수는 각 시대와 사회 속의 어린이라는 존재를 이해하려면 세계사적 접근이 필요하다고 강조한다. 아동의 지위는 시대의 변화뿐 아니라, 지역과 문화적 풍토, 종교에 따라서도 차이가 있었다. 그러기에 문명이나 국가, 지역 간의 교류와 상호작용을 살피고 비교해 나가는 세계사적 접근은, 인류가 아이들을 어떻게 대했는지 이해하는 데 필수적이다.

이 책의 원제목에서 핵심어이자, 책 본문에도 가장 많이 나오는 낱말은 'childhood'이다. childhood는 어린이나 아이, 아동 등을 가리키는 child에 자격이나 기간 따위를 뜻하는 hood가 붙은 용어이다. 이 책에서 childhood는 한 가지 의미로만 사용되고 있지 않다. child라는 말은 우리가 흔히 생각하는 어린이뿐 아니라 유아, 중·고등학생, 때로는 청년까지 포괄하는 개념으로 쓰인다. childhood가 아동의 지위나 아동에 대한 사회의 인식을 뜻하는 경우가 많지만, 아동기를 가리키기도 한다. 아이나 어린이의 의미와 별 차이가 없는 경우도 많다. 이런 점을 고려하여 문맥에 따라 아이나 어린이, 아동 지위, 아동기 등 여러 말로 번역했다.

한국의 학교교육에서 아이들은 통제의 대상이었다. 아이들은 학교가 정한 복장을 하고 규율을 지켜야 했고, 국가의 요구나 학교가 가르치는 것을 그대로 받아들여야 했다. 사회문제에 관심을 두지 말고 오직 '공부'에만 열중하라는 이야기를 반복적으로 들었다. 사회 구성원으로서 아이들의 존재는 무시되었다. 어른은 물론 아이들 자신도 점차 이를 당연하게 받아들였다.

아이들을 바라보는 이런 관점은 근래 바뀌기 시작했다. 한국 사회에서도 초·중·고등학교에서 학생 자치활동이 크게 강화되고, 여러 시도 교육청이 학생인권조례를 제정했다. 촛불 집회에서 보듯이 사회문제에 대해 청소년이 목소리를 내는 일들이 잦아졌다. 이를 자연스런 현상으로 받아들이는 '어른'들도 늘고 있다. 청소년을 자기 생각과 의지를 가지고 행동하는 독립적인 사회적 존재로 받아들이는 것이다. 우리가 '아이'라고 부르는 어린이나 청소년은 '어른'과 대비되는 '아이'가 아니라, 그 자체로 한 사람의 사회 구성원이다. 어리고 미성숙한 존재가 아니라 자신의 생각을 가지고 행동하는 시민이다. 이 책이 아이들의 사회적 존재를 다시 생각하고, 역사 연구와 교육에서 어린이에 대한 관심을 높이는 계기가 되었으면 하는 마음이다.

2017년 7월
김한종

찾아보기